한 끼 식사의 행복

한 끼 식사의 행복

1판 1쇄 발행 2020. 11. 30
1판 7쇄 발행 2021. 5. 10

지은이 김석동

발행인 고세규
편집 봉정하 디자인 정윤수 마케팅 김용환 홍보 반재서 기획 이재용

발행처 김영사
등록 1979년 5월 17일(제406-2003-036호)
주소 경기도 파주시 문발로 197(문발동) 우편번호 10881
전화 마케팅부 031)955-3100, 편집부 031)955-3200 | 팩스 031)955-3111

저작권자 ⓒ 김석동
이 책은 저작권법에 의해 보호를 받는 저작물이므로
저자와 출판사의 허락 없이 내용의 일부를 인용하거나 발췌하는 것을 금합니다.

값은 뒤표지에 있습니다.
ISBN 978-89-349-9254-7 13980

홈페이지 www.gimmyoung.com   블로그 blog.naver.com/gybook
인스타그램 instagram.com/gimmyoung   이메일 bestbook@gimmyoung.com

좋은 독자가 좋은 책을 만듭니다.
김영사는 독자 여러분의 의견에 항상 귀 기울이고 있습니다.

이 도서의 국립중앙도서관 출판예정도서목록(CIP)은 서지정보유통지원시스템 홈페이지
(http://seoji.nl.go.kr)와 국가자료공동목록시스템(http://www.nl.go.kr/kolisnet)에서
이용하실 수 있습니다.(CIP제어번호 : CIP2020048908)

한 끼 식사의 행복

속도 든든
주머니
사정도 든든
서울 맛집
산책

서울의 소문난
인생 맛집 165곳
김석동이
전하는 노포의 맛

경제미식가

김석동 지음

김영사

[프롤로그]

입맛은 천차만별이어서 음식에 대한 평가는 사람마다 다를 수밖에 없다. 그러다 보니 자연스럽게 음식점에 대한 선호가 갈리게 되고, 누구든지 나름대로 생각하는 맛집이 있기 마련이다. 미디어에서 맛집을 소개하고 인터넷 사이트에서도 앞다투어 맛집을 소개하기에, 이 책의 출간이 망설여졌다. 하지만 무엇을 먹어야 할지 또 식당을 어디로 가야 할지 쉽게 떠오르지 않는 분들을 위해 내가 아는 맛집 정보들이 도움이 될 수도 있겠다는 생각에 용기를 내었다.

이 책에 소개된 메뉴와 맛집은 나름대로 몇 가지 기준을 정해 선정했다. 소박하지만 우리 주변에서 쉽게 만날 수 있고 맛있게 든든하게 먹을 수 있는 메뉴와 식당이다.

먼저 서울에 소재하고 있는 식당들로 필자가 오래도록 즐겨 다닌 곳이다. 오랜 세월을 거치며 많은 사람들에 의해 검증된 식당들로 역사와 전통을 자랑한다. 노포로 찾아가기에 불편한 장소에 위치하기도 하고 낡고 허름한 환경이기는 하지만 한 번 맛보면 평생 잊지 못하는 맛집이다.

소개하는 메뉴들은 누구든지 큰 부담 없이 즐길 수 있는 단품메뉴이다. 한 끼 식사 가격이 대체로 1만 원 내외를 크게 넘지 않는다. 28종 메뉴, 165개 식당으로 속도 든든하게 하고 주머니 사정도 든든하게 하는 서울의 대표적인 맛집이다.

돈의 많고 적음이 행복을 좌우하지 않듯이, 가격의 높고 낮음이 음식 맛을 결정하지 않는다고 생각한다. 비싸지 않고 맛깔스러운 단품메뉴로 행복한 한 끼 식사를 즐기는 것은 분명 생활의 작은 기쁨일 것이다. 이것이 맛집을 소개하는 이유이다.

'오늘 점심 뭐 먹지' 고민하는 직장인, 가족들과 즐길 가성비 좋은 맛집을 찾는 분, 메뉴는 정해졌는데 맛집을 선정하지 못하는 분, 외국 친구들에게 자신 있게 서울의 노포 식당을 추천하고 싶은 분에게 큰 도움이 될 거라 기대한다. 또한 식당마다 찾아가는 길을 지하철역 기준으로 설명하고 있어 발품 팔며 맛집을 찾는 분에게도 도움이 될 것이다.

아무쪼록 이 책이 여러분의 속도 마음도 든든하게 해주길 바란다.

2020년 늦가을
김석동

리얼 미식가를 위한
친절한
맛집 안내

오늘 점심
뭐 먹지?
고민하는 직장인

가족과 즐길
가성비 좋은
맛집을 찾는 분

외국 친구에게
자신 있게 노포식당을
추천하고 싶은 분

지하철을 타고
맛집을 탐방하는
뚜벅이

이 메뉴의
맛집이 어디 있지?
고민하는 분

서울 지역별
맛집을
알고 싶은 분

한 끼 식사의 행복
이용 안내

전화
최신 정보의 전화번호이며
없는 곳도 있다.

식당 이름
업소의 고유 이름을
그대로 표기한다.

평가 점수
밥그릇의 개수는
5개가 기본이며, 점수는
독자 여러분이 직접 맛보고
평가해주기 바람.
밥그릇에 색칠을 해도 좋다.

한줄평
맛집을 선택하는 데
참고가 될 만한
저자의 맛깔난 평.

간략 리뷰
각 식당과의 추억,
그 집만의 고유한 맛,
추천 메뉴 등을
소개한다.

식당 설명
업소의 역사나 계보,
혹은 메뉴에 대한
평가를 간략하게 소개한다.

Since
개업 연도를 보면 얼마나
오랫동안 사랑받았는지
알 수 있다.

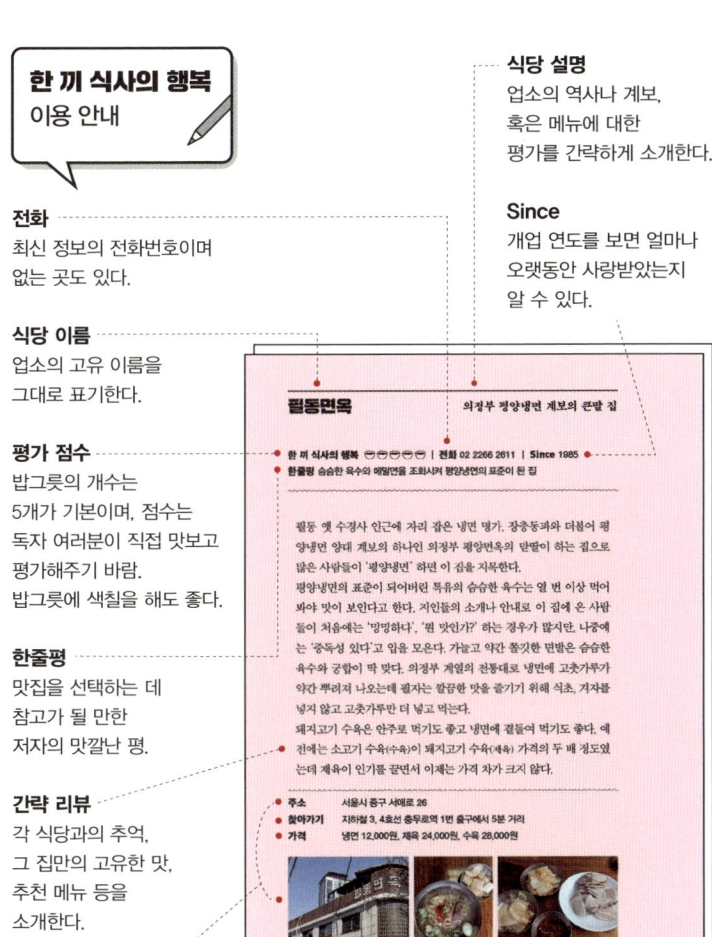

주소 네이버 길찾기 주소를 기준으로 표기한다.
찾아가기 지하철을 기준으로 소개하며, 출구에서 걸어서 몇 분 거리인지 친절하게 설명한다.
가격 업소의 대표 메뉴 혹은 즐겨 찾는 메뉴의 현재 가격이다.
사진 식당의 모습과 대표 메뉴를 확인할 수 있다.

- 프롤로그 ········· 4
- 지역별·동네별 맛집 ········· 13
- 상황에 따라 골라 먹는 맛집 ········· 16

❶ 평양냉면, 담백한 유혹의 맛

필동면옥	24
을지면옥	25
잠원동 의정부평양면옥	26
장충동 평양면옥	27
논현동 평양면옥	28
우래옥	29
을밀대	30
방이점 봉피양	31
평래옥	32
서북면옥	33
부원면옥	34
서관면옥	35
금왕평양면옥	36
정인면옥	37
강남점 능라도	38
동무밥상	39

❷ 원조를 뛰어넘은 한국형 판메밀국수

광화문 미진	44
송옥	45
유림면	46
청수	47
마포즉석모밀촌	48

❸ 막국수, 향토 음식에서 국민 메뉴로

산골막국수	53
샘밭막국수	54
봉평메밀막국수	55
무삼면옥	56
잘빠진 메밀	57
역삼동점 백운봉막국수	58
유진막국수	59

❹ 국민 메뉴가 된 함흥냉면

오장동흥남집	65
오장동함흥냉면	66
함흥곰보냉면	67
영등포 함흥냉면	68
명동 함흥냉면	69
오복함흥냉면	70
깃대봉냉면	71
동아냉면	72

❺ 한여름을 이기는 콩국수

진주집 ········· 77
진주회관 ········· 78
강산옥 ········· 79
서민준밀밭 ········· 80
맛자랑 ········· 81
만나손칼국수 ········· 82
피양콩할마니 ········· 83

❻ 매일 600만 그릇 이상 팔리는 짜장면

효동각 본점 ········· 89
신성각 ········· 90
현래장 ········· 91
개화 ········· 92
동성각 ········· 93

❼ 한국인의 입맛에 맞춰진 짬뽕

중화원 ········· 99
안동장 ········· 100
원흥 ········· 101
초마 ········· 102
명화원 ········· 103

❽ 소박한 고향의 맛 잔치국수

국수집(구 맛있는 잔치국수) ········· 108
강남직영점 풍국면 ········· 109
옛집 ········· 110
체부동 잔치집 ········· 111
옛날국수맛집 ········· 112

❾ 찬 바람의 계절이 권하는 칼국수

일미칼국수 ········· 117
성북동 국시집 ········· 118
강원도 손칼국수 ········· 119
사랑방 칼국수 ········· 120
임병주 산동손칼국수 ········· 121
찬양집 ········· 122
본점 소호정 ········· 123
혜화동 손칼국수 ········· 124
연희동 칼국수 ········· 125
칼국수에 끌림 ········· 126
본점 명동교자 ········· 127

⑩ 한국인의 서민 메뉴 우동

을지로 동경우동	132
동문우동	133
4.5평 우동집	134

⑪ 해외에서 가장 그리운 메뉴 김치찌개

한옥집	138
장호왕곱창	139
은주정	140
광화문집	141
한국관	142
솔	143

⑫ 국가대표 홈메뉴 된장찌개

뚝배기집	148
너도나도식당	149
또순이네	150
삼경원	151

⑬ 구수한 매력의 청국장찌개

보성식당	156
사직골	157
일미식당	158
광주식당	159

⑭ 뚝배기에 담긴 부드럽고 따뜻한 맛 순두부찌개

감촌	164
미당순두부	165
백년옥	166
정원순두부	167

⑮ 한국인의 대표 대중음식 설렁탕

마포옥	173
이문설농탕	174
중림장	175
마포양지설렁탕	176
명동 본점 하동관	177
은호식당	178
영동설렁탕	179
우작설렁탕	180
덕원	181
여의도양지탕	182
대성집	183
부영도가니탕	184
문화옥	185
잼배옥	186

⑯ 얼큰하고 시원한 생태탕

한강집생태	190
안성또순이	191

진미생태 ········ 192
수정생태 ········ 193
양푼이 생태찌개 ········ 194

⑰ 겨울 요리에서 사철 요리로 대구탕

뒤풀이(뒤푸리) ········ 198
원대구탕 ········ 199
신송한식 ········ 200
맛고마 대구탕 ········ 201

⑱ 가을날의 보양 메뉴 추어탕

용금옥 ········ 206
원주추어탕 ········ 207
남도식당 정동집 ········ 208
구마산 ········ 209

⑲ 서민들의 겨울 보양식 닭곰탕

청안식탁 ········ 214
닭진미(구 강원집) ········ 215
황평집 ········ 216
마포닭곰탕 ········ 217

⑳ 아침을 깨우는 서민 메뉴 해장국

무교동 북어국집 ········ 223
창성옥 ········ 224
용문해장국 ········ 225
한성옥해장국 ········ 226
청진옥 ········ 227
양평신내서울해장국 ········ 228
진시황북어국 ········ 229

㉑ 한국인의 새해 음식 만둣국, 떡국

자하손만두 ········ 236
봉산옥 ········ 237
새봄떡국국수 ········ 238
진진만두국 ········ 239
산하 ········ 240
개성만두 궁 ········ 241
만두집 ········ 242
평안도 만두집 ········ 243
담온 ········ 244

㉒ 북방 음식에서 국민 메뉴로 순댓국

서일순대국 ········ 248
삼거리 먼지막 순대국 ········ 249
김명숙아지매순대국 ········ 250
황성집 ········ 251
본점 남순남순대국 ········ 252

㉓ 피난처 끼니에서 별미 메뉴로 돼지국밥

밀양돼지국밥 ········· 256
광화문국밥 ··········· 257
옥동식 ················· 258

㉔ 한국인의 지혜와 생활이 담긴 비빔밥

명동점 고궁 ········· 263
충무집 ················· 264
포이점 새벽집 ······ 265
가진화랑 목련나무집 ··· 266
목멱산방 ·············· 267
하모 ···················· 268

㉕ 우리 곁을 오래 지켜온 메뉴 생선구이

대원식당 ·············· 272
호남집 ················· 273
전주집 ················· 274
한일식당 ·············· 275

㉖ 간편한 가정식 메뉴 수제비

영원식당 ·············· 280
삼청동수제비 ········ 281
산월수제비 ··········· 282
인사동 항아리수제비 ··· 283

㉗ 빈대떡이나 부쳐~ 먹지~

열차집 ················· 288
광화문점 종로빈대떡 ··· 289
순희네 빈대떡 ······· 290

㉘ 한국인의 입맛에 맞춰진 돈가스

명동돈가스 ··········· 294
혼가츠 ················· 295
돈까스가 땡길 때 ···· 296

· 지하철 노선별 맛집 ········· 297

지역별·동네별 맛집

강남구

논현동 평양면옥	**평양냉면**	28
강남점 능라도	**평양냉면**	38
역삼동점 백운봉막국수	**막국수**	58
맛자랑	**콩국수**	81
피양콩할마니	**콩국수**	83
강남직영점 풍국면	**잔치국수**	109
원주추어탕	**추어탕**	207
만두집	**만둣국·떡국**	242
담온	**만둣국·떡국**	244
본점 남순남순대국	**순댓국**	252
하모	**비빔밥**	268
산월수제비	**수제비**	282

광진구

서북면옥	**평양냉면**	33

동대문구

광주식당	**청국장찌개**	159

동작구

보성식당	**청국장찌개**	156
서일순대국	**순댓국**	248

마포구

을밀대	**평양냉면**	30
동무밥상	**평양냉면**	39
마포즉석모밀촌	**판메밀국수**	48
무삼면옥	**막국수**	56
신성각	**짜장면**	90
현래장	**짜장면**	91
초마	**짬뽕**	102
마포옥	**설렁탕**	173
마포양지설렁탕	**설렁탕**	176
진미생태	**생태탕**	192
마포닭곰탕	**닭곰탕**	217
진시황북어국	**해장국**	229
옥동식	**돼지국밥**	258
혼가츠	**돈가스**	295

서대문구

효동각 본점	**짜장면**	89
연희동 칼국수	**칼국수**	125
한옥집	**김치찌개**	138
청안식탁	**닭곰탕**	214
밀양돼지국밥	**돼지국밥**	256
돈까스가 땡길 때	**돈가스**	296

서초구

잠원동 의정부평양면옥	**평양냉면**	26
서관면옥	**평양냉면**	35
샘밭막국수	**막국수**	54
봉평메밀막국수	**막국수**	55
일미칼국수	**칼국수**	117
임병주 산동손칼국수	**칼국수**	121
본점 소호정	**칼국수**	123
백년옥	**순두부찌개**	166
영동설렁탕	**설렁탕**	179
우작설렁탕	**설렁탕**	180
양평신내서울해장국	**해장국**	228
봉산옥	**만둣국·떡국**	237
포이점 새벽집	**비빔밥**	265

성동구
산골막국수	**막국수**	53

성북구
성북동 국시집	**칼국수**	118

송파구
방이점 봉피양	**평양냉면**	31
금왕평양면옥	**평양냉면**	36

영등포구
정인면옥	**평양냉면**	37
청수	**판메밀국수**	47
영등포 함흥냉면	**함흥냉면**	68
진주집	**콩국수**	77
서민준밀밭	**콩국수**	80
솔	**김치찌개**	143
너도나도식당	**된장찌개**	149
또순이네	**된장찌개**	150
덕원	**설렁탕**	181
여의도양지탕	**설렁탕**	182
수정생태	**생태탕**	193
뒤풀이	**대구탕**	198
신송한식	**대구탕**	200
구마산	**추어탕**	209
진진만두국	**만둣국·떡국**	239
산하	**만둣국·떡국**	240
삼거리 먼지막 순대국	**순댓국**	249
영원식당	**수제비**	280

용산구
유진막국수	**막국수**	59
오복함흥냉면	**함흥냉면**	70
동아냉면	**함흥냉면**	72
명화원	**짬뽕**	103

은평구
국수집(구 맛있는 잔치국수)	**잔치국수**	108
옛집	**잔치국수**	110
동문우동	**우동**	133
한강집생태	**생태탕**	190
원대구탕	**대구탕**	199
맛고마 대구탕	**대구탕**	201
창성옥	**해장국**	224
용문해장국	**해장국**	225
한성옥해장국	**해장국**	226
대원식당	**생선구이**	272
중화원	**짬뽕**	99

종로구
광화문 미진	**판메밀국수**	44
잘빠진 메밀	**막국수**	57
함흥곰보냉면	**함흥냉면**	67
깃대봉냉면	**함흥냉면**	71
동성각	**짜장면**	93
체부동 잔치집	**잔치국수**	111
옛날국수맛집	**잔치국수**	112
강원도 손칼국수	**칼국수**	119
찬양집	**칼국수**	122
혜화동 손칼국수	**칼국수**	124
칼국수에 끌림	**칼국수**	126
4.5평 우동집	**우동**	134
광화문집	**김치찌개**	141
뚝배기집	**된장찌개**	148
삼경원	**된장찌개**	151
일미식당	**청국장찌개**	158
감촌	**순두부찌개**	164
미당순두부	**순두부찌개**	165
이문설농탕	**설렁탕**	174

대성집	**설렁탕**	183
부영도가니탕	**설렁탕**	184
안성또순이	**생태탕**	191
청진옥	**해장국**	227
자하손만두	**만둣국·떡국**	236
개성만두 궁	**만둣국·떡국**	241
평안도 만두집	**만둣국·떡국**	243
가진화랑 목련나무집	**비빔밥**	266
호남집	**생선구이**	273
전주집	**생선구이**	274
한일식당	**생선구이**	275
삼청동수제비	**수제비**	281
인사동 항아리수제비	**수제비**	283
열차집	**빈대떡**	288
광화문점 종로빈대떡	**빈대떡**	289
순희네 빈대떡	**빈대떡**	290

중구

필동면옥	**평양냉면**	24
을지면옥	**평양냉면**	25
장충동 평양면옥	**평양냉면**	27
우래옥	**평양냉면**	29
평래옥	**평양냉면**	32
부원면옥	**평양냉면**	34
송옥	**판메밀국수**	45
유림면	**판메밀국수**	46
오장동흥남집	**함흥냉면**	65
오장동함흥냉면	**함흥냉면**	66
명동 함흥냉면	**함흥냉면**	69
진주회관	**콩국수**	78
강산옥	**콩국수**	79
만나손칼국수	**콩국수**	82
개화	**짜장면**	92
안동장	**짬뽕**	100
원흥	**짬뽕**	101
사랑방 칼국수	**칼국수**	120

본점 명동교자	**칼국수**	127
을지로 동경우동	**우동**	132
장호왕곱창	**김치찌개**	139
은주정	**김치찌개**	140
한국관	**김치찌개**	142
사직골	**청국장찌개**	157
정원순두부	**순두부찌개**	167
중림장	**설렁탕**	175
명동 본점 하동관	**설렁탕**	177
은호식당	**설렁탕**	178
문화옥	**설렁탕**	185
잼배옥	**설렁탕**	186
양푼이 생태찌개	**생태탕**	194
용금옥	**추어탕**	206
남도식당 정동집	**추어탕**	208
닭진미	**닭곰탕**	215
황평집	**닭곰탕**	216
무교동 북어국집	**해장국**	223
새봄떡국국수	**만둣국·떡국**	238
김명숙아지매순대국	**순댓국**	250
황성집	**순댓국**	251
광화문국밥	**돼지국밥**	257
명동점 고궁	**비빔밥**	263
충무집	**비빔밥**	264
목멱산방	**비빔밥**	267
명동돈가스	**돈가스**	294

시기적절! 취향저격!
상황에 따라 골라 먹는 맛집

이번 주말에 외식해볼까?
가족을 위한 힐링 맛집

잠원동 의정부평양면옥 · 26 | **논현동** 평양면옥 · 28 | 우래옥 · 29 | **방이점** 봉피양 · 31 | 서관면옥 · 35 | 봉평메밀막국수 · 55 | 오장동흥남집 · 65 | 오장동함흥냉면 · 66 | 맛자랑 · 81 | 명화원 · 103 | **강남직영점** 풍국면 · 109 | 일미칼국수 · 117 | **성북동** 국시집 · 118 | 임병주 산동손칼국수 · 121 | **본점** 소호정 · 123 | 연희동 칼국수 · 125 | **본점** 명동교자 · 127 | 또순이네 · 150 | 보성식당 · 156 | 백년옥 · 166 | 마포옥 · 173 | **명동 본점** 하동관 · 177 | 영동설렁탕 · 179 | 우작설렁탕 · 180 | 한강집생태 · 190 | 진미생태 · 192 | 원주추어탕 · 207 | 자하손만두 · 236 | 만두집 · 242 | **본점** 남순남순대국 · 252 | **명동점** 고궁 · 263 | **포이점** 새벽집 · 265 | 대원식당 · 272 | 명동돈가스 · 294

회식 장소로 어디가 좋을까?
가성비 좋은 착한 맛집

강남점 능라도 · 38 | 산골막국수 · 53 | 샘밭막국수 · 54 | **역삼동점** 백운봉막국수 · 58 | 유진막국수 · 59 | 피양콩할마니 · 83 | 현래장 · 91 | 개화 · 92 | 동성각 · 93 | 안동장 · 100 | 체부동 잔치집 · 111 | 한옥집 · 138 | 장호왕곱창 · 139 | 은주정 · 140 | 사직골 · 157 | 감촌 · 164 | 안성또순이 · 191 | 원대구탕 · 199 | 맛고마 대구탕 · 201 | 구마산 · 209 | 청진옥 · 227 | 봉산옥 · 237 | 개성만두 궁 · 241 | 밀양돼지국밥 · 256 | 충무집 · 264 | **가진화랑** 목련나무집 · 266 | 하모 · 268 | 열차집 · 288 | **광화문점** 종로빈대떡 · 289 | 순희네 빈대떡 · 290

대충 먹는 건 이제 그만! 영양과 건강까지 챙기는 혼밥 맛집

장충동 평양면옥·27 | 평래옥·32 | 송옥·45 | 마포즉석 모밀촌·48 | 잘빠진 메밀·57 | **영등포** 함흥냉면·68 | 오복함흥냉면·70 | 옛날국수맛집·112 | 찬양집·122 | 칼국수에 끌림 126 | **을지로** 동경우동·132 | 4.5평 우동 집·134 | 뚝배기집·148 | 일미식당·158 | 미당순두부·165 | 중림장·175 | 마포양지설렁탕·176 | 은호식당·178 | 대성집·183 | 문화옥·185 | 용금옥·206 | 남도식당 정동집·208 | 닭진미·215 | 황평집·216 | 창성옥·224 | 용문해장국·225 | 한성옥해장국·226 | 양평신내 서울해장국·228 | 진시황북어국·229 | 새봄떡국수·238 | 서일순대국·248 | 황성집·251 | 목멱산방·267 | 산월수제비·282 | 인사동 항아리수제비·283

오늘 점심 뭐 먹지? 직장인을 위한 추천 맛집

필동면옥·24 | 을지면옥·25 | 을밀대·30 | 정인면옥·37 | 광화문 미진·44 | 유림면·46 | 청수·47 | 함흥곰보냉면·67 | 명동 함흥냉면·69 | 진주집·77 | 진주회관·78 | 만나손칼국수·82 | 사랑방 칼국수·120 | 광화문집·141 | 한국관·142 | 삼경원·151 | 정원순두부·167 | 이문설농탕·174 | 여의도양지탕·182 | 잼배옥·186 | 수정생태·193 | 뒤풀이·198 | 신송한식·200 | 마포닭곰탕·217 | 무교동 북어국집·223 | 진진만두국·239 | 산하·240 | 평안도 만두집·243 | 광화문국밥·257 | 호남집·273 | 전주집·274 | 한일식당 275 | 영원식당·280 | 돈까스가 땡길 때·296

발품 파는 미식가를 위한 골목 맛집

서북면옥·33 | 부원면옥·34 | 금왕평양면옥·36 | 동무밥상·39 | 무삼면옥·56 | 깃대봉냉면·71 | 동아냉면·72 | 강산옥·79 | 서민준밀밭·80 | 효동각 본점·89 | 신성각·90 | 중화원·99 | 원흥·101 | 초마·102 | 국수집·108 | 옛집·110 | 강원도 손칼국수·119 | **혜화동** 손칼국수·124 | 동문우동·133 | 솔·143 | 너도나도식당·149 | 광주식당·159 | 덕원·181 | 부영도가니탕·184 | 양푼이 생태찌개·194 | 청안식탁·214 | 삼거리 먼지막 순대국·249 | 옥동식·258 | 삼청동수제비·281 | 혼가츠·295

한 끼 식사의 행복 ❶

평양냉면,
담백한
유혹의 맛

- 필동면옥
- 을지면옥
- 잠원동 의정부평양면옥
- 장충동 평양면옥
- 논현동 평양면옥
- 우래옥
- 을밀대
- 방이점 봉피양

- 평래옥
- 서북면옥
- 부원면옥
- 서관면옥
- 금왕평양면옥
- 정인면옥
- 강남점 능라도
- 동무밥상

여름 한낮의 온도가 뜨거워지면, 시원한 냉면 한 그릇이 생각난다. 좀 이름 있는 냉면집에 가면 긴 줄을 서야 할 정도로 냉면은 여름철 인기 음식이다. 요즘에는 계절에 상관없이 즐기는 냉면 마니아들이 늘어 사계절 음식, 국민 음식 반열에 올랐다.

함경남도 원산이 고향이셨던 어머니는 고향 생각이 나실 때면 부산의 '원산면옥'을 찾으시곤 했다. 어머니를 따라 냉면집을 드나들며 나 또한 냉면 맛에 푹 빠졌다. 어머니는 이른 저녁을 먹은 날이면 야식으로 동치미 국물에 냉면을 말아 주시곤 했다. 그렇게 냉면은 나의 '소울푸드'이자 가장 즐겨 먹는 음식이 되었다.

담백한 맛이 일품인 평양냉면은 평양 지방의 향토 음식으로, 메밀가루로 만든 국수를 찬 국물에 말아 먹는다. 원래 평양냉면의 육수는 꿩을 삶아 만들었다. 꿩이 귀해진 지금은 쇠고기와 사골 등으로 육수를 내고 동치미 국물과 섞기도 한다. 국수는 메밀가루에 녹말을 섞어 반죽해 국수틀에서 눌러 뽑아 사리를 만든다. 메밀가루 100%로 만든 면을 순면이라 한다. 반죽이 까다롭고 당일 제분한 메밀이어야 제대로 면 맛을 낼 수 있는데, 그런 집은 드물다.

평양냉면에 대해서 보통 두 가지를 궁금해한다.

먼저 냉면을 먹는 계절이다. 냉면은 여름 음식으로 알려져 있으나 냉면의 원 계절은 겨울이라 할 수 있다. 겨울에 먹는 냉면에서 참맛을 느낄 수 있다. 그 이유는 냉면의 주재료인 메밀이 늦가을에 추수되기 때문에 겨울에 햇메밀로 반죽한 면발이 더 맛있을 수밖에 없다는 것이고, 또 동치미 국물이 겨울에 제맛을 내기 때문이라고 한다. 냉면 고수들은 봄이 지나면 냉면 맛이 떨어진다며 냉면집으로 향하는 발걸음을 줄이기도 한다. 겨울철 냉면은 '이한치한'의 대표적 음식이다.

다음은 만 원을 훌쩍 뛰어넘는 냉면 가격이다. 평양냉면의 주재료는 메밀로 면의 재료 중 70~80%를 차지한다. 밀가루 20kg 한 포대에 1만 2,000원 정도 하는데, 중국산 메밀은 8~10만 원대이며 국산 메밀은 25~30만 원에 달할 정도로 메밀 가격이 만만치 않다. 그리고 냉면 육수 원료도 소고기와 사골 등이어서 냉면 가격이 비쌀 수밖에 없다. 일제강점기에는 술상이 끝날 무렵 해장용으로 냉면을 배달했다고 한다. 냉면이 고급 메뉴여서인지 이를 배달하는 사람의 수입이 당시 최고 월급쟁이 수준이었다고 한다.

우리나라 평양냉면집에는 이른바 양대 계보가 있다.

첫 번째 계보는 의정부에 있는 '평양면옥'이다. 홍영남 사장이 1969년 개업한 이래 3대가 이어오는 집으로 큰딸은 서울 필동에서 '필동면옥', 둘째 딸은 입정동에서 '을지면옥', 셋째 딸은 잠원동에서 '의정부 평양면옥'을 각각 운영하면서 평양냉면의 일가를 이루고 있다. 이 집 냉면에는 고춧가루, 파, 깨가 올라가는 특색이 있다.

또 다른 계보는 4대째 이어오는 장충동의 '평양면옥'이다. 평양에서 김면섭 씨가 '대동면옥'을 운영한 이래 1985년 서울에서 며느리(변정숙 여사)가 이어받아 '장충동 평양면옥'을 하다 이제는 큰아들이 3대째 경영하고 있다. 둘째 아들은 어머니(변 여사)와 함께 논현동의 '평양면옥'을, 딸은 분당에서 '평양면옥'을, 손녀딸들은 도곡동과 강남의 한 백화점에 평양냉면집을 각각 열었다. 이 집 냉면은 맑은 육수에 오이절임이 들어가는 게 특징이다.

이들 양가의 냉면집은 물론 맛 차이가 있다. 그러나 슴슴하고 꾸밈없는 육수, 메밀향이 풍부한 면발은 공통이어서 많은 냉면 마니아들에게 사랑을 받고 있다.

이 외에도 고유의 냉면 맛을 자랑하는 집들이 꽤 있다. 주교동에 위치한 '우래옥'은 70년 역사를 자랑하며 수많은 냉면 조리사를 배출했다. 마포 냉면 지존이라는 1970년에 개업한 '을밀대'와 장남이 운영하는 강남 분점, 냉면 장인 김태원의 '봉피양', 을지로 백병원 옆에 자리 잡고 매콤한 닭무침을 곁들여 주는 60년 전통의 '평래옥', 어린이대공원 앞에서 "대미필담大味必淡(정말 좋은 맛은 반드시 담백한 것이다)"을 신조로 요리하는 '서북면옥', 남대문시장 골목 안에 위치한 2층의 작은 집이나 알 만한 사람은 다 아는 55년 된 '부원면옥' 등도 내가 즐겨 찾는 곳이다.

요즘은 무시할 수 없는 내공을 자랑하는 냉면 맛집이 새로 등장하고 있다. 방이동에는 봉피양이라는 걸출한 냉면집이 있는데도 '금왕평양면옥'이란 신예 냉면집이 손님을 모으고 있고, 광명시에서 냉면 명가로 자리 잡은 '정인면옥'이 서울 여의도에 2세가 하는 가게를 냈다. 또 '능라도'라는 냉면집이 새로 도전장을 내고 역삼동, 마포, 광화문 등으로 진출했고, 합정동에는 평양 옥류관 출신 셰프가 '동무밥상'이라는 상호를 걸고 평양식 냉면을 선보인다. 교대역 인근 서초동에는 '서관면옥'이라는 새로 문 연 가게가 있는데, 제주산 메밀 100%로 냉면을 빚는 집이다. 메밀 향을 잘 느낄 수 있는 냉면으로 입소문을 타고 있다.

지방에 갈 일이 있으면 꼭 그 지역의 냉면집을 방문해보곤 한다. 부산의 '원산면옥', 진주의 '하연옥' 등 내로라하는 냉면 명가가 즐비하다. 냉면의 백가쟁명 시대가 온 듯하다.

평양냉면의 맛은 먹어본 횟수에 비례해서 느껴진다고 한다. 처음에는 밍밍한 육수, 끈기가 없는 면발, 만만치 않은 가격을 지적하면서 왜 먹는지 모르겠다고 했다가 얼마 안 가 중독되는 이들을 여럿 봤다.

의정부 평양면옥 계보

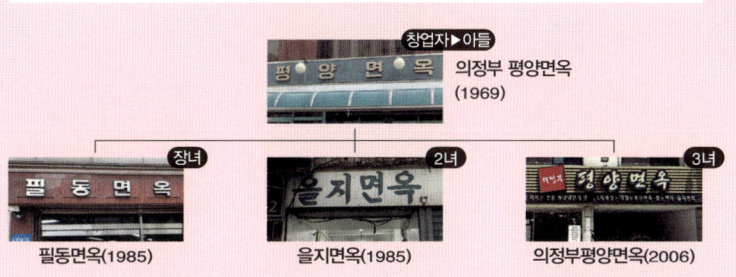

장충동 평양면옥 계보

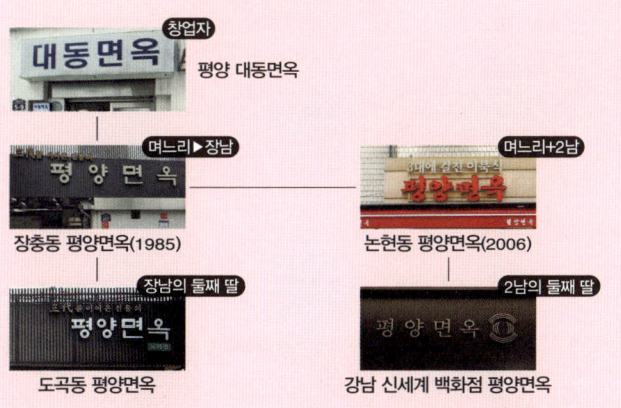

필동면옥

의정부 평양냉면 계보의 큰딸 집

한 끼 식사의 행복 ●●●●● | **전화** 02 2266 2611 | **Since** 1985
한줄평 슴슴한 육수와 메밀면을 조화시켜 평양냉면의 표준이 된 집

필동 옛 수경사 인근에 자리 잡은 냉면 명가. 장충동파와 더불어 평양냉면 양대 계보의 하나인 의정부 평양면옥의 맏딸이 하는 집으로 많은 사람들이 '평양냉면' 하면 이 집을 지목한다.

평양냉면의 표준이 되어버린 특유의 슴슴한 육수는 열 번 이상 먹어봐야 맛이 보인다고 한다. 지인들의 소개나 안내로 이 집에 온 사람들이 처음에는 '밍밍하다', '뭔 맛인가?' 하는 경우가 많지만, 나중에는 '중독성 있다'고 입을 모은다. 가늘고 약간 쫄깃한 면발은 슴슴한 육수와 궁합이 딱 맞다. 의정부 계열의 전통대로 냉면에 고춧가루가 약간 뿌려져 나오는데 필자는 깔끔한 맛을 즐기기 위해 식초, 겨자를 넣지 않고 고춧가루만 더 넣고 먹는다.

돼지고기 수육은 안주로 먹기도 좋고 냉면에 곁들여 먹기도 좋다. 예전에는 소고기 수육(수육)이 돼지고기 수육(제육) 가격의 두 배 정도였는데 제육이 인기를 끌면서 이제는 가격 차가 크지 않다.

주소 서울시 중구 서애로 26
찾아가기 지하철 3, 4호선 충무로역 1번 출구에서 5분 거리
가격 냉면 12,000원, 제육 24,000원, 수육 28,000원

을지면옥

의정부 평양냉면 계보의 둘째 딸 집

한 끼 식사의 행복 🥣🥣🥣🥣 | **전화** 02 2266 7052 | **Since** 1985
한줄평 냉면 마니아가 반드시 찾는 평양냉면의 역사와 전통의 집

이 집 냉면 안 먹어봤으면 '냉면 마니아 아니다'라는 말이 있을 정도로 평양냉면 애호가의 필수 리스트가 된 집. 의정부 평양면옥 둘째 딸이 하는 가게.

필자가 가장 많이 다녔던 냉면집인데 필동면옥과 육수, 면발에 조금 차이가 있다. 육수가 밍밍하다는 사람도 있지만 전적으로 취향에 달렸다. 돼지고기 수육이 일품이다. 이 가게는 월남한 연세 지긋하신 어르신들이 많이 찾는데, 전에는 그분들이 많이 찾던 25도 빨간 소주를 팔았다. 이 가게는 건물 모양이 특이하다. 오래된 상가 건물 가운데로 길을 틔워서 큰길에서 가게로 들어가게 되어 있다. 가게는 1, 2층으로 주방이 있는 1층보다 2층이 더 넓은 구조다. 2층에 열 명 남짓 들어가는 독방이 하나 있어 예약이 가능하다.

재개발이 진행되면 충무로 골목의 을지면옥은 역사 속으로 사라지겠지만 어딘가로 옮겨서 옛 맛을 이어갈 것으로 기대한다.

주소 서울시 중구 충무로14길 2-1
찾아가기 지하철 2, 3호선 을지로3가역 5번 출구 입정동 공구상가거리 가운데
가격 냉면 12,000원, 편육 24,000원, 수육 28,000원

[잠원동] **의정부평양면옥** 의정부 평양냉면 계보의 셋째 딸 집

한 끼 식사의 행복 ☺☺☺☺ | **전화** 02 547 6947 | **Since** 2006
한줄평 의정부 평양면옥의 냉면을 강남에서도 맛볼 수 있는 집

의정부 평양냉면집 막내딸이 강남 잠원동에서 개업한 집이다. 한남대교에서 논현역 쪽으로 가다 대도식당 강남대로점 골목에서 우회전하면 골목길 오른편에 있다. 개업 초 선대가 직접 와서 맛을 전수했고, 그 후에도 딸과 사위가 의정부 본가에서 수시로 배워 와 맛을 유지한다.

의정부 계열답게 육수, 냉면 사리, 수육, 파, 고춧가루까지 외형이 비슷하고 냉면 맛도 만만치 않다. 육수가 계열 중 가장 진하면서도 깔끔하다고 평하는 사람도 있다. 제육(돼지고기 수육)도 수준급이다.

2, 3층이 식당인데 3층의 큰 방에서는 모임도 가능하다. 가게가 다소 외진 곳에 있어 아직은 찾아오는 손님이 적어서 인근 직장인들이 모이는 점심때만 제외하면 편하게 맛있는 냉면을 즐길 수 있다. 평양냉면 먹는 방법을 여섯 단계로 소개하며 벽에 걸어두고 있다. 다섯 번째 항목은 가위로 자르지 말고 참맛을 느껴달라는 내용이다.

주소　　서울시 서초구 강남대로93길 28
찾아가기　지하철 7호선 논현역 6번 출구에서 4분 거리
가격　　냉면 12,000원, 제육 22,000원, 편육 28,000원

  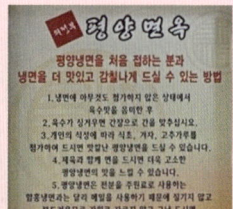

[장충동] 평양면옥

평양냉면 양대 계보 장충동파의 대표

한 끼 식사의 행복 ◡◡◡◡◡ | **전화** 02 2267 7784 | **Since** 1982
한줄평 평안도 출신 실향민들의 마음을 울리는 고향의 맛

광희동사거리에 있는 냉면집의 대명사. 의정부 계열과 더불어 최강 평양냉면 계보. 평양에서 초대 김면섭 씨가 '대동면옥'을 운영한 이래 서울에서 2대로 며느리인 변정숙 여사가 이어받아 '장충동 평양면옥'을 하다가 지금은 장남이 3대째 경영하고 있다. 장충동 가게에는 3대를 이어온 집이라고 크게 간판이 붙어 있다. 평안도 출신 실향민들이 고향의 맛에 가장 가깝다고 평한 집.

냉면을 잘 말아 담고 고명으로 수육 몇 점, 삶은 계란을 올리고 오이절임, 무절임, 파를 얹어준다. 맑은 육수는 밋밋한 것 같으나 마시고 나면 슴슴한 육향이 느껴진다. 중독성 있는 육수를 자랑한다.

근처에 갈 일이 있으면 웬만하면 들르는 가게로 홀도 있고 방도 있어 예약도 해주는 대형 식당이다. 현 사장의 딸들이 도곡동과 강남 신세계백화점에서 각각 '평양면옥'을 열었다. 4대가 평양냉면 계보를 잇는 셈이다.

주소 서울시 중구 장충단로 207
찾아가기 지하철 2, 4, 5호선 동대문역사문화공원역 5번 출구에서 3분 거리
가격 냉면 12,000원, 제육 28,000원, 편육 30,000원

[논현동] 평양면옥

장충동파의 원조 어머니 냉면집

한 끼 식사의 행복 🍜🍜🍜🍜🍜 | **전화** 02 549 5378 | **Since** 1995
한줄평 맑고 슴슴한 육수와 쫄깃한 면발이 어우러지는 평양냉면

논현동에 있는 장충동 계보의 냉면 명가. 장충동에서 평양면옥을 하던 변정숙 여사가 첫째 아들에게 가게를 물려주고 둘째 아들과 함께 차린 집이다. 전에는 안세병원 뒤에 있어서 '안세병원 뒤 냉면집'으로 마니아들 사이에서 통했다(지금은 강남을지병원 부근). 이북 출신 어르신들이 특히 많이 찾는 곳으로 명절 전후면 실향민들의 향우회 장소가 되기도 한다.

장충동파의 어머니 집답게 맑고 슴슴한 맛의 육수를 자랑한다. 그나마 파가 들어가 약간의 자극을 주는 정도. 면발은 상대적으로 쫄깃하다. '민짜'를 시키면 고명이 없는 대신 면을 1.5배 줬다. 냉면 마니아인 '선수'들은 이걸 먹었는데, 아쉽게도 이제는 없어졌다.

장충동파의 어머니가 시작한 집이어서 장충동과 달리 2대째 내려오는 집이라는 간판이 있었는데 이제는 3대로 바꿔 달았다. 2층집으로 규모가 꽤 있지만 손님이 항상 많다.

주소   서울시 강남구 논현로150길 6
찾아가기   지하철 7호선 학동역 8번 출구에서 을지병원 쪽으로 9분 거리
가격   냉면 12,000원, 만둣국 12,000원, 제육 28,000원, 편육 32,000원

우래옥

70년 평양냉면 역사의 시작

한 끼 식사의 행복 ⊙⊙⊙⊙⊙ | **전화** 02 2265 0151 | **Since** 1946
한줄평 깊은 맛의 육수와 부드럽고 식감 있는 메밀면이 이루는 맛의 조화

방산시장 옆 주교동에 있는 자타가 공인하는 평양냉면 원조급 가게. 지금의 주차장 자리에서 영업하다 1988년 현재 건물로 확장해 옮겼다. 1946년 창업 이래 70년을 넘는 역사에 걸맞게 수많은 냉면 인재들을 배출했다. 옛날에는 창경원에 구경 온 사람들이 외식차 몰려왔던 고급 음식점이었다.

취향에 따라 다를 수 있으나 육수의 육향이 진하고 면발도 좋다. 편육, 배 등 고명이 푸짐하다. 전에는 순(메밀)면, 민짜, (차지 않은) 거냉 등 종류가 다양했는데 그때그때 메뉴 방침이 바뀌고 있다.

냉면 고수부터 입문자에 이르기까지 두루 사랑받는 가게로 식사 시간대에는 아예 대기 명부를 비치해두고 차례를 기다리게 한다. 이 집에는 어르신들이 잘 드시는 맵거나 자극적이지 않은 따뜻한 장국밥도 있다. 비싸지만 불고기도 일품이다. 항상 사람이 많지만 예약도 받는다. 대치동에 강남점이 있다.

주소 서울시 중구 창경궁로 62-29
찾아가기 지하철 2, 5호선 을지로4가역 4번 출구에서 2분 거리
가격 냉면 14,000원, 장국밥 12,000원, 불고기 35,000원

을밀대

마포에 자리 잡은 평양냉면의 지존

한 끼 식사의 행복 🍜🍜🍜🍜 | **전화** 02 717 1922 | **Since** 1971
한줄평 입맛을 사로잡는 진한 육수와 도톰하고 탱탱한 면발

마포구 염리동 골목 안에 있는 평양냉면 명가. 서울의 냉면 맛집 하면 반드시 등장하는 집이다. 을밀대는 평양 금수산에 세워진 삼국시대의 고구려 누각이다. 월남한 평양 출신 창업주가 붙인 이름이다. 육수가 진한 맛이며 메밀 향 나는 면은 도톰하고 탱탱한 식감이 있다. 육수에는 조각 얼음이 들어가 있다. 필자는 얼음을 빼고 '거냉'으로 달라고 주문하는데 그렇게 먹어야 제맛이 난다. '양마니(양 많이)' 하면 같은 가격에 면을 더 주며, 민짜는 고명 빼고 면을 두 배 준다. 앉으면 바로 육수 주전자를 주는데 따끈하고 구수해서 기다리면서 즐기기 좋다.

1층에는 둥그런 테이블들이 넓은 간격으로 놓여 있다. 옛날에는 2층에 좁게 증축해 마련했던 방들이 아기자기하게 붙어 있었는데, 이제는 가게 바로 뒤편에 말끔하게 증축했다. 가게를 확장해 방도 여러 개여서 예약이 가능하다. 역삼동, 다동, 방이동 등에 지점을 열었다.

주소 서울시 마포구 숭문길 24
찾아가기 지하철 6호선 대흥역 2번 출구에서 6분 거리
가격 냉면 12,000원, 회냉면 16,000원, 수육(소) 30,000원

방이점 봉피양

평양냉면 장인 김태원의 냉면집

한 끼 식사의 행복 🍚🍚🍚🍚 | **전화** 02 415 5527 | **Since** 1995
한줄평 진한 육수의 향과 메밀 향이 잘 어우러지는 고급 냉면

방이동 올림픽공원 입구 쪽에 자리 잡은 냉면 고수의 집. 봉피양 냉면 중 가장 좋은 평을 받는 가게다. 허영만 화백의 《식객》에 등장하는 김태원 냉면 장인 덕이다. 평양냉면의 60년 노하우를 자랑하는 김태원 조리장은 2019년 8월 82세를 일기로 작고했다. 그는 충북 옥산 출신으로 6·25 당시부터 우래옥에서 일했고, 2002년부터 봉피양 방이점에서 일하면서 많은 후진들을 양성했다.

한우와 돼지고기로 끓인 육수는 약간 진한 편이고 면은 두툼하며 메밀 향이 느껴진다. 삶은 계란 대신 얇은 계란 지단이 조금 얹혀 나온다. 얼갈이배추절임이 고명으로 올라가 입맛을 돋운다. 고명으로 올리는 수육 외에 따로 접시에 돼지고기 편육 몇 점을 준다. 수육을 만들 때 사용되는 고기라서 떨어지면 주지 않는다.

본관, 별관 등이 있는 꽤 규모가 큰 식당이나 워낙 이름이 나서 찾는 사람이 많아 먹기 쉽지 않다. 필자는 이 집에 가면 순면을 꼭 맛본다.

주소 서울시 송파구 양재대로71길 1-4
찾아가기 지하철 5호선 방이역 4번 출구에서 올림픽공원 쪽으로 2분 거리
가격 물냉면 14,000원, 순면 17,000원, 돼지갈비 27,000원

평래옥

3대를 이어오는 70년 전통의 집

한 끼 식사의 행복 😊😊😊😊😊 | **전화** 02 2267 5892 | **Since** 1950
한줄평 슴슴한 평양냉면과 매콤한 닭무침의 조화가 돋보이는 노포

중구 저동에 있는 3대를 이어온 70년 전통의 냉면 명가. '평래옥平來屋'은 '평안도에서 온 집'이라는 뜻이다. 지금은 없어진 명동중앙극장 건너편에서 영업하다 재개발로 2010년에 이곳으로 이사했다.
자리에 앉으면 뜨거운 육수와 닭무침, 무절임이 먼저 나온다. 닭무침은 육수용이 아니라 반찬으로 내기 위해 별도로 조리하는데 이것이 이 집의 매력 포인트. 슴슴한 육수에 면발도 쫄깃하고 식감도 있는 정통 평양냉면이다. 매콤한 닭무침을 얹어 먹으면 훌륭한 조합이다. 초계탕도 일품. 초계탕은 닭 육수를 차게 식혀서 메밀면을 넣고 식초와 겨자를 더해 먹는 요리인데 평안도·함경도 등지에서 겨울에 먹던 별미다. 요즘에는 오히려 여름 보양식으로 알려져 있다. 혼자 온 손님을 위한 창밖을 보면서 먹는 자리도 있다. 점심, 저녁 모두 손님이 많아 줄을 서야 하지만 이 자리는 혼자 온 손님을 먼저 받는다.

주소 서울시 중구 마른내로 21-1
찾아가기 지하철 2, 3호선 을지로3가역 11번 출구에서 2분 거리
가격 냉면 10,000원, 초계탕 13,000원, 제육 16,000원

서북면옥

어린이대공원 앞 냉면 맛집

한 끼 식사의 행복 🍜🍜🍜🍜🍜 | **전화** 02 457 8319 | **Since** 1968
한줄평 '정말 좋은 맛은 반드시 담백하다'를 실천하는 평양냉면

광진구 구의동 어린이대공원 주차장 옆에 있는 평양냉면집. 서울 중심부는 아니지만 냉면 마니아라면 거의 알고 있는 집이다. 값도 싸고 소박한 물냉면이 나오지만 보통 내공이 아니다. 대접에 육수, 면, 배추절임, 편육 한 점, 삶은 계란만 있는 단출한 냉면이다. 육수가 담백하면서 중독성 있는 맛이다. 면은 약간 두툼하며 부드럽다. 메밀을 직접 빻아서 반죽하는 가게다. 1968년부터 똑같은 메뉴를 고집하고 있다. 잘라달라고 해도 가위를 안 준다(물론 필자는 평양, 함흥을 불문하고 절대 냉면에 가위를 대지 않는다). '大味必淡(정말 좋은 맛은 반드시 담백한 것이다)'이라고 적힌 액자가 말하듯 냉면 맛이 담백하다.

손님이 워낙 많아서 번호표 뽑는 기계를 두고 있고 합석하는 경우도 적지 않다. 기름진 편육과 촉촉한 수육도 맛깔스러운 가게다. 옛날 방식으로 두꺼운 만두피로 빚은 만두도 유명하며 포장도 해준다.

주소	서울시 광진구 자양로 199-1
찾아가기	지하철 5호선 아차산역 3번 출구에서 15분 거리
가격	냉면 8,000원, 수육 15,000원, 편육 10,000원

부원면옥

남대문시장에 자리 잡은 평양냉면 노포

한 끼 식사의 행복 ◠◠◠◠ | **전화** 02 753 7728 | **Since** 1965
한줄평 옛날 대중적인 냉면의 맛과 전통을 잘 살려낸 냉면을 맛볼 수 있는 집

남대문시장 안 옷 가게가 모여 있는 부원상가 2층에 있는 냉면 노포. 3대를 잇는 55년 된 평양냉면 전문집이다. 2층에 자리 잡은 작은 집인데도 냉면 마니아들은 잘 찾아온다.

뽀얀 육수에 면, 제육, 오이, 삶은 계란이 더해진 단출한 냉면이 나온다. 메밀과 고구마전분으로 뽑는 면발은 전분이 다소 많아 메밀 향은 적으나 대신 쫄깃한 식감을 자랑한다. 육수는 요즈음의 유명 냉면집과 달리 슴슴하지 않고 진한 감칠맛이 느껴진다. 돼지고기 육수가 약간 단맛이 나서 입맛에 따라 호불호가 갈릴 수 있으나 매력 있는 집이다.

가게 입구에서 직접 부치는 순두부 빈대떡도 맛있다. 삶은 닭을 찢어 무친 닭무침도 찾는 사람이 많다. 착한 가격으로 남대문시장에 장 보러 온 사람들이 부담 없이 들를 수 있는 집. 작고 허름한 가게이지만 손님이 넘쳐나고 분위기가 왠지 정겹다.

주소	서울시 중구 남대문시장4길 41-6
찾아가기	지하철 4호선 회현역 5번 출구에서 1분 거리
가격	물냉면 8,500원, 비빔냉면 9,000원, 빈대떡 4,000원, 닭무침 13,000원

서관면옥

제주 메밀 100%로 승부하는 신예 냉면집

한 끼 식사의 행복 ◠◠◠◠ | 전화 02 521 9645 | Since 2018
한줄평 감칠맛을 자랑하는 육수와 순메밀면이 조화를 이루는 냉면

2018년에 서초동에 개업한 신예 냉면 가게. 여사장(김인복 대표)은 20년을 훌쩍 넘게 외식업에 종사해왔다. 이제 냉면에 집중하여 각지의 냉면을 비교하면서 최고의 냉면을 만들겠다는 집념의 주인공이다. 제주도에 직영 메밀밭을 두고 있고 매일 오전 가게에서 직접 제분하여 100% 메밀냉면을 만든다. 맛을 내기 위해 단메밀에 쓴메밀을 섞어 쓴다. 고산지에서 재배되는 쓴메밀은 히말라야가 원산지인데 우리나라에서도 품종을 육성하여 재배되고 있으며 루틴이 일반 메밀에 비해 70여 배나 많이 함유되어 있어 주로 차로 마신다.

한우 암소의 양지와 사태, 버크셔K로 우려낸 육수는 풍부한 감칠맛을 내며 심심한 육수를 주로 먹던 사람들에게는 다소 강하게 느껴질 수 있다.

예약은 받지 않으며 식사 때는 번호표를 뽑고 많이 기다려야 한다. 시간이 흐를수록 소문이 나서 먹기 어려울 것 같은 예감이 드는 집이다.

주소   서울시 서초구 서초대로56길 11
찾아가기   지하철 2, 3호선 교대역 1번 출구에서 3분 거리
가격   냉면 13,000원, 제육 15,000원, 수육 21,000원

금왕평양면옥

방이동 봉피양과 경쟁하는 뚝심의 냉면집

한 끼 식사의 행복 🍜🍜🍜🍜 | **전화** 02 6248 1176 | **Since** 2014
한줄평 깔끔한 육수와 순면의 부드러운 식감이 더해져 평양냉면 맛집에 합류

방이1동 주민센터 옆에 있는 비교적 덜 알려진 냉면 맛집. 이 가게 사장의 평남 출신 할머니가 충북 음성군 금왕읍에서 처음 냉면 가게를 시작했다. 2005년에 일산에서 개업해 이름을 알리다가 2014년 방이동으로 이전한 평양냉면 전문 가게. 역사는 짧지만 이 집 냉면을 극찬하는 마니아들도 있다.

한우 1등급 이상의 양지와 사태로 육수를 뽑는데 깔끔하고 육향도 좋다. 면은 두 번 거른 메밀 속살만을 사용한 순메밀 100%를 자랑한다. 소다를 사용하지 않고 손으로 반죽한 순면으로 색깔은 거의 하얀 색이다. 가게 한쪽에 제분기를 들여놓았으며 곧 자가제분도 할 계획이라고 한다. 수육, 오이절임, 배, 삶은 계란이 고명으로 얹혀 나온다. 냉면의 명가인 봉피양 방이점이 있는 동네인데도 경쟁력 면에서 뒤지지 않는다. 순면인데도 가격이 착한 집. 비교적 큰 가게이지만 식사 시간대에는 손님이 꽉 찬다.

주소 서울시 송파구 위례성대로16길 23
찾아가기 지하철 5호선 방이역 4번 출구에서 1분 거리
가격 냉면 11,000원, 제육 11,000원, 편육 13,000원

정인면옥

여의도에 상륙한 광명의 냉면 명가

한 끼 식사의 행복 ◉◉◉◉◉ | **전화** 02 2683 2615 | **Since** 2014
한줄평 좋은 식재료와 고집스러운 연구가 만들어낸 고품격 평양냉면

여의도순복음교회 건너편에 위치한 평양냉면 신예 강자. 정인면옥은 원래 평양 출신 실향민이 1972년에 경기도 광명시에서 개업해 이름을 날리던 평양냉면집이었는데 2014년 여의도로 이전해 오픈했다. 지금은 2세 사장이 평양냉면 전통의 맛을 이어나가고 있다.

주문과 동시에 손 반죽을 하기에 주문 후 좀 기다려야 한다. 물냉면은 깔끔하고 담백한 육수와 부드러운 면발을 자랑한다. 편육, 삶은 계란, 오이절임, 무절임 등 고명이 얌전히 올라간다. 면이 넉넉하다. 이 집에서는 메밀 100%로 반죽한 순면도 한다. 다른 집에서는 먹어보기 어려운 메뉴다. 꽤 큰 가게인데도 식사 시간에 꽉 찬다. 특히 여름에는 대기가 길다. 광명에 있던 때부터 유명했으며 서울 진출 후 여러 매스컴에 등장하면서 금방 이름이 난 가게다. 평양냉면 가격으로는 착한 편이고 여의도 직장인들이 많이 찾는다.

주소   서울시 영등포구 국회대로76길 10
찾아가기 지하철 9호선 국회의사당역 1번 출구에서 8분 거리
가격   냉면 10,000원, 순면 12,000원, 편육 20,000원, 수육 30,000원

[강남점] 능라도

강남에 진출한 신예 평양냉면집

한 끼 식사의 행복 😊😊😊😊 | **전화** 02 569 8939 | **Since** 2015
한줄평 역사는 짧으나 재료와 품질에 대한 정성이 돋보이는 평양냉면

판교에서 2011년 개점한 능라도가 2015년 서울 경복아파트사거리 인근에 강남점을 열었다. 최근에 삼성동으로 이전해 재오픈했다. 능라도 본점은 창업주의 서울고 동창이 개업했고 창업주가 맛을 챙긴다. 능라도는 창업주 고향 평양의 지명으로 대동강에 있는 섬인데 지금은 대규모 유원지가 자리 잡고 있다. '메밀 방앗간'을 가게에 두고 직접 제분해서 면을 뽑는다. 최상급 한우와 돼지고기로 맑은 육수를 내고 몽골산 메밀로 면을 만든다. 메밀과 전분의 비율은 평균이 메밀 80%로 높은 편이며 요즘 찾기 어려운 메밀 100%의 순면도 만든다. 고명은 편육과 계란 지단, 오이 등 단출하다. 연륜에 비해 수준급의 맛을 자랑하는 집으로 냉면 마니아들이 인정하는 곳이다.

능라도라는 이름으로 마포, 광화문 등 여러 곳에 점포를 열었다. 평양냉면은 까다로운 음식이기 때문에 지점들이 제대로 맛을 낼지는 두고 봐야 할 것 같다.

주소	서울시 강남구 삼성로 534
찾아가기	지하철 9호선 삼성중앙역 5번 출구에서 5분 거리
가격	냉면 12,000원, 제육 28,000원, 수육 40,000원, 녹두지짐이 15,000원

동무밥상

옥류관 출신 셰프의 평양냉면 맛집

한 끼 식사의 행복 🍜🍜🍜🍜🍜 | **전화** 02 322 6632 | **Since** 2015
한줄평 북한 식당에서 맛볼 수 있는 은근한 맛의 육수와 오리지널 면발

함경북도 온성이 고향인 셰프 겸 사장(윤종철 대표)이 운영하는 북한식 평양냉면집. 1990년대 후반 탈북한 옥류관 출신 요리사가 사장이다. 이 집 냉면은 북한 식당에서 맛볼 수 있는 전형적인 북한 냉면이다. 대표 메뉴인 '평양랭면'은 우리 식의 냉면에 비해 면의 메밀 함량이 낮고 약간 쫄깃한 식감이다. 은근한 맛을 내는 맑은 육수에 면을 담고 무절임, 편육, 삶은 계란이 얹혀 나온다. 단출한 냉면 모양은 여느 집과 별반 다르지 않으나 통들깨가 약간 들어간 것이 색다르다. 육수는 육향이 적으나 독특한 끌리는 맛이다. 여러 가지 음식이 있지만 쫀득쫀득한 찹쌀순대는 이 집만의 별미로 일찍 마감된다.

필자가 친지로부터 소개받아 처음 다닐 때는 손님이 그리 많지 않았고 작은 가게였으나 이제는 손님도 많이 늘고 가게도 넓혔다. 여러 방송에도 등장했다.

주소 서울시 마포구 양화진길 10
찾아가기 지하철 2, 6호선 합정역 7번 출구에서 2분 거리
가격 냉면 11,000원, 찹쌀순대 12,000원, 명태식해 12,000원

한 끼 식사의 행복

❷

원조를
뛰어넘은
한국형
판메밀국수

[광화문 미진]

[송옥] [청수]

[유림면] [마포즉석모밀촌]

메밀은 추운 지방, 메마른 땅에서도 잘 자라는 곡식으로 바이칼 호수 일대와 중국 동북부가 원산지라고 한다. 우리나라에서는 평안도, 강원도 등지에서 많이 생산되었던 곡식이다. 척박한 곳에서 쉽게 재배되어 구황식품으로도 역할을 했던 메밀은 칼로리가 낮고 단백질 함량이 높아 혈관을 맑게 유지해주는 식품으로 알려지면서 갈수록 인기를 끌고 있다. 혹자는 메밀을 '모밀'이라 하는데 이는 표준어가 아니다.

메밀을 이용한 면의 역사는 조선시대로 거슬러 올라간다. 각종 메밀국수, 냉면, 막국수 등 다양한 향토 음식들이 특색 있는 먹을거리로 등장했다. 이 중 판메밀국수는 메밀가루로 만든 면을 차갑게 하여 장국에 찍어 먹는 일본식 요리 '소바'에서 유래했다.

한국형은 일본 소바에 비해 면의 식감이나 장국 맛 등이 전혀 다른 새로운 요리다. 차가운 물에 갓 씻어낸 싱싱하고 부드러운 느낌의 면과 심심하고 약간 달짝지근한 장국이 그 특성이다. 장국에 간 무와 잘게 썬 파를 넣고 겨자를 가미한 후 면을 담그거나 듬뿍 찍어 먹는다. 이에 비해 일본식은 메밀 향은 진하지만 다소 건조한 느낌의 면에 짠맛의 '쯔유'(간장)를 살짝 묻혀 먹는 스타일이다. 필자에게는 한국형 메밀국수가 훨씬 입맛에 맞는다. 오랜 입맛 때문인가? 어린 시절 서울에서 공부하던 형이나 누나들이 방학 때 고향에 내려오면 기분을 내며 사주던 귀한 메뉴가 메밀국수였다.

메밀국수를 잘하는 식당들이 도처에 있으나 습관적으로 찾게 되는 단골집들이 있다. 예전에 서초동 구 제일생명 뒷골목에 70년 전통의 '제남'이라는 조그만 집이 있었다. 몇 년 전 주인아주머니가 돌아가셔서 없어졌지만 지금도 그 동네를 지날 때마다 생각난다. 일제시대에 개업해 1990년경 서초동으로 옮겨 온 집으로, 거의 하얀색의 면에 멸치만 쓰는 장국 맛이 그야말로 일품이었다. 우리 부부가 외식하면 가장 많이 갔던 곳이다. 얘기를 즐기시던 주인아주머니의 메밀면과 장국에 대한 자부심은 대단했다. 장국을 남기면 우동이라도 찍어 먹으라고 권할 정도였다. 오랜 단골들 때문에 문을 못 닫고 어려운 장사를 한다고 말씀하시곤 했다.

판메밀국수 전문점 중 이름난 곳은 강북 쪽에 여러 곳이 있다. 1954년 개업한 '광화문 미진'은 우리나라 판메밀국수의 역사라 할 수 있다. 학창 시절에 돈이 생기면 가던 곳으로, 피맛골 재개발로 인근의 르메이에르 종로타운 상가로 이전했다. 부드러운 면발과 장국 맛이 일품으로 점심때면 긴 줄을 서서 기다리는 사람들의 모습을 지금도 볼 수 있다. 남대문시장 인근 북창동에는 '송옥'이라는 메밀 전문집이 있다. 1961년 광화문에서 창업해 1970년 지금 이곳으로 옮겨 왔다. 면발이 굵어 식감이 있고 장국은 약간 달콤하면서 진한 맛이다. 점심때 줄 서고 합석하는 것은 기본이다. 서소문 덕수궁 옆에도 1962년 문을 열어 1980년에 지금 장소로 이전한 '유림면'이라는 집이 있다. 깨끗하게 단장한 집이다. 면발이 가늘고 쫄깃해 특별한 식감을 자랑한다.

여의도에도 1988년에 개업해 여의도와 인근 지역에서 입소문이 나고 있는 '청수'가 있다. 주인장이 직접 면을 뽑고 인근 지역의 직장인들이 줄 서서 먹는 맛집이다. 마포 강변북로 쪽 합정동에는 '마포즉석모밀촌'이 있다. 저렴한 가격에 훌륭한 면과 육수를 제공한다. 면 사리까지 무한 리필로 압도적인 가성비를 자랑하는 집이다.

판메밀국수는 이제 일본의 소바를 뛰어넘어 고유의 한국형 메뉴로 자리 잡았다. 건강식품이라는 인식이 확산되면서 메밀 애호가가 나날이 늘고 있고 역사와 맛을 자랑하는 식당들도 곳곳에서 명성을 얻고 있다.

광화문 미진

한국형 판메밀국수의 원조

한 끼 식사의 행복 ☺☺☺☺☺ | **전화** 02 738 1954 | **Since** 1954
한줄평 진하고 달짝지근한 육수에 푹 담가 먹는 메밀면의 소박한 맛

종로1가 르메이에르종로타운 1층에 자리 잡은 메밀국숫집. 1954년에 개업한 집으로 우리나라 판메밀국수의 살아 있는 역사다. 개업 연도와 전화번호가 같다. 필자가 학창 시절부터 다니던 가게인데 피맛골 인근에서 오래 영업하다 재개발로 이곳으로 이전했다.

대표 메뉴는 메밀 발에 메밀면을 얹어 주는 판메밀이다. 1인분으로 두 판이 정량이나 세 판 시킬 수도 있다. 한 주전자 가득 내어주는 육수는 열네 가지 재료가 들어가 진하고 감칠맛이 나며 약간 단맛도 난다. 육수에 간 무와 파를 넣어 면을 찍어 먹거나 말아 먹는데 일본식 '쯔유'보다 훨씬 덜 짜서 육수를 풍성하게 즐길 수 있다. 부드럽고 쫄깃한 메밀면 또한 건조한 느낌의 일본식 소바보다 우리 입맛에 잘 맞는다. 창업자가 1980년에 작고했고 창업자의 친지이자 당시 북창동에서 일식집을 하던 현재 사장이 1978년에 인수해 오늘에 이르고 있다.

주소 서울시 종로구 종로 19
찾아가기 지하철 1호선 종각역 1번 출구, 5호선 광화문역 4번 출구에서 3분 거리
가격 냉메밀 · 온메밀 · 비빔메밀 9,000원, 메밀전병 6,000원

송옥

메밀국수 마니아들이 즐겨 찾는 노포

한 끼 식사의 행복 ◡◡◡◡◡ | **전화** 02 752 3297 | **Since** 1961
한줄평 일본식 쯔유보다 맛깔난 장국과 소바보다 식감이 뛰어난 메밀면

북창동 남대문시장 입구에 있는 역사와 전통 있는 메밀·우동 전문점. 오래된 분식집 분위기가 남아 있는 작은 가게이지만 내공 있는 빈티지 맛집으로 유명하다. 1961년에 광화문에서 '오미'라는 이름으로 시작했다가 1970년대에 이곳으로 옮겼다. 오랜 단골들이 많아 손님들 연령대가 조금 높다. 간판에는 53년 전통이라 씌어 있는데 몇 년 전에 만든 간판이라 오래된 느낌은 들지 않는다.

메밀국수는 면발이 굵고 식감이 쫄깃하며 밝은색이다. 판메밀을 시키면 두 판을 주는데 양이 넉넉하다. 한 판씩 추가도 가능하다. 다른 곳에 비해 장국이 진하고 단맛은 조금 적다. 이 집 장국을 극찬하는 마니아들이 다수 있다. 테이블이 대여섯 개밖에 없어 줄 서고 합석하는 경우가 많다. 메밀·온메밀·비빔메밀국수 외에 우동도 인기 메뉴다. 전 메뉴가 포장도 가능하다. 얼마 전 대치동에 분점을 냈다. 깔끔하게 단장한 가게인데 가격은 남대문시장 본점보다 높다.

주소	서울시 중구 남대문로1길 11
찾아가기	지하철 1, 2호선 시청역 7번 출구, 4호선 회현역 5번 출구에서 6분 거리
가격	메밀국수 8,000원, 유부우동 6,500원

유림면

드라마 '별그대'에 등장한 국숫집

한 끼 식사의 행복 ☺☺☺☺☺ | **전화** 02 755 0659 | **Since** 1962
한줄평 쫄깃한 식감의 손 반죽 메밀면과 단맛이 나는 간장 육수의 조합

중구 서소문동 덕수궁 옆 작은 골목 안쪽에 있는 메밀국수 명가. 1962년에 개업해 1980년에 현재의 자리로 이전했으며 3대를 이어 오고 있다. 1, 2층으로 꽤 크고 깨끗하게 단장한 집이다.

멸치, 한약재 등으로 우려낸 육수 간장에 미리 다진 무를 넣어준다. 육수 간장은 단맛이 좋고 간이 세지 않아 메밀면의 맛을 잘 살려준다. 육수 추가 시 1,000원을 받는다. 메밀국수는 두 판을 주며 면발이 가는 편이다. 직접 손으로 반죽해 숙성시킨 후 주문 즉시 삶아내어 쫄깃한 식감이 좋다. 메밀은 봉평산을 쓴다. 수제로 만든 단무지도 특색 있다.

드라마 〈별에서 온 그대〉의 도민준이 다녀가 화제가 됐다. 도민준이 천송이에게 건네주었던 냄비국수도 추천 메뉴다. 우동면도 수타면으로 쫄깃하다. 선불이며 점심때는 줄이 길지만 가게가 크고 회전이 빨라 기다릴 만하다. 외국인 손님도 알고 찾아오는 맛집이다.

주소 서울시 중구 서소문로 139-1
찾아가기 지하철 1, 2호선 시청역 11번, 12번 출구 사이 서소문동 작은 골목 안쪽
가격 메밀국수 8,500원, 비빔메밀 9,500원, 냄비국수 8,500원

청수

여의도 직장인들의 단골 메밀국숫집

한 끼 식사의 행복 🥣🥣🥣🥣 | **전화** 02 784 1559 | **Since** 1988
한줄평 즉석에서 뽑는 찰진 메밀면과 심심한 장국이 일품인 가게

여의도침례교회 옆 상아빌딩 1층의 국숫집. 1988년 개업했고 간판에는 '청수우동메밀냉면'이라는 긴 이름이 씌어 있다.

주인장이 직접 즉석에서 면을 뽑는 메밀국수가 일품. 판모밀이 한 판으로 나오는데 대충 얹어놓은 것처럼 보이나 김을 얹어 모양을 내고 양도 적지 않다. 메밀면이 약간 굵으면서 쫄깃해 식감이 좋고, 얼음을 띄워주는 장국은 심심해서 메밀 맛을 방해하지 않는다. 면에 살얼음이 들어가 있어 시원한 맛을 더한다. 소박하지만 격조 있는 메밀국숫집이라 생각하면 된다.

여의도 직장인이라면 알고 있는 집으로 여름철 점심때 가면 줄을 서서 한참 기다려야 한다. 그래도 서빙이 워낙 빨라 회전율이 좋다. 포장도 된다. 옛날 필자가 여의도에 근무하던 시절 바쁠 때는 포장해 와 사무실에서 먹곤 했다. 옆집에 벨기에에서 온 모자가 하는 맛있는 벨기에식 와플 가게가 있어 디저트로 많이 찾는다.

주소 서울시 영등포구 국제금융로 112
찾아가기 지하철 9호선 샛강역 3번 출구에서 7분 거리
가격 메밀국수 9,000원, 청수우동 7,000원, 돌냄비우동 9,000원

마포즉석모밀촌

합정동에서 만나는
착한 가격의 메밀국숫집

한 끼 식사의 행복 😊😊😊😊 | **전화** 02 333 3237 | **Since** 2006
한줄평 투박하지만 메밀면의 쫄깃한 식감과 정제된 육수의 맛을 자랑한다

강변북로 쪽 합정동에 있는 메밀국수 전문점. 모밀 소바를 비롯한 모든 식사 메뉴 가격이 6,000원에서 최근 7,000원으로 인상됐지만 착한 가격이다. 가격에 비해 양과 맛은 월등하다.

'모밀 냉소바'를 시키면 큰 대접에 담고 김을 얹어 투박하게 나온다. 예전에는 메뉴 이름이 '모밀 판모밀'이었고 플라스틱판이 있던 때도 있었다. 어쨌든 판메밀국수와 같은 메뉴다. 새콤한 육수는 가게에서 직접 졸여내어 제조한 후 물을 타서 간을 맞추는 방식을 쓰기 때문에 좀 짜다 싶으면 각자 식성에 맞게 물을 첨가하라고 안내하고 있다. 면은 쫄깃하게 뽑아 식감도 좋고 수준급 맛이다. 양을 엄청 많이 주는데 추가 사리는 무료다. 놀라운 가성비가 아닐 수 없다. 보기 드문 메밀면 무한 리필 가게다. 소바 육수 추가 시에는 천 원을 받으며 추가 반찬은 셀프다. 모밀물막국수, 모밀비빔막국수, 모밀콩국수(여름) 등 다양한 메밀국수를 판다. 선불로 받으며 점심 영업만 한다.

주소 　　　서울시 마포구 동교로 20
찾아가기　지하철 6호선 망원역 2번 출구에서 12분 거리
가격　　　모밀냉소바·모밀물막국수·모밀비빔막국수·모밀잔치국수 7,000원

  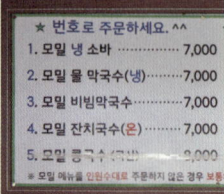

한 끼 식사의 행복

❸

막국수, 향토 음식에서 국민 메뉴로

[산골막국수]

[샘밭막국수]　　　　　　[잘빠진 메밀]

[봉평메밀막국수]　　　　[역삼동점 백운봉막국수]

[무삼면옥]　　　　　　　[유진막국수]

막국수는 메밀이 많이 나는 강원도의 향토 음식이다. 원래는 메밀가루를 반죽하여 칼국수처럼 얇게 밀고 칼로 썰어 면을 만들어서 끓는 물에 삶은 후 식힌 다음 김치 국물에 말아 먹거나 매운 양념장에 비벼 먹던 음식이다. 지금은 메밀가루에 밀가루나 전분 등을 섞어서 반죽한 후 기계 국수틀에서 눌러 뽑아 사리를 만들기 때문에 예전보다 더 쫄깃한 면발을 즐길 수 있다. 면 위에 매운 양념을 더하고 김치, 오이, 삶은 계란, 가자미, 명태, 닭고기, 김, 깨 등 다양한 고명을 얹는다. 국물은 동치미 국물을 쓰거나 소뼈, 멸치 등으로 고아낸 육수를 사용하거나 섞어 쓰기도 한다. 그대로 먹으면 비빔막국수, 육수를 부으면 물막국수가 된다.

지역이나 식당에 따라 메밀 함량이나 반죽, 양념, 고명 등이 다양하지만 막국수를 주메뉴로 하면서 면을 만드는 국수틀이 있으면 대체로 기본에 충실한 맛을 즐길 수 있다.

막국수 하면 춘천막국수가 떠오를 정도로 막국수의 역사는 강원도 일대에서 시작되었다. '샘밭막국수'는 춘천의 3대 막국숫집으로 꼽히는 막국수계 원조 명가 중 하나로 3대가 50년 가까이 이어오고 있다. 메밀을 많이 쓰고 전분이 아닌 곡식을 섞어 메밀 향이 좋다. 여기에 열무김치를 곁들이면 맛깔나게 한 끼를 즐길 수 있다. 사골을 우려내어 동치미 국물과 섞은 육수가 일품으로, 그 맛을 못 잊어 춘천에 갈 일이 있을 때는 조금 돌더라도 들렀던 집이다. 멀리서 오는 단골손님이라고 해서 기념으로 그 집에서 쓰던 스테인리스 막국수 대접을 선물받은 적도 있다. 서울에도 진출해서 서초동에 지인이 경영하는 '샘밭막국수'가 등장했다. 한동안 춘천 막국숫집의 할머니가 재료를 갖고 직접 다니면서 맛을 지도했으며 지금도 두 집의 관계는 계속되고 있다.

을지로4가역 좁은 골목 안쪽에 또 다른 막국수 명가 '산골막국수'가

자리 잡고 있다. 1962년 춘천에서 개업해서 서울로 이사 왔다. 전분을 섞어 면을 쫄깃하게 뽑아낸다. 고명으로 얹어주는 매콤하게 무친 닭무침은 막국수와 궁합이 잘 맞는다. 큰 주전자에 주는 시원한 동치미 국물을 부어 먹으면 제격이다. 허름하지만 안주류도 다양한 정겨운 가게로 맛과 가성비에서 최고의 회식장소였다. 아주 오래된 가게를 헐고 공사 중인데 문화재가 발굴되면서 공사가 지연되어 임시로 주인장 아들이 운영하는 성수 직영점과 주인장 동생이 운영하는 동묘 직영점이 영업 중이다.

춘천에서 유래한 노포 외에도 신예 막국숫집이 등장해서 마니아들을 즐겁게 한다. 마포 공덕동에는 몇년 전 '무삼면옥'이라는 메밀면 전문집이 등장했다. '무삼無三'은 無MSG, 無설탕, 無색소를 고집한다고 하여 붙인 이름이다. 이 집은 국산 봉평 메밀만 쓴다. 국산 메밀은 중국산의 세 배, 밀가루의 20배에 달할 정도로 가격이 비싸다. 메밀면은 100% 메밀, 50% 메밀 두 가지가 있다. 대기업의 엔지니어 출신인 친척 두 사람이 운영하며 여름에 바쁠 때만 한 사람 정도 아르바이트를 쓴다. 사장이 춘천 가정리가 고향인데 이 동네는 일제강점기 독립군 마을이었고 막국수는 독립군이 허기진 배를 채우던 음식이라 한다. 이 집의 프리미엄 메뉴인 '간장비빔냉면'은 바로 그 시대의 레시피다.

우면동 주택가 골목 안에 '봉평메밀막국수'라는 식당이 있다. 교통이 불편한 곳에 자리한 데다 식당의 규모도 작지 않은데 식사 시간 때에는 손님들이 꽉 차서 자리를 잡기 어렵다. 자리에 앉으면 막국수 육수 주전자부터 나온다. 비빔막국수와 물막국수가 있는데 비빔막국수의 고명으로 황태고추장무침이 나온다.

서울 통인동 서촌에는 '잘빠진 메밀'이라는 자그마한 지하 막국숫집이 있다. 젊은 셰프가 메밀, 물, 소금만 써서 직접 반죽한 100% 메밀면을 사용한다. 메밀은 당일 제분을 원칙으로 한다. 육수는 메밀, 채소, 사골을 각각 끓여 깊은 맛을 낸다. 비법은 강원도 양양의 유명한 막국숫집에서 사장이 직접 배워 왔다.

막국수의 고유한 풍미를 보여주는 서민 식당들이 전국 곳곳에 자리 잡으면서 막국수는 강원도 향토 음식에서 이제는 한국인이 즐겨 찾는 대표 음식이 되었다.

산골막국수

을지로 골목 안에 숨은 관록파 막국수

한 끼 식사의 행복 🍜🍜🍜🍜🍜 | **전화** 02 333 1002 | **Since** 1962
한줄평 시대를 거슬러 올라가는 분위기의 집에서 맛보는 막국수의 옛 맛

1962년 춘천에서 개업해서 서울로 이사 온 막국숫집. 저녁때는 많은 손님들이 왁자지껄한 분위기로 시대를 거슬러 올라간 듯한 느낌을 준다. 정겨운 분위기의 모임을 가질 수 있다.

닭무침을 얹어 매콤하게 먹는 메밀막국수가 일품이다. 전분을 섞어 면을 쫄깃하게 뽑아낸다. 주인 말로는 메밀이 50% 정도인데 더 섞으면 손님들이 오히려 싫어한단다. 주문하면 동치미 국물 주전자와 동치미 한 그릇을 먼저 내온다. 메밀막국수에 조금 부어서 먹으면 좋다. 막국수 외에도 미리 주문해야 하는 토종닭을 비롯해 감자전, 닭무침 등 메뉴가 다양해 싸고 맛있게 손님 접대도 할 수 있다. 순메밀가루를 따로 판다. 2018년 9월부터 리모델링을 시작했는데 공사 중 문화재가 발굴되어 공사가 지연되면서 성수 직영점을 오픈해 운영하고 있다. 빨리 다시 을지로 옛집으로 돌아오기를 기대한다.

주소 　서울시 중구 을지로4가 60/성수점: 성동구 왕십리로6길 5
찾아가기 지하철 2, 5호선 을지로4가역 1번 출구 쪽(현재 공사 중)
가격 　(성수점) 초계막국수 8,000원, 녹두전 8,000원, 닭무침 16,000원

샘밭막국수

서울에 진출한 춘천의 막국수 명가

한 끼 식사의 행복 🍚🍚🍚🍚 | **전화** 02 585 1702 | **Since** 2003
한줄평 시원한 동치미 국물에서 살아나는 메밀 향으로 승부하는 집

서초동 센트럴프라자 지하 1층에 자리 잡은 막국수 맛집. 춘천에서 3대가 이어온 유명한 춘천 '샘밭막국수'를 서울에서 즐길 수 있다. 춘천 가게는 메밀 음식을 좋아하는 필자가 오래전부터 들르던 곳이다. 서울의 샘밭막국수는 춘천 원조집의 지인이 하는 가게로 초기에는 춘천에서 할머니가 매주 직접 와서 계속 맛 지도를 해주었으며, 지금도 두 집이 재료 등에서 관계를 맺고 있다고 한다. 전에는 서울교대 옆 골목에서 단독 건물로 꽤 큰 가게를 하고 있다가 그 동네 재건축이 이루어지면서 2016년에 지금 자리로 옮겼다.

막국수에는 양념장, 김, 깨, 삶은 계란이 올라가는데 우선 비벼 먹다가 주전자에 담아 주는 시원한 동치미 육수를 부어서 먹으면 좋다. 메밀 함량이 높아 막국수 면발의 메밀 향이 수준급이다. 양념장은 강하지 않은 맛. 열무김치를 주는데 막국수와 찰떡궁합이다. 녹두전이나 돼지고기 수육도 추천한다. 강남 다이어트파들이 많이 찾는 가게다.

주소 서울시 서초구 서초중앙로24길 27
찾아가기 지하철 2, 3호선 교대역 4번 출구에서 3분 거리
가격 막국수 10,000원, 녹두전 14,000원, 편육 21,000원

봉평메밀막국수

동네 막국수의 경쟁력을 보인 집

한 끼 식사의 행복 ⊖⊖⊖⊖⊖ | **전화** 02 572 6465 | **Since** 2002
한줄평 시원하고 깔끔한 황태 육수와 향긋한 메밀면을 맛보는 집

우면동 LG전자 연구센터 옆에 있는 메밀막국수 전문집. 동네 사람들이 찾는 외진 곳에 숨겨진 동네 맛집이지만 단골손님들이 많고 식사 시간에는 손님들이 꽤 많이 몰려든다. 가게에 들어가면 벽면을 채운 봉평의 메밀밭 사진이 반겨준다.

메뉴는 메밀물막국수, 메밀비빔막국수와 메밀부침, 수육 등 사이드 메뉴가 있다. 비빔막국수를 가장 많이 찾는다. 메밀 향이 진하고 면이 쫄깃하다. 비빔막국수 고명으로는 황태고추장무침을 쓰는데 별미다. 막국수 위에 황태무침, 깨, 김과 함께 가는 콩나물 같은 메밀 새싹을 듬뿍 올려준다. 메밀 새싹은 보기도 좋고 식감도 좋다. 비빔막국수를 시켜 먹다가 도중에 황태를 우려낸 육수를 넣어 먹으면 두 가지 요리를 먹는 느낌이다. 처음부터 육수에 말아 나오는 물막국수는 시원한 맛을 자랑한다. 황태무침은 저렴하게 추가 주문이 가능하다. 메밀떡 만둣국도 있다. 2호점으로 교대점을 열었다.

주소 서울시 서초구 바우뫼로4길 53
찾아가기 지하철 신분당선 양재시민의숲역 5번 출구에서 1.5km
가격 메밀물막국수 8,000원, 메밀비빔막국수 9,000원, 메밀부침 8,000원

무삼면옥

100% 봉평 메밀면을 자랑하는 집

한 끼 식사의 행복 ☺☺☺☺☺ | 전화 없음 | Since 2013
한줄평 독립군에 제공되었던 그 시대의 그 맛을 그대로 재현하는 집

공덕동 공덕초등학교 옆 골목 안에 자리 잡은 작은 가게. 등록 전화도 없다. 100% 봉평 메밀면을 맛볼 수 있는 드문 집. 가게명 '무삼無三'은 無조미료, 無설탕, 無색소를 지향한다는 뜻이다. 메뉴는 냉면이지만 막국수에 가깝다.

면 메뉴는 메밀냉면 한 가지인데 '물/비빔'이 있고 '보통/대/소'가 있으며 메밀 함량에 따라 '50%/100%'가 있다. 비빔냉면 중 '간장비빔냉면'을 강추한다. 메밀 향을 잘 느낄 수 있다. 독립군 마을인 춘천 가정리에서 동네 사람들이 급하게 만들어 독립군에게 제공했던 향토 음식에서 유래한 메뉴다. 메밀면을 들기름에 비비고 버섯무침만 고명으로 얹어준다. 깔끔한 맛이다. 물냉면 육수는 한우와 버섯으로 우려내는데 일반 냉면집 육수와는 전혀 다른 심심한 맛이지만 깔끔하다. 100% 메밀면 국수를 뽑기 위해 가게 앞쪽에 제분기를 두고 매일 아침 직접 제분한다. 반죽도 물론 손 반죽이다. 꼭 가봐야 하는 식당이다.

주소 서울시 마포구 마포대로12길 50
찾아가기 지하철 5, 6호선 공덕역 4번 출구에서 5분 거리
가격 100% 메밀냉면 (보통) 11,000원, (대) 15,000원, (소) 8,000원

잘빠진 메밀

서촌에 등장한 막국수 명가

한 끼 식사의 행복 ☺☺☺☺☺ | **전화** 070 4142 1214 | **Since** 2015
한줄평 셰프의 실력과 자존심이 만들어낸 최고의 메밀국수 맛

통인동 대로변에 자리 잡은 메밀 전문점. 좁은 계단을 따라 지하로 내려가면 입구에 주방이 있고 예쁘고 작은 테이블이 열 개도 안 되는 가게다. 입구가 좁아 잘 찾아야 한다. 문을 연 지 5년 정도 되었지만 메밀과 막국수를 즐기는 사람들 사이에 입소문이 난 집이다.

막국수는 메밀 100%로 빚어내는 작품이다. 메밀쌀을 자체 제분하며 당일 제분을 원칙으로 한다. 주인장 셰프가 물과 소금만 써서 직접 반죽한 면은 부드럽고 메밀 향이 풍부하다. 막국수는 물막국수, 비빔막국수가 있다. 물막국수 육수는 채소를 우린 육수와 가시오가피 등 한약재를 쓴 육수에 사골을 50시간 우려내어 만든 사골 간장을 섞어 만든다. 중독성 있는 독특한 맛이다. 식초와 겨자를 넣지 않는 것을 추천한다. 고명으로 계란 대신 작은 전복을 올려준다. 채식막국수, 순메밀온면, 메밀전병, 메밀만두, 메밀전 등 다양한 메밀 요리도 주문할 수 있다. 돼지고기 수육도 일품이다. 종로3가에 익선점이 있다.

주소	서울시 종로구 자하문로 41-1
찾아가기	지하철 3호선 경복궁역 2번 출구에서 5분 거리
가격	메밀막국수 8,000원, 수육 12,000원, 메밀전병 7,000원

[역삼동점] 백운봉막국수

강남의 순메밀막국수 지킴이

한 끼 식사의 행복 ◉◉◉◉◉ | **전화** 02 554 5155 | **Since** 2012
한줄평 이베리코 베요따와 메밀 향을 자랑하는 들기름 막국수의 집

역삼동 GS타워 뒷골목에 있는 막국수 맛집. 메밀 100%의 순메밀막국수를 선보이는 서울에서 몇 안 되는 가게다. 가게 입구 쪽에 메밀 제분기가 있다. 메밀은 반죽이 까다로워 메밀쌀을 제분하고 바로 만들어야 순메밀면을 뽑을 수 있다. 메밀 제분기가 이 가게 경쟁력의 원천이라 할 수 있다. 막국수는 네 가지를 선보인다. 동치미 막국수, 비빔막국수, 들기름 막국수, 평양식 막국수다. 평양식 막국수는 보통 가게의 물막국수인데 필자는 들기름 막국수를 강추한다. 막국수 면발은 다소 거친 느낌이 있지만 메밀 향을 느끼기에 좋다. 훌륭한 메밀면을 선보인다. 이 집은 막국수로도 유명하지만 돼지고기를 찾는 손님도 많다. 스페인산 이베리코 베요따(목살)는 최고 등급 고기로 순종 이베리코를 도토리 철인 10월부터 이듬해 3월까지 방목해서 키운다. 야생 도토리를 먹고 자란 돼지가 육질이 쫄깃하고 특유의 풍미를 자랑한다고 한다. 고기를 찍어 먹는 멸치젓 양념장도 일품이다.

주소　　서울시 강남구 언주로93길 30
찾아가기　지하철 2호선 역삼역 8번 출구에서 7분 거리
가격　　들기름 · 비빔 · 동치미 · 평양식 막국수 9,000원, 베요따 16,000원

유진막국수

이태원이 자랑하는 막국수 명가

한 끼 식사의 행복 ◠◠◠◠◠ | 전화 02 797 2307 | Since 1986
한줄평 탄력 있는 메밀면과 매콤한 양념 그리고 잘 숙성된 회무침의 만남

용산구청 인근 몬드리안서울이태원(구 캐피탈호텔) 길 건너에 있는 한식집. 막국수가 전문이나 족발을 비롯한 보쌈, 해물파전, 빈대떡 등 여러 가지 안주류로도 유명한 집. 아시안게임이 열리던 해에 문을 열어 인근에서는 이름이 나 있고 멀리서 오는 단골손님도 많은 가게. 자리에 앉으면 따끈한 메밀차와 기본 반찬이 바로 나온다. 식사시간에는 워낙 손님이 많아 대기해야 하는 경우도 많지만 2층도 있어 회전이 빠르고 예약도 받는다. 메인메뉴는 막국수로 메밀 함량이 70%로 높은 편이다. 쫄깃하게 뽑아낸 메밀면 위에 그리 맵지 않은 양념과 수육, 계란, 오이 등 고명을 올린다. 육수는 주전자에 따로 준다. 회막국수는 양념해서 숙성한 홍어회를 넉넉하게 얹어준다. 가게 입구에서 직접 굽는 빈대떡도 일품이다. 튀기듯이 오랫동안 구워 식감이 훌륭하다. 족발도 부드럽게 잘 삶아내고 보쌈도 김치와 잘 어우러지는 맛을 자랑한다. 가족외식이나 회식 장소로도 추천할 만한 집.

주소 서울 용산구 장문로 18
찾아가기 지하철 6호선 이태원역 4번 출구에서 14분 거리
가격 막국수 9,000원, 회막국수 12,000원, 빈대떡 15,000원, 족발 40,000원

한 끼 식사의 행복
❹

국민 메뉴가 된 함흥냉면

- 오장동흥남집
- 오장동함흥냉면
- 함흥곰보냉면
- 영등포 함흥냉면
- 명동 함흥면옥
- 오복함흥냉면
- 깃대봉냉면
- 동아냉면

함흥냉면은 감자가 많이 나는 함경도 지방에서 유래한 음식이다. 감자녹말을 주원료로 해서 쫄깃하고 질긴 면을 만들어 매운 양념으로 무친 가자미회 등을 고명으로 얹어 먹는 일종의 비빔국수다. 북한 음식은 매운 음식이 많지 않은데 함흥냉면은 예외다. 원래 이름은 냉면이 아니고 '농마(녹말의 사투리)국수'였다. 함경도 지방 음식이었으나 6·25 이후 월남민에 의해 남한에 알려지면서 재료도 달라졌다. 지금은 감자녹말 대신 고구마녹말을 주로 쓰고 있고 가자미회 대신 홍어회, 가오리회 또는 명태회를 고명으로 쓰는 집도 있다. 어쨌거나 함흥냉면은 이제 전국에서 즐기는 국민 메뉴가 되었다.

함흥냉면의 진짜 마니아들은 그 질긴 면발에도 불구하고 절대 가위를 대지 않는다. 면발이 대접에서 젓가락을 거쳐 입 속까지 이어져야 제맛이란다. 매운 양념 맛과 어우러지는 구수하고 뜨거운 육수는 함흥냉면의 뗄 수 없는 동반자다. 이 육수야말로 해장에 최고라는 주당도 있다.

서울의 함흥냉면 원조 동네로는 피난민들이 많이 살았던 중구 오장동을 꼽을 수 있다. 예전에는 20여 곳의 가게가 있었는데 지금은 대부분 이전·폐업했고, 1953년에 개업한 '흥남집'과 '오장동 함흥냉면' 두 집만 남아 있다. 이 두 집과 지금은 평택으로 이전한 '신창면옥'이 함흥냉면 트로이카로 오랫동안 이름을 날렸다.

흥남집은 흥남 출신인 창업자로부터 손녀딸과 그의 아들까지 4대를 이어오고 있다. 회냉면이 가장 많이 찾는 메뉴인데 양념하지 않은 쫄깃한 면에 잘 무친 간자미회가 얹어 나온다. 맵기의 정도는 각자 취향에 맞춰 조절한다. 현재 여자 사장님에 얽힌 재미있는 일화가 있다. 바로 모자상 화폐다. 모자상 화폐는 1962년 5월 16일 발행되었으나 화폐개혁으로 단 25일간 유통된 최단명 화폐다. 통상 화폐에는 역사적 인물이 등장하지만, 이 지폐에는 그야말로 '보통 사람'인 한복을 입은 여인과 어린 아들이 등장한다. 그 여인은 당시 조폐공사에 다니다 결혼으로 퇴직했다. 어느 날 조폐공사 도안실장이 아이를 데리고 덕수궁으로 나오라고 해서 사진을 찍었고 그것이 화폐 도안으로 이어졌다. 이 모자가 바로 흥남집 여자 사장님과 그 아들이다. 필자가 오래전부터 소장해오고 있던 모자상 지폐에 몇 년 전 두 주인공이 직접 사인을 해줘서 지금도 가지고 있다. 오장동 함흥냉면은 흥남집과 멀지 않은 곳에 자리 잡고 있으며 역시 식사 시간이면 줄이 길다. 연세가 있으신 어르신들이 많이 다닌다. 흥남집과 비슷한 스타일의 냉면이나 각자 다른 특색이 있다.

이 외에도 함흥냉면으로 맛과 명성을 자랑하는 집들이 도처에 있다. 오장동과 같은 시대에 함흥냉면으로 명성을 날리던 예지동에는 1953년에 개업한 '원조함흥냉면'이 시계골목에서 68년 역사를 이어오다 재개발 추진 등으로 최근 문을 닫았다. 또 시계골목에서 1960년에 개업하여 '원조함흥냉면'과 쌍두마차인 '함흥곰보냉면'은 길 건너 인의동에 있는 빌딩 안으로 이사해 영업하고 있다.

영등포 일대에서는 알 만한 사람은 다 안다는 '영등포 함흥냉면'이 1967년 개업하여 지금까지 2대에 걸쳐 성업 중이다. 시내 쪽에서는 명동 골목에 자리 잡은 '명동 함흥면옥'이 오랜 단골들이 찾는 집이다. 용산 청파동에 있던 '오복함흥냉면'은 방송에 나오면서 유명해져 남영동 큰길가로 이전한 가게로, 오장동의 함흥냉면집에서 오랫동안 일했던 사장이 직접 면을 뽑는 내공 있는 숨은 맛집이다.

정통 함흥냉면은 아니나 특유의 불타는 매운맛을 자랑하는 비빔냉면 집들이 있다. 숭인동의 '깃대봉냉면'은 원래 창신동에 있다가 지금 자리로 옮겼는데, 창신동 시절 깃대봉이 있는 집에서 장사를 해서 손님들이 그렇게 부르다 가게 이름이 됐다. 매운 정도에 따라 6단계가 있는데 보통 맛도 보통 매운 게 아니니 신중히 주문해야 한다. 보광동에 자리 잡은 '동아냉면'도 비빔냉면을 전문으로 하는데 독특한 매운맛을 자랑하며 젊은이들로부터 인기를 끌고 있다.

함흥냉면은 이북과 가깝고 감자가 많이 나는 강원도와 피난민들이 많이 살았던 부산 등에서 일찍이 소개되었고, 이후 전국 곳곳에서 내공 있는 집들이 전통을 이어가면서 이제 전국구 음식이 되었다. 6·25 전쟁 후 피난민들의 향수를 달래는 음식에서 출발했으나 특유의 매콤한 맛과 쫄깃한 식감이 미식가는 물론 일반인들의 입맛을 사로잡고, 더 나아가 마니아층이 형성되면서 어느덧 많은 한국인이 사랑하는 음식으로 자리 잡았다. 함흥냉면은 한민족 현대사의 한 단면을 보여주는 음식이라 할 수 있다.

오장동흥남집

오장동 함흥냉면의 원조

한 끼 식사의 행복 ◡◡◡◡◡ | **전화** 02 2266 0735 | **Since** 1953
한줄평 최고 식감의 쫄깃한 면발과 매콤한 회무침, 그리고 구수한 육수

6·25 후 1953년에 개업해 오장동 함흥냉면의 트로이카 시대를 선도했던 함흥냉면 가게의 대표이자 원조. 필자와 동갑내기 식당이다. 자리에 앉으면 주문, 계산과 동시에 주전자에 뜨겁고 뽀얀 육수를 담아 내놓는다. 이 육수가 인기다. 냉면이 나오기 전에 몇 컵씩 마시는 사람들이 많다. 회비빔냉면이 일품이며 손님들이 가장 많이 찾는 메뉴다. 면발은 고구마전분으로 뽑아 양념에 비비지 않고 나온다. 정말 쫄깃하다. 회냉면의 포인트인 간재미회는 매운 양념으로 무쳐서 잘 숙성해 고명으로 얹어 나온다. 손님들이 매운 양념, 참기름, 설탕, 겨자, 식초 등을 취향대로 첨가해 비벼 먹는다. 매콤한 함흥냉면은 구수하고 뜨거운 육수와 궁합이 잘 맞는다. 4대에 걸쳐 이어오고 있는 집으로 3대인 주인아주머니와 4대인 아들이 1962년에 발행된 '모자상 지폐'의 모델이다. 오장동 본점 외에 몇 곳에 직영점과 지점이 있다.

주소 서울시 중구 마른내로 114
찾아가기 지하철 2, 5호선 을지로4가역 8번 출구, 2, 4, 5호선 동대문역사문화공원역 6번 출구에서 5분 내외 거리
가격 회비빔냉면·고기비빔냉면·물냉면 11,000원, 수육 20,000원

오장동함흥냉면

오장동 함흥냉면의 트로이카

한 끼 식사의 행복 🍜🍜🍜🍜 | **전화** 02 2267 9500 | **Since** 1955
한줄평 쫄깃한 함흥냉면 면발과 잘 어울리는 매콤한 간재미회무침

흥남집과 멀지 않은 데 있는 오장동 트로이카 냉면집의 하나. 지금은 신창면옥이 평택으로 이사해서 쌍두마차가 됐다. 1953년 평화시장에 개업해 1955년 오장동으로 이전한 노포로 3대를 이어오고 있다. 지금은 현대식으로 1, 2층을 단장해 파란 간판의 깔끔한 외관을 자랑한다. 회냉면, 물냉면, 비빔냉면이 있으나 오장동 냉면집답게 회냉면을 찾는 손님이 많다. 고구마전분으로 만든 비지 않은 면발에 숙성한 간재미회무침과 오이절임, 배 등 고명이 얹혀 나온다. 식성에 따라 양념장과 식초, 겨자, 참기름, 설탕 등을 더 넣어 비벼 먹는다. 주전자로 제공하는 구수하고 감칠맛 나는 뜨거운 갈색의 육수는 애호가들이 즐겨 찾으며 해장용으로도 환영받는다. 오장동 전통에 따라 선불 내고 먹는 집. 아주머니들이 가위를 들고 다니며 면발을 잘라준다. 함흥냉면의 제맛을 즐기려면 면을 안 자르는 게 좋다.

주소 서울시 중구 마른내로 108
찾아가기 지하철 2, 5호선 을지로4가역 8번 출구, 2, 4, 5호선 동대문역사문화공원역 6번 출구에서 5분 거리
가격 회냉면·비빔냉면·물냉면 11,000원, 수육 20,000원

함흥곰보냉면

예지동 터줏대감이 이전한 함흥냉면

한 끼 식사의 행복 🥣🥣🥣🥣 | **전화** 02 2267 6922 | **Since** 1960
한줄평 언제 찾아도 매콤하고 쫄깃한 함흥냉면 본연의 맛을 유감없이 보여준다

종로구 인의동 세운스퀘어 4층에 자리 잡은 함흥냉면 명가. 원래 예지동 시계골목에서 영업하다가 재개발이 추진되면서 이곳으로 이사 왔다. 1960년에 실향민이었던 사장이 창업했는데 그의 천연두 흉터 때문에 지금의 상호가 붙여졌다. 안동 출신 2대 사장이 이어받아 1987년부터 운영하고 있다.

자리에 앉으면 주전자에 담은 구수하고 뜨거운 육수부터 준다. 대표 메뉴는 회냉면. 사리를 양념으로 비비고 간재미회무침, 배, 오이, 삶은 계란을 올린다. 빨간 국물과 함께 넉넉하게 올려져 나오는 양념은 매운맛이 강한 편이다. 면은 고구마 면인데 가늘게 뽑는 편이며 매우 쫄깃하다. 가게 입구에는 함흥식 냉면을 뽑던 반기계식 국수틀이 전시되어 있는데 수동으로 손잡이를 돌려가면서 국수를 뽑던 기계다. 쇠로 제작된 이 국수틀은 1960년대부터 1980년대 초반까지 사용했다.

주소 서울시 종로구 창경궁로 109 세운스퀘어 401호
찾아가기 지하철 1호선 종로5가역 1번 출구, 1, 3, 5호선 종로3가역 11번 출구에서 6분 거리
가격 물냉면·비빔냉면 9,000원, 회냉면 10,000원

[영등포] 함흥냉면

영등포의 원조 함흥냉면집

한 끼 식사의 행복 ☺☺☺☺ | **전화** 02 2678 2722 | **Since** 1967
한줄평 매콤하게 양념한 싱싱한 간재미 회 고명을 푸짐하게 즐기는 가게

영등포시장사거리 인근에 있는 1967년 문을 연 함흥냉면 명가. 함경남도 흥남이 고향인 창업자가 시작해 지금은 2대에 걸쳐 50년 이상 냉면만을 고집해온 가게로 영등포 일대에서 오랫동안 이름을 날려온 전통의 함흥냉면 원조집이다. 주인은 2대를 이어오고, 주방장은 30여 년 근속 중이며 10년 이상 근무한 조리사들이 주방에서 일하고 있다. 100% 고구마전분으로 면을 정성스럽게 뽑아낸다. 면 위에 양념장과 함께 매콤하게 양념한 간재미회 고명을 넉넉하게 주며 삶은 계란과 오이가 얹혀 나온다. 이 가게는 특유의 쫄깃한 면발, 싱싱한 간재미로 만든 회무침, 24시간 정성 들여 고아낸 뜨거운 육수 등 원조로서의 자부심이 대단하다. 이 집은 만두도 잘하는데 특색 있는 김치만두가 별미다. 필자가 여의도 근무 시절에 자주 찾던 가게다. 단골손님이 많다.

주소 서울시 영등포구 영등포로42길 6
찾아가기 지하철 1호선 영등포역 5번, 5호선 영등포시장역 3번 출구에서 6분 거리
가격 회냉면·고기비빔냉면·물냉면 10,000원, 김치만두 8,000원

명동 함흥면옥

명동 맛집의 대명사

한 끼 식사의 행복 🍲🍲🍲🍲🍲 | **전화** 02 776 8430 | **Since** 1970
한줄평 옛날에 먹던 그 시절의 함흥냉면 맛을 다시 떠오르게 한다

명동성당 옆 명동 골목에 자리 잡은 함흥냉면 명가. 이 가게가 생기며 함흥냉면의 역사는 오장동, 예지동, 명동으로 이어져오게 된다. 1970년 초반에 개업해서 70년대 후반부터 이곳에 자리 잡은 50년 된 명동 먹거리의 역사다. 우리 부부가 젊은 시절 명동 나들이를 하면 이 집 또는 명동칼국수 두 집 중 한 곳에 들르곤 했다.

회냉면은 고구마전분 100%의 쫄깃한 면발 위에 간재미회를 매콤하게 무쳐 올리고 삶은 계란, 오이, 배를 곁들인다. 고기냉면, 회냉면, 섞이미 모두 양념에 면을 무쳐 나온다. 오장동 냉면과의 차이다. 빨갛게 비벼 나오고 빨간 육수 국물도 자작하게 부어져 있다. 이 집은 진하고 구수한 뜨거운 고기 육수가 나오는데 아주머니들이 주전자를 들고 다니면서 다시 채워준다. 2,000원 더 내면 만두와 냉면을 세트로 맛볼 수 있다. 일본을 비롯한 외국 손님도 많이 찾는 가게. 롯데몰 수지점에 분점이 있다.

주소　　서울시 중구 명동10길 35-19
찾아가기　지하철 4호선 명동역 8번 출구에서 4분 거리
가격　　회냉면·비빔냉면·물냉면 10,000원, 홍어회(소) 20,000원

오복함흥냉면

오장동 함흥냉면의 맛집 역사를 잇는 집

한 끼 식사의 행복 ◖◖◖◖◖ | **전화** 02 703 6357 | **Since** 2006
한줄평 오장동 함흥냉면 베테랑이 이어오는 쫄깃한 면발과 매콤한 회무침

청파동 주택가 골목에 있던 함흥냉면 베테랑이 하던 맛집. 필자가 우연히 TV 방송에서 보고 알게 된 가게다. 얼마 전 인근 남영동 대로변으로 이사했다. 깨끗하게 새로 단장했고 주방이 들여다보이는 오픈형이다. 그동안 맛은 수준급으로 평가됐으나 장소가 외진 곳이어서 고전했다고 한다. 순천 출신인 사장 겸 주방장이 오장동 3대 함흥냉면집 중 한 곳에서 오랫동안 일하다 독립해서 가게를 차렸다.

메뉴는 회냉면, 비빔냉면, 물냉면이 전부이며 가격도 착하다. 회냉면과 비빔냉면은 따로 비빌 필요 없이 양념에 무쳐서 나온다. 회무침 고명은 아르헨티나산 홍어나 간재미를 쓰는데 숙성이 잘된 맛이다. 면발은 함흥냉면 특유의 쫄깃함이 살아 있고 양념은 매콤달콤하다. 육수도 당기는 맛이 있다. 손님이 많지만 메뉴가 단출해서인지 주문하면 냉면이 금방 나온다. 예상되는 일이지만 방송 종영 후 손님이 몰리면서 한때 회무침 맛이 떨어진다는 평도 있었다.

주소   서울시 용산구 한강대로84길 4
찾아가기   지하철 4호선 숙대입구역 6번 출구에서 1분 거리
가격   회냉면 8,000원, 비빔냉면·물냉면 7,000원

깃대봉냉면

불타는 맛을 자랑하는 서민 냉면

한 끼 식사의 행복 ◉◉◉◉◉ | **전화** 02 762 4407 | **Since** 1962
한줄평 먹을수록 더 매워지는 마법의 쫄깃하고 매운맛의 비빔냉면

종로구 숭인동에 자리 잡고 1962년부터 함께해온 전통의 서민 냉면집. 옛날에 하던 가게에 깃대봉이 있어 붙여진 이름이다. 매운 냉면의 원조라 자부한다.

냉면 맵기를 기준으로 여섯 단계가 있다. 매운맛·원조맛·덜매운맛·안매운맛·거의안매운맛·하얀맛 등이다. 원조맛이 '기본맛'으로 예전에는 '보통맛'이라고 했는데 무심코 시켰다가는 매워서 정신을 못 차린다. 처음 가는 사람은 '덜매운맛'부터 시작할 것을 추천한다. 물냉면보다 비빔냉면이 더 맵다. 큰 대접에 비벼낸 면, 무절임, 오이, 삶은 계란에 깻가루를 뿌리고 맵고 달짝지근한 국물을 자작하게 부어 나온다. 고기 고명은 없다. 구수한 면수로 매운맛을 달래야 한다.

면이 가늘지만 굉장히 질기고 매운맛이 특색인 정체불명의 냉면이지만 불현듯 생각나는 중독성 있는 메뉴다. 여름철에는 손님이 몰려 한참 기다려야 한다.

주소 서울시 종로구 지봉로12길 3
찾아가기 지하철 6호선 창신역 4번 출구에서 4분 거리
가격 냉면 7,000원, 만두 5,000원

  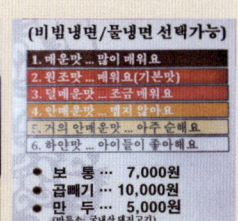

동아냉면

이태원의 신세대용 매운 냉면

한 끼 식사의 행복 🍜🍜🍜🍜 | **전화** 02 796 2796 | **Since** 1970
한줄평 쫄깃한 면발과 매콤달콤한 양념이 어우러진 한 끼의 도전

이태원 앤틱가구거리 끝 쪽 보광동 뒷골목에 자리 잡은 50년 전통의 비빔냉면집. 통상의 함흥냉면과는 좀 다른 냉면류이지만 맵고 질긴 맛이 함흥냉면과 비슷하다.

물냉면과 비빔냉면이 있는데 물냉면에도 매운 양념이 얹혀 나와 매우며 비빔냉면은 더 맵다. 냉면에 고추장, 깨, 삶은 계란, 오이만 얹어 주는 분식집 냉면 분위기다. 고기 고명은 없다. 면발이 가늘지만 쫄깃해 식감이 풍부하고 비벼 먹으면 진한 매운맛과 단맛이 어우러진다. 구수하고 뜨거운 면수는 셀프인데 매운 냉면 맛과 궁합이 잘 맞는다. 식성에 따라 '안 맵게', '달지 않게'로 주문할 수 있다. 정통 냉면은 아니지만 매운맛을 즐기는 신세대가 많이 찾는 중독성 있는 메뉴다. 이태원 인근이라 그런지 외국인 손님들도 있다.

가격이 착하다. 주인장 따님이 한남동 순천향대병원 옆에 직영점을 차렸고 숙대입구, 홍대 앞에도 문을 열었다.

주소 서울시 용산구 우사단로 5
찾아가기 지하철 6호선 이태원역 3번 출구에서 6분 거리
가격 물냉면·비빔냉면(소) 6,000원, (대) 7,000원, 만두 6,000원

한 끼 식사의 행복
❺

한여름을 이기는 콩국수

[진주집]

[진주회관]　　　　[맛자랑]

[강산옥]　　　　　[만나손칼국수]

[서민준밀밭]　　　[피양콩할마니]

콩은 오래전부터 한반도에서 널리 재배되어 한민족의 식생활과 밀접한 관계를 맺고 있는 주요 먹을거리다. 중요한 단백질 공급원인 데다 비타민과 무기질이 풍부해 우리 민족의 건강 파수꾼 역할을 톡톡히 해왔다. 이익은《성호사설》'만물문' 편에서 "곡식의 역할이 사람을 살리는 데 있다면 곡식 가운데 콩의 효능이 가장 크다"고 했다. 이는 '숙맥'이라는 말에 잘 나타나 있다. 콩을 '숙菽', 보리를 '맥麥'이라 하는데, 세상 물정을 잘 모르는 사람을 '숙맥'이라 한다. 쌀을 제외하고 가장 중요한 곡식인 콩과 보리조차 구별하지 못한다는 의미다.

이 콩을 가장 쉽고 맛있게 먹는 방법 중의 하나가 바로 많은 이들이 여름철에 즐기는 콩국수다. 한국민족문화대백과에서는 "(콩국수는) 콩을 갈아 만든 콩국에 국수를 삶아 말아 먹는 음식이다. 콩의 단백질과 지방질을 그대로 살릴 수 있으므로 땀을 많이 흘리는 여름철에 몸을 보할 수 있는 음식이다"라고 설명한다. 콩국수는 한여름 더위에 지친 심신을 달래주는 전통의 서민 먹을거리다. 만들기가 그리 까다롭지도 않고 특별한 비법 없이도 어느 집에서나 맛깔나게 즐길 수 있는 국민 음식이다. 먼저 콩을 물에 몇 시간 불린 후 10~15분간 삶아 찬물에 식힌다. 삶은 콩에 통깨, 소금, 설탕 그리고 식성에 따라 견과류 등을 넣고 믹서에 갈아 콩물을 만든다. 필요하면 체에 거른 후 삶은 면을 넣고 오이, 방울토마토 등을 얹으면 끝이다. 이 방법이 정석이고 신속하게 만드는 방법도 있다. 팩두부나 연두부에 우유, 참깨, 견과류 등을 넣고 믹서에 갈면 훌륭한 콩국물을 만들 수 있다.

그래도 좀 더 호사를 누리려면 조금만 발품을 팔면 된다. 이맘때 점심시간에 여의도백화점 지하에 가면 진풍경이 벌어진다. 수많은 직장인들이 줄을 굽이굽이 서서 기다린다. 12시경에 가면 20~30분 대기는 기본이다. 이곳이 '진주집'이다. 매일 새벽 가족들만이 주방에 모여 콩국을 만든다. 강원도 일대의 콩을 직접 구매해 수작업으로 일일이 선별한다. 진주가 고향인 사장의 안주인은 작고했으나 비법이 잘 전수되어, 명문대 출신 두 아들 부부까지 음식점 경영에 풀타임으로 동참할 정도로 성업 중이다. 걸쭉하고 구수한 콩국물에 쫄깃한 면발을 자랑하는 콩국수에는 면과 국물 외에 아무런 고명이 없다. 콩국물은 씹어 먹어도 될 정도이고 매콤한 겉절이김치를 곁들여 먹으면 맛이 일품이다.

또 다른 프리미엄 콩국수를 선보이는 곳은 서소문 소재의 '진주회관'이다. 강원도 토종 왕태콩만 고집하는 집으로, 진주집과는 인척간이다. 재벌 회장 등 유명 인사들이 즐겨 찾았다고 한다. 콩국수의 특징이나 맛은 진주집과 비슷하나, 익은 김치를 내놓는 것이 또 다른 맛이다.

을지로4가에 있는 '강산옥'은 숨어 있는 작은 맛집이다. 계절에 따라 콩비지찌개와 콩국수 중 한 가지만 파는데, 6~8월에는 콩국수를 판다. 콩과 검정깨로 만든 콩국은 '예술'이고, 면은 소면을 쓴다. 어머니와 딸이 운영하는 가족 식당이었는데 얼마 전 어머니가 돌아가시고 딸이 혼자 한다. 사람을 쓰면 맛이 떨어지기 때문에 가게 확장도 마다한다. 메뉴가 하나뿐이라 몇 개 안 되는 테이블에 앉으면 주문을 안 해도 음식이 나온다. 영등포시장 안에 있는 '서민준밀밭'은 맷돌로 콩을 갈아 콩국을 만드는 집으로 찬 콩국수, 따뜻한 콩국수를 다 팔고 사계절 콩국수를 하고 있어 많은 손님들의 사랑을 받고 있다.

강남 지역에는 대치동 은마아파트 근처에 '맛자랑'이라는 신예 콩국숫집이 있는데 사계절 콩국수를 하는 맛집으로 소문이 난 곳이다.

콩국수 맛집에서 칼국수를 잘하거나 칼국수 맛집에서 콩국수를 맛있게 내놓는 식당도 여러 개 있다. 이런 집들은 사철 손님이 많고 계절에 따라 주메뉴가 바뀌기도 한다. 여의도 콩국수 맛집 진주집은 칼국수도 맛있으며, 명동교자는 칼국수 맛집이나 여름철 콩국수도 수준급이다. 또 충무로5가 인쇄골목 안에는 '만나손칼국수'라는 조그만 가게가 있는데 콩국수는 5~9월에만 팔지만 1년 내내 파는 칼국수도 일품이다.

한여름 더위에 지친 심신을 달래주는 콩국수는 한국인이 사랑하는 소울푸드로서 손색이 없다. '진한 콩국 vs 연한 콩국', '순수 콩국 vs 깨와 땅콩을 가미한 콩국', '쫄깃한 면 vs 소면 vs 메밀면' 등 여러 가지 다양한 조합으로 훌륭한 콩국수 메뉴를 선보이는 식당이 서울 시내 곳곳에 포진해 있다.

진주집

프리미엄 콩국수를 선보이는 집

한 끼 식사의 행복 🥢🥢🥢🥢🥢 | **전화** 02 780 6108 | **Since** 1974
한줄평 떠먹어야 할 정도로 진하고 고소한 콩물과 쫄깃한 생면의 조화

여의도백화점 지하 1층에 있는 40년이 훌쩍 넘은 콩국수 지존. 냉콩국수 외에도 닭칼국수, 비빔국수, 접시만두를 판다. 냉콩국수가 당연히 대표 메뉴인데 겨울에는 안 한다. 진주 출신의 사장과 명문대 출신 두 아들, 며느리들이 총출동해 가게를 경영한다. 매일 새벽에 가족들만이 가게에 모여 그날 쓸 콩국물을 만든다. 레시피는 극비. 주인장 말로는 100% 강원도산 좋은 콩을 구해 일일이 수작업으로 콩을 선별해내는 것이 명품 콩국물의 가장 중요한 비결이라 한다.

콩국물은 걸쭉하고 구수하며 숟가락으로 떠서 씹어 먹는다는 느낌이 들 정도다. 쫄깃한 생면 면발은 콩국물과 잘 어우러진다. 콩국수에 면과 국물 외에 아무 고명이 없다. 매콤하게 담근 생김치와 무무침도 일품이다. 칼국수는 언제나 하는데 수준급이다. 손님이 워낙 많아 점심때는 각오하고 가야 한다. 이웃 점포 여러 곳을 사서 확장했는데도 점심때 꽤 오래 기다려야 한다.

주소 　　서울시 영등포구 국제금융로6길 33
찾아가기　지하철 5, 9호선 여의도역 5번 출구에서 3분 거리
가격 　　냉콩국수 11,000원, 비빔국수 9,000원, 닭칼국수 9,000원

진주회관

유명인도 즐겨 찾는 콩국수 노포

한 끼 식사의 행복 ◉◉◉◉ | **전화** 02 753 5388 | **Since** 1962
한줄평 걸쭉하고 진하면서도 담백한 콩국물의 완성작을 맛보는 집

1962년 진주에서 개업해 1965년 태평로 삼성생명 빌딩 뒤편으로 이전한 냉콩국숫집의 원조 격. 3대째 이어오는 가게로 여의도 진주집과는 친척이라고 한다.

진한 콩국물에 쫄깃한 면발을 자랑한다. 강원도에서 재배한 100% 우리 콩으로 콩국물을 만들며 여의도 가게와 맛과 느낌이 비슷하다. 콩국수 위에 역시 어떤 고명도 없다. 그러나 미묘한 맛 차이가 있는데 특히 김치는 스타일이 완전히 다르다. 냉면 대접에 가득 담아 주는 콩물이 비법인데 딸한테도 가르쳐주지 않았을 정도라고 한다. 인근의 재벌 기업 회장을 비롯해 유명인들이 즐겨 찾던 집이다. 진주집과 달리 섞어찌개, 김치볶음밥 등 메뉴가 몇 가지 더 있다. 선불 내고 먹는 집. 진주집과 더불어 콩국수 값을 자주 올려왔다. 가게가 꽤 큰데도 점심때는 손님이 몰려 줄을 길게 서나 회전이 빨라 기다릴 만하다.

주소   서울시 중구 세종대로11길 26
찾아가기   지하철 1, 2호선 시청역 9번 출구에서 2분 거리
가격   콩국수 12,000원, 섞어찌개 8,000원, 김치볶음밥 8,000원

강산옥

이런 곳에 이런 맛집이 숨어 있네

한 끼 식사의 행복 🥣🥣🥣🥣🥣 | **전화** 02 2273 1591 | **Since** 1956
한줄평 고소한 맛과 오묘한 식감을 자랑하는 전설의 콩비지찌개, 그리고 콩국수

주교동 방산시장 입구동에 있는 콩비지찌개 가게. 2층에 있는 허름하고 작은 가게이지만 60년 넘는 역사를 자랑한다. 오랫동안 가게를 지켜오신 할머니는 올해 초 돌아가시고 그동안 같이 경영해오던 따님이 맡아서 한다. 메뉴는 한 가지로 앉으면 따로 주문이 필요 없다. 6~8월에는 국산콩으로 만든 부드럽고 순한 콩물에 중면을 담고 오이채를 올린 콩국수만 한다. 명품 콩국수인데 1년에 3개월밖에 하지 않아 아쉬워하는 마니아들이 많다. 시원하게 나오는 콩국물은 담백하지만 진한 맛을 자랑한다. 콩물은 따로 포장해 팔고 있다. 콩국수 계절이 아니면 콩비지가 단일 메뉴. 1인 쟁반에 콩비지, 밥, 간장, 무채, 물김치만 준다. 하얗게 나오는 비지는 고소하고 부드럽기 짝이 없다. 돼지갈비를 오래 곤 국물에 콩비지를 끓이므로 잘게 다져진 듯한 갈비살이 고루 섞여 입맛을 돋운다. 점심때만 영업(11시 30분~오후 2시)하며 테이블이 몇 개 없다. 1월 한 달은 아예 영업을 안 한다.

주소   서울시 중구 청계천로 196-1
찾아가기   지하철 2, 5호선 을지로4가역 4번 출구에서 3분 거리
가격   콩비지백반 7,500원, 콩국수 11,000원

서민준밀밭
맷돌에 갈아 만드는 전통방식의 콩국수

한 끼 식사의 행복 ◉◉◉◉◉ | **전화** 02 2634 6848 | **Since** 2007
한줄평 맷돌에 갈아 부드럽고 고소한 맛을 자랑하는 사계절 콩국수

영등포시장사거리 쪽 골목 안에 있는 콩국수 맛집. 사계절 콩국수를 먹을 수 있는 집이다. 개업한 지 10년 남짓 되는 집으로 뒷골목에 자리 잡고 있는데도 영등포 일대에서 유명하다. 서민준은 주인장의 초등학생 아들 이름이다. 국내산 콩을 맷돌에 갈아 콩물을 만드는 전통방식을 고집한다. 서리태와 백태로 콩물을 내는데 '검정콩국수/흰콩국수', '차가운 콩물/따뜻한 콩물'을 취향대로 선택하면 된다. 따뜻한 콩물에 나오는 국수는 '콩칼국수'가 된다. 콩물은 부드러우면서도 걸쭉하고 푸짐하다. 면발은 가게에서 직접 반죽해 쓰는데 굵고 쫄깃쫄깃한 식감이 콩물과 잘 어우러진다. 테이블에 직접 담근 열무김치, 배추김치를 세팅해두고 있다. 들깨수제비와 바지락칼국수도 한다. 자리에 앉으면 먼저 보리밥을 주는데 열무김치, 고추장, 참기름을 넣어 비벼 먹어도 괜찮다. 콩물은 따로 포장 판매도 한다. 이수역 인근에 주인장의 동생이 하는 가게가 있다.

주소 서울시 영등포구 영신로40길 22-1
찾아가기 지하철 5호선 영등포시장역 4번 출구에서 4분 거리
가격 콩국수·콩칼국수 8,000원, 검정콩국수·검정콩칼국수 9,000원

  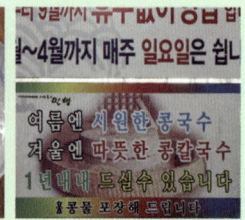

맛자랑

강남의 사계절 콩국수 맛집

한 끼 식사의 행복 🍜🍜🍜🍜 | **전화** 02 563 9646 | **Since** 1990
한줄평 강원도산 왕태콩으로 정성을 기울여 만든 콩물과 메밀면의 만남

대치동 은마아파트 15동 건너편 국민은행 뒤에 있는 콩국수 맛집. 처음에는 칼국숫집으로 시작했는데 여름 메뉴로 해본 콩국수가 히트하면서 사계절 콩국수를 하게 된 집이다. 이름대로 맛을 자랑할 만한 가게로 동네 단골손님이나 학원가 손님이 많다.

강원도에서 재배한 국산 왕태콩으로 콩물을 만든다. 흠 없는 깨끗한 콩을 쓰는 데 각별한 노력을 기울인다. 국물이 진하고 부드러우며 달짝지근한 단맛이 나는데 간도 딱 맞는다. 면은 여느 집과 달리 메밀을 섞은 면이다. 필자처럼 메밀을 선호하는 손님에겐 딱이다. 오이와 토마토 한 쪽이 올려져 나와 식욕을 돋운다. 맛에 기복이 있다는 평도 있다. 겉절이 타입의 김치와 콩국수의 궁합도 잘 맞는다. 콩국물은 따로 포장해서 팔고 있다. 콩국수를 사계절 팔지만 아무래도 여름철에 많이 찾는 계절 음식이므로 해물칼국수, 닭칼국수 등 다른 메뉴들도 판다. 주말에도 영업하니 전천후로 갈 수 있다.

주소 서울시 강남구 도곡로87길 7
찾아가기 지하철 3호선 대치역 3번 출구에서 900m 거리
가격 콩국수 11,000원, 해물칼국수·닭칼국수·비빔국수 8,000원

만나손칼국수

충무로의 숨은 맛집

한 끼 식사의 행복 ◡◡◡◡ | **전화** 02 2266 6556 | **Since** 1993
한줄평 얼음을 띄운 부드럽고 진한 콩국수와 생면 그리고 겉절이김치

충무로5가 중부 건어물 시장 앞 금형공장·인쇄소 골목 안에 숨어 있는 맛집. 세월의 흔적이 그대로 남아 있는 곳이다. 낡은 집이지만 깔끔하고 깨끗하다. 테이블 몇 개와 혼밥 카운터에 앉으면 주방이 훤히 보인다. 콩국수를 위해 매일 이른 새벽에 콩물 작업을 하는데 삶은 국산콩에 참깨, 땅콩을 가미해 별미다. 고소하고 진한 콩국물에 당일에 직접 뽑아낸 중면을 넣어 준다. 고명은 아무것도 얹지 않으나 양이 대단히 푸짐하며 '양 많이' 하면 더 담아준다. 콩국수는 계절 메뉴로 5월부터 9월까지만 판다. 콩국수 마니아들은 반드시 방문해야 하는 집. 10월부터는 칼국수와 만두만 파는데 깔끔하고 시원한 멸치 육수로 만든 칼국수 역시 일품이다. 큰 대접에 계란 지단 약간, 김, 파만 얹은 칼국수를 가득 준다. 듬뿍 담아주는 매콤한 겉절이김치 맛도 일품이라 기대해도 좋다. 점심때는 줄이 기니 각오해야 한다. 오후 6시에 문 닫는다. 가격이 착하다.

주소 서울시 중구 동호로31길 29
찾아가기 지하철 2, 4, 5호선 동대문역사문화공원역 6번 출구에서 5분 거리
가격 콩국수 8,000원, 칼국수 6,000원

피양콩할마니

평양식 콩비지, 콩국수를 맛보는 집

한 끼 식사의 행복 🥣🥣🥣🥣 | **전화** 02 508 0476 | **Since** 1985
한줄평 있는 그대로 자연의 맛을 보여주는 순수한 콩 요리의 세계

테헤란로 포스코사거리 뒷골목에 자리 잡은 콩 요리 전문점. 평양 출신 할머니와 따님이 운영하고 있다. '피양'은 '평양'의 방언이고 '할마니'는 '할머니'의 방언이다. 할머니의 음식 사랑과 따님의 손님 사랑이 돋보이는 집이다. 대표 메뉴는 콩비지이며 여름에는 콩국수다. 콩 요리 전문점답게 가게 한편에서 100% 국산 콩을 맷돌에 간다. 콩비지는 하얀색의 순수 콩비지 외에 김치콩비지, 무콩비지, 버섯콩비지가 있는데 일체의 조미료를 쓰지 않은 순수 메뉴다. 콩비지는 슴슴하지만 구수한 콩 특유의 맛을 잘 느낄 수 있다. 김치콩비지에는 김치를 좀 넣어 주는 것이 다르다. 여름에 하는 콩국수도 일품으로 인기를 끌고 있다. 이 집은 반찬도 훌륭한데 계절에 따라 구운 두부, 깻잎장, 김치, 연근조림, 멸치볶음 등을 다양하게 차려 먹고 싶은 만큼 덜어 먹게 한다. 콩비지, 콩국수 등 식사 메뉴 외에도 전골, 보쌈, 녹두지짐 등 요리가 있어 회식 장소로도 손색이 없다.

주소   서울시 강남구 삼성로81길 30
찾아가기 지하철 2호선, 수인분당선 선릉역 1번 출구에서 9분 거리
가격   김치·무·버섯콩비지 8,000원, 콩국수 10,000원

한 끼 식사의 행복

❻

매일
600만 그릇
이상 팔리는
짜장면

[효동각 본점]

[신성각]

[현래장]

[개화]

[동성각]

한국인이 가장 많이 먹는 외식 메뉴는 아마도 짜장면이 아닐까. 예전에는 입학식이나 졸업식 때나 먹을 수 있는 귀한 음식이었지만, 이제는 언제든지 쉽게 즐길 수 있는 국민 메뉴가 되었다.

짜장면은 원래 중국 산둥 지역에서 장을 볶아 면과 함께 먹는 작장면炸醬麵에서 유래했다. 1880년대에 산둥반도 출신 중국인들이 인천항을 통해 국내에 들어와 일하면서 만들어 먹던 음식에서 출발해 이후 1900년대 초 인천에 차이나타운이 형성되면서 재료가 다양해지고 캐러멜이 함유된 춘장이 개발되는 등 한국인들의 입맛에 맞게 변형되었다. 지금 우리가 즐기는 짜장면은 6·25 전쟁 이후에 많은 양을 값싸게 제공할 수 있는 한국식 중화요리로 자리 잡은 메뉴다.

우리 식 짜장면은 춘장에 식은 면을 말아 먹는 중국식과는 달리 돼지고기와 양파, 감자, 채소를 고루 넣고 볶은 뒤 전분을 풀어 묽게 끓여 뜨거운 면에 얹어 먹는다. 짜장 소스 위에 오이채나 완두콩을 얹고 입맛에 따라 식초, 고춧가루를 더하고 단무지, 양파를 곁들인다. 맛과 레시피가 우리 환경과 입맛에 맞게 놀라운 변신을 한 결과 사실상 중국에서 맛볼 수 없는 고유의 한국식으로 진화한 것이다.

더구나 국물이 없는 요리로 1930년대부터 배달 음식으로 등장했고 1960년대 들어 가정에 전화기가 보급되면서 배달 수요가 급격히 늘어났으며, 1970년대에는 알루미늄 철가방, 1980년대에는 오토바이 배달로 이어지면서 외식 시장과 배달 시장을 아우르는 국민 메뉴로 확고히 자리 잡았다.

짜장면에 얽힌 에피소드는 누구에게나 있을 것이다. 필자 또한 예외가 아니다. 1997년 11월 IMF 외환위기가 닥쳤을 때 재정경제원 외화자금과장의 직책에 있었다. 매일매일 사투를 벌이다시피 하던 시절인데,

KBS 9시 뉴스에서 우리가 일하는 현장을 국민에게 소개하겠다고 강권해서 할 수 없이 응했다. 녹화가 막 끝난 저녁 즈음, 여느 날과 다름없이 자동으로 미리 시켜둔 짜장면이 배달되었다. 우리는 무심코 취재팀에게도 권하고 식사를 했다. 그런데 이 장면이 동영상 카메라에 잡혔고 그대로 방송되었다. 참 계면쩍은 모습이었다. 그런데 'TV를 보다가 갑자기 짜장면 생각이 나서 다음 날 오랜만에 짜장면을 시켜 먹었다'는 인사를 도처에서 받았던 기억이 지금도 새록새록 떠오른다.

짜장면은 과거에 정부의 물가관리 대표 품목에 포함되었을 정도로 국민 메뉴였다. 짜장면 가격의 변천을 보면 1960년대 15원에서 1970년대 중반 140원, 1980년대 350원 수준이었으나 1990년대, 2000년대에 들어서 급격히 상승하여 지금은 평균 가격이 5,000원 수준이다.

짜장면이 국민 메뉴인만큼 수준급 식당도 곳곳에 많다. 그래도 기억에 남는 곳을 몇 군데 소개하려 한다. 신촌 이화여대 후문 쪽에 '효동각 본점'이 있다. 메뉴는 짜장면뿐이다. 일·월요일은 휴무인 데다 평일에도 점심만 하고 그것도 3시까지만이다. 주인, 부인, 아들 세 사람이 하는 집이다. 주문 후 조리를 시작하므로 꽤 기다려야 한다. 면발이 부드러우면서도 쫄깃하고 짜장 소스에 버섯이 들어가 식감이 좋다. 조미료를 전혀 쓰지 않는 순한 맛인데도 이 집만의 특유의 풍미가 가득하다.

공덕동 효창운동장 뒷담 쪽에는 1981년에 문을 연 '신성각'이 있다. 테이블이 몇 개 안 되는 작은 가게로, 주방에서는 보조도 없이 주인 혼자서 조리하고 부인은 홀을 담당한다. 기다리는 동안 볼 수 있는 수타 기술은 감동적이다. 주인은 짜장면을 예술로 믿는다. 순수 그 자체의 짜장면을 맛볼 수 있는 가게다. 워낙 맛있고 가게도 작아 점심때 줄이 길다. 명동 중앙우체국 옆에는 '개화'란 식당이 60년 넘게 자리 잡고 있다. 화교가 하는 중국집인데, 다소 가는 면발에 걸쭉한 짜장 소스를 비벼 먹는다. 소고기를 다진 유니짜장을 많이 시킨다. 단맛이나 고소한 맛은 덜하나 중독성 있는 특별한 맛이다.

마포 불교방송 건물 지하에는 1953년에 개업한 '현래장'이 있다. 인근 작은 건물에 있다가 재개발로 옆 건물로 이사했다. 이사 전에는 길에서 유리 너머로 수타 장면을 볼 수 있었다. 수타의 원조 격이어서 맛볼 만하다. 삼각지 전쟁기념관 옆에는 '명화원'이 있다. 테이블이 몇 개 안 되는 작은 점포로, 얼마 전 가게를 새로 단장했다. 입소문이 나면서 줄이 길어졌다. 메뉴는 짜장면, 탕수육 등 다섯 가지뿐이다. 탕수육과 군만두도 유명하다.

효동각 본점

원조 정통 옛날 짜장면으로 승부하는 집

한 끼 식사의 행복 ◠◠◠◠◠ | **전화** 없음 | **Since** 1984
한줄평 옛날 그 시절의 맛을 떠올리게 하는 담백한 짜장면

이화여대 후문 쪽 길 건너 골목 안에 숨어 있는 짜장면 명가. 메뉴는 짜장면 한 가지로 원조 정통 옛날 짜장면을 고집한다. 음식에 대한 사랑과 자부심이 넘치는 가게. 주인 내외와 아들 등 세 사람이 운영하는 가족 식당으로 12시부터 3시까지 점심시간만 영업한다. 주문 후 조리를 시작하기 때문에 식사가 나올 때까지 20분 정도 기다려야 한다. 메뉴가 한 가지여서 원산지 표시 재료가 그대로 짜장면 재료이다. 양파, 마늘, 생강, 양배추, 배추, 당근, 호박, 대파, 고구마, 버섯, 다시마, 감자 등 모든 재료가 국내산이다. 얼마 전부터 돼지고기도 넣지 않는 순수 채식 짜장면을 지향한다. 진한 색의 짜장 소스에는 버섯 등 각종 재료가 고루 들어가 식감과 맛이 뛰어나다. 조미료를 넣지 않고 채소, 다시마 등으로 만든 육수를 사용하기 때문에 심심하면서도 이 집만의 독특한 맛을 낸다. 면발도 부드러우면서 쫄깃해 짜장 소스와 잘 어울린다.

주소 서울시 서대문구 연대동문길 24
찾아가기 경의중앙선 신촌역 2번 출구에서 10분 거리
가격 짜장면 7,000원, 짜장면 곱빼기 9,000원

  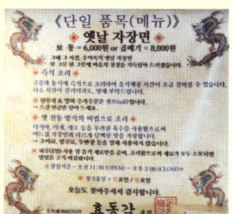

신성각

마포에 자리 잡은 짜장면 지존

한 끼 식사의 행복 🍜🍜🍜🍜 | **전화** 02 716 1210 | **Since** 1981
한줄평 수타로 뽑은 쫄깃한 면발과 연한 춘장 맛이 조화를 이루는 순수 짜장면

효창운동장 뒷담 쪽에 자리 잡은 테이블이 몇 개 되지 않는 짜장면 집. 오래된 가게의 느낌이 물씬 난다. 그 옛날 동네 중국집 모습 그대로다. 메뉴는 짜장면, 간짜장, 짬뽕, 군만두, 탕수육 등 단출하다. 면은 밀가루에 물만 부어 만들며 첨가제를 안 쓴다. 손으로 반죽하고 손으로 면을 뽑는 자연 그대로의 수타면이다. 수타 짜장면은 예술이다. 주인은 짜장면을 예술로 믿는다. 한마디로 정직한 맛이란 느낌이 든다. 간짜장에는 소스가 따로 나오는데 푸짐하고 먹음직스러운 비주얼을 자랑한다. 그래도 단골들은 간짜장보다 짜장면을 시킨다고 한다. 군만두, 탕수육도 싸고 맛있다.

가격이 너무 착한 집이다. 손으로 써 벽에 붙여놓은 안내문이 재미있다. "주방장 이문길은 1957년생. 1973년 명성식당 입학. 1981년 신성각 오픈. 영업 시작 : 11시 37분, 영업 종료 : 재료 소진 시까지. 카드 결제 안 됩니다" 등등이다. 여름휴가가 한 달 정도나 된다.

주소   서울시 마포구 임정로 55-1
찾아가기   지하철 5, 6호선 공덕역 6번 출구에서 10분 거리
가격   짜장면 5,000원, 간짜장 6,000원, 탕수육 15,000원

  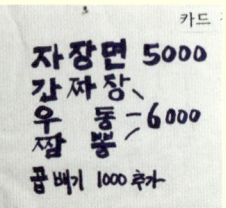

현래장

수타 짜장면의 원조

한 끼 식사의 행복 ◠◠◠◠◠ | **전화** 02 712 0730 | **Since** 1953
한줄평 수타면의 쫄깃한 감촉과 옛날 짜장면 맛을 되살리는 걸쭉한 소스

마포 불교방송 건물 지하 1층에 있는 중국집. 근처 단독 건물에서 오래 가게를 하다 재개발로 옆 건물로 이사했다. 옛날에는 가게가 길가에 있어 지나는 길에 식당 입구 유리 너머로 수타 장면을 볼 수 있었다. 마포 일대에서는 유명한 가게다. 필자는 여의도에서 직장 생활을 할 당시 가끔 강을 건너와 이 집에서 식사를 했었다.

중국요리집답게 안 되는 요리가 없을 정도로 메뉴가 다양하다. 가게도 크고 주방에 인원이 많아 주문하면 식사가 금방 나와 깜짝 놀란다. 모든 면을 수타로 뽑으며 수십 년 경력의 면장이 있다. 이 집 인기 메뉴로는 짜장면을 빼놓을 수 없다. '짜장'과 '옛짜장'이 있다. 옛짜장에는 큼직한 감자, 단호박이 들어가고 재료가 다 큼직큼직하다. 쫄깃한 수타면이 훌륭해서 짜장면 맛을 잘 살린다. 푸짐하게 올려주는 걸쭉한 짜장 소스도 맛에 한몫한다. 면류·밥류 외에도 다양한 요리를 잘해 가족 모임이나 회식 장소로도 찾는 사람들이 많다.

주소 서울시 마포구 마포대로 20
찾아가기 지하철 5호선 마포역 4번 출구로 나와 한강 쪽으로 2분 거리
가격 짜장 5,500원, 옛짜장 6,500원, 탕수육(소) 20,000원

개화

입맛을 사로잡는 명동 대표 짜장면집

한 끼 식사의 행복 ☺☺☺☺☺ | **전화** 02 776 0508 | **Since** 1950년대
한줄평 식감 좋은 얇은 면발에 걸쭉한 유니짜장 소스가 잘 스며들어 입맛을 돋운다

서울에서 화교가 많이 모여 있는 지역은 연희동과 명동이다. 명동 중앙우체국 옆 중국대사관 입구에 60년 넘은 화교 중국집 '개화'가 있다. 1950년대 처음 문을 열어 40여 년 전 바뀐 주인이 지금까지 운영하고 있다. 명동 역사와 짜장면 역사의 한 페이지를 장식한 집이니 한번쯤 들러볼 만하다. 1층은 테이블이 몇 개 안 되지만 2층은 넓고 룸도 있다.

짜장면 외에 유니짜장면, 간짜장면, 삼선간짜장면, 사천짜장면 등 여러 가지 짜장면이 있어 입맛대로 선택할 수 있다. 대표 메뉴는 유니짜장면인데 돼지고기를 잘게 썰고 채소를 다져서 요리한다. 조금 얇은 듯한 면발에 푸짐하게 얹어주는 약간 묽어 보이나 걸쭉한 느낌의 짜장 소스를 비벼 먹는다. 단맛이나 고소한 맛은 강하지 않으나 특별한 맛과 느낌을 주는 짜장면이다. 양이 많지 않으니 기왕이면 곱빼기로 시키는 게 낫다.

주소	서울시 중구 남대문로 52-5
찾아가기	지하철 4호선 명동역 5번 출구에서 5분 거리
가격	짜장면 5,000원, 유니짜장면 6,000원, 탕수육 20,000원

동성각

짜장면 때문에 장사 안되는 집

한 끼 식사의 행복 🍜🍜🍜🍜 | **전화** 02 735 0107 | **Since** 1968
한줄평 부드럽지만 쫄깃한 면발에 슴슴하고 푸짐한 짜장 소스로 무장한 맛

세종문화회관 맞은편 당주동에 있는 화교가 운영하는 중식당으로 2대째 이어오고 있다. 작은 골목길에 있으나 워낙 오래된 집이고 맛집이어서 인근 직장인들은 잘 안다.

짜장면이 일품. 비교적 가늘고 부드럽지만 쫄깃한 면발이다. 고기와 채소가 푸짐하게 들어간 슴슴한 짜장 소스가 입맛을 돋운다. 짜장면이 싸고 맛있어 오히려 다른 요리 파는 데 지장이 있다는 얘기까지 들리는 가게다. 탕수육, 팔보채, 깐풍기 등도 맛있고 특히 멘보샤는 가격은 세지만 이 집이 자랑하는 요리 메뉴다. 새우, 관자, 복을 다져서 완자를 만들어 네모로 자른 식빵 사이에 넣고 튀겨내는데 너무 기름지지도 않으면서 고소함과 바삭한 식감을 잘 유지한다. 멘보샤의 원조집이다. 메뉴에 없는 요리도 주문하면 해줄 정도로 중화요리에 자부심이 있다. 주인장이 직접 주문받고 서빙하면서 음식 설명도 재미있게 해주고 중국 술을 가져가면 진위 판별법도 알려준다.

주소 서울시 종로구 새문안로9길 29-2
찾아가기 지하철 5호선 광화문역 8번 출구에서 1분 거리
가격 짜장면·짬뽕 5,000원, 탕수육 20,000원, 멘보샤 60,000원

한 끼 식사의 행복

❼

한국인의
입맛에
맞춰진
짬뽕

[중화원]

[안동장]

[원흥]

[초마]

[명화원]

맹위를 떨치던 무더위가 끝나고 선선한 바람이 느껴지는 계절이 오면 잊었던 음식 '짬뽕'이 떠오른다. 짬뽕은 야채, 고기, 해물 등 다양한 재료를 기름에 볶은 후 육수를 붓고 끓여 면을 말아 먹는 매운맛의 탕면이다. 19세기 말 일본의 나가사키에서 푸젠성福建省 출신 중국인이 가난한 중국 유학생에게 제공한 음식에서 유래했다는 설이 있고, 또 비슷한 시기에 우리나라 인천에 살던 산동성 출신 중국인들이 초마면炒碼麵(차오마멘)을 한국인 식성에 맞게 달고 맵게 변화시킨 음식이라는 설도 있다. 어쨌거나 한·중·일 교류의 합작품이라 할 수 있는 짬뽕은 짜장면과 더불어 한국인이 가장 즐기는 중화 외식 메뉴로 자리 잡았다.

필자는 10여 년 전 카리브해 끝단에 있는 네덜란드령 안틸레스 제도의 퀴라소Curaçao란 섬에 회의차 간 적이 있다. 이 섬은 그 후 자치국이 되었다. 호텔 외에는 회의장 인근에 다른 식당이 없어 몇 날을 스테이크와 과일만 먹었다. 입맛을 잃은 우리 일행은 수소문 끝에 섬 한쪽에 중국집이 있다는 소식을 듣고 단숨에 달려갔다. 짬뽕 생각이 간절했던 우리는 외교관 같은 복장을 하고 주문을 받는 지배인에게 메뉴에는 없는 짬뽕의 조리법을 설명했다. 그러고는 아주 맵게 요리해줄 수 있느냐고 물었다. 걱정스러운 표정으로 괜찮겠느냐고 다시 묻는 그에게 우리는 "노 프라블럼"이라 자신 있게 답했다. 드디어 뽀얀 국물에 약간의 야채와 면이 담긴 큰 대접이 나왔다. 예상과 다른 모습에 잠깐 실망했지만, 국물이라도 마시려고 입을 갖다 대는 순간 입술이 터져 나가는 줄 알았다. 하얀색 국물인데도 무시무시한 매운맛이었다. 나중에 호텔에 돌아와서 들으니 콜럼버스의 부관이 발견했다는 퀴라소섬이 바로 고추의 원산지이고, 원주민들은 지금도 고추를 약용으로 쓴다고 한다. 우리가 즐겨 먹는 고추가 바로 이곳에서 시작해 유럽과 일본을 거쳐 15~16세기경 한반도로 전해진 것이다.

내가 다니는 짬뽕집은 여러 곳이다. 그만큼 짬뽕 맛집이 많다는 얘기다.

평택 송탄에 2대째 짬뽕 명가로 이름 높은 '영빈루'가 있는데 3대에 걸쳐 짬뽕 맛집 일가를 이루고 있다. 우선 중구 다동에 영빈루 주인장의 남동생이 하는 '원흥'이라는 중국집이 있다. 테이블 일곱 개가 전부인 작은 집으로 점심때는 긴 줄을 선다. 짬뽕 때문이다. 커다란 대접에 담긴 매콤하고 풍미가 가득한 국물, 풍성한 채소와 해물, 쫄깃한 면발이 한 끼를 즐겁게 한다. 영빈루 2대 주인의 맏아들은 홍대 앞에서 '영빈루 홍대점'을 하고 있고, 셋째 아들 역시 홍대 앞에 '초마'라는 또 다른 짬뽕 맛집을 열어 마니아들을 즐겁게 하고 있다. 3세가 하는 두 집은 또 여러 군데 분점을 두고 있다.

을지로3가에는 1948년 개업해 화교 3대가 가업을 이어오는 '안동장'이 있다. 굴짬뽕의 원조로 하얀색, 빨간색을 선택할 수 있다. 국물 온도가 낮아 맛을 음미하기 좋지만, 평은 갈린다. 안동은 중국 산둥성에 있는 지명이다. 불광동에는 '중화원'이라는 오래전부터 이름난 짬뽕집이 있다. '그 집 국물은 예술'이라는 사람도 있을 정도인데, 면발은 가늘고 부드러우면서 식감이 좋다. 원래도 불광동 일대에서 유명한 집이었는데 몇 군데 방송에 소개된 탓인지 이제는 가게 입구 칠판에 이름을 써놓고 한참 기다려야 먹을 수 있다.

중국의 대표적인 면 요리 중에 짬뽕과 비슷한 맛을 내는 '우육면牛肉麵'이 있는데 소고기와 사골을 넣고 오래 끓인 뜨거운 육수에 수타면을 삶아 말아 먹는 음식이다. 중국 란저우시에서 유래된 음식인데 중국 각 지역은 물론 대만, 홍콩 등지에서도 널리 알려진 메뉴다. 흰색 국물에 고추기름을 넣어 먹으면 짬뽕과 비슷한 맛이 난다. 서울에도 중국식 우육면을 하는 식당들이 있는데 종각 인근에 있는 '샤오바오우육면'이 명성이 높다.

짬뽕은 이제 짜장면과 더불어 중국집의 대표적인 양대 식사 메뉴로 자리를 굳혔다. 미리 끓여둔 국물에 면을 말아 주는 간이식이 아니라 주문을 받은 후 웍(중국식 프라이팬)에 정통 방식으로 요리하는 집들은 대개 우리를 실망시키지 않는다. 주위를 둘러보면 그런 집들이 적지 않다. 따끈한 짬뽕 한 그릇은 차가운 기온을 이기는 대표 메뉴라 하겠다.

중화원

불광동 짬뽕 명가

한 끼 식사의 행복 😋😋😋😋😋 | **전화** 02 353 3379 | **Since** 1990년대

한줄평 풍미 좋은 국물, 얇고 부드러운 면발, 아삭한 채소가 어우러지는 맛깔난 짬뽕

불광동 먹자골목에 자리 잡은 화교가 경영하는 중국집이다. 정통 중국요리집을 표방하나 짬뽕으로 명성을 날리는 집이다. 원래 입소문이 나서 기다렸다 먹는 곳이었는데, 여러 방송에 소개된 이후 먹기 더 어려워졌다. 칠판에 자기 이름을 써놓고 한참 기다려야 하지만 기다려도 보람 있는 집이다. 표고버섯과 홍고추, 청양고추 등 여러 가지 고추를 써서 국물을 우려내는데 그 맛이 일품이다. 배추, 숙주 등 각종 채소와 표고버섯 등을 푸짐하게 넣어준다. 채소가 무르지 않고 식감이 좋다. 면발이 가늘고 부드러우면서 식감도 좋다. 양념도 잘 스며들어 있다. 해물이 많이 들어가는 삼선짬뽕을 시키는 것도 추천한다. 식사부에서는 짬뽕, 요리부에서는 해물누룽지탕이 간판 메뉴다. 해물누룽지탕은 뜨겁게 달군 무쇠솥에 즉석에서 바싹 튀긴 누룽지와 푸짐한 해물과 채소를 넣고 소스를 부어주는 특이한 즉석요리 스타일이다. 시각, 청각 효과 만점.

주소 서울시 은평구 통일로66길 10-16
찾아가기 지하철 3, 6호선 불광역 2번 출구에서 2분 거리
가격 짜장면 4,500원, 짬뽕 6,000원, 해물누룽지탕 24,000원

안동장

굴짬뽕으로 유명한 원조 중국집

한 끼 식사의 행복 😋😋😋😋 | **전화** 02 2266 3814 | **Since** 1948
한줄평 신선한 재료를 써서 재료 본연의 맛을 선사하는 새로운 굴짬뽕

을지로3가 대로변에 있는 중국집. 1948년 개업한 우리나라에서 가장 오래된 역사를 자랑하는 중국집으로 화교 3대가 가업을 이어오고 있다. 깊고 담백한 맛의 굴짬뽕이 대표 메뉴다. 굴, 죽순, 각종 채소 등을 푸짐하게 넣고 요리한다. 신선한 재료에 대한 자부심이 있는 가게로 우리나라에서 굴짬뽕을 처음 선보인 집이기도 하다. 빨간색의 매운굴짬뽕, 송이짬뽕을 비롯한 다양한 짬뽕이 있다. 하얀색의 굴짬뽕은 국물이 시원하고 개운하다. 자극적이지 않고 재료의 맛을 잘 살린 메뉴다. 이름은 매운굴짬뽕이지만 그렇게 맵지는 않다. 국물 온도가 낮아 맛을 음미하기 좋지만 평은 갈린다. 면발이 쫄깃해서 식감이 좋다. 짜장면도 잘한다.
1~4층의 큰 규모로 연세 드신 단골손님이 많이 찾는 가게이기도 하다. 가게 안에 개업 당시 간판이 기념으로 걸려 있다. '안동'은 우리나라 안동이 아니라 중국 산둥성 지닝시에 있는 지명이다.

주소 서울시 중구 을지로 124
찾아가기 지하철 2, 3호선 을지로3가역 10번 출구에서 1분 거리
가격 짬뽕 8,000원, 굴짬뽕·매운굴짬뽕 9,500원, 짜장면 6,000원

원흥

다동에 자리 잡은 빨간 국물의 짬뽕 명가

한 끼 식사의 행복 🍜🍜🍜🍜🍜 | **전화** 02 3789 3624 | **Since** 1992
한줄평 해산물, 고기, 야채를 듬뿍 넣고 우려낸 빨간 국물이 매혹적인 짬뽕

다동에 있는 짬뽕으로 이름난 집. 다동 골목에 자리 잡은 오래되고 작고 아담한 집이나 점심때는 줄이 길다. 그래서 점심때는 짬뽕, 짜장면 등 단품 메뉴 네 가지만 팔며 요리나 반주는 사절이다. 여느 중국집과 다르게 외관을 진한 청색으로 단장했다. 송탄에서 1945년 화교가 개업한 유명한 짬뽕집인 '영빈루' 주인의 처남이 하는 집이다. 지금 송탄 가게는 넷째 아들이 하고 셋째는 홍대 '초마', 첫째는 '영빈루 홍대점'을 운영한다. 짬뽕이 대표 메뉴다. 오징어, 소라, 돼지고기 등을 푸짐하게 넣어 볶고 육수를 더해 끓여내는데 구수한 맛이 나며, 채소에서 나오는 단맛 또한 일품이다. 진한 빨간색의 국물이 매혹적이며 한마디로 훌륭한 한 끼 식사다. 근처에 근무하는 직장인들의 식사, 해장용 음식으로 인기다. 짜장면도 맛있는 집인데 짬뽕 때문에 인기가 덜하다. 고기튀김은 이 집의 요리부 간판 메뉴로 강추한다.

주소 서울시 중구 다동길 46
찾아가기 지하철 2호선 을지로입구역 2번 출구에서 3분 거리
가격 짬뽕 8,000원, 짜장면 6,000원, 고기튀김 30,000원

초마

송탄 영빈루의 대를 이으며 서울에 진출

한 끼 식사의 행복 ◡◡◡◡ | **전화** 070 7661 8963 | **Since** 2010
한줄평 고기, 해산물, 야채와 칼칼한 국물, 면발이 잘 어우러지는 하얀 짬뽕

서교동 건물 2층에 자리 잡은 화교 출신이 하는 중국집. 짬뽕으로 유명한 송탄 영빈루 가게로 할아버지, 아버지를 이어 셋째 아들이 3대를 이으면서 서울에 진출한 짬뽕 맛집이다.

짬뽕이 대표 메뉴로 웍에 오징어, 돼지고기를 채 썰어 볶다가 채소를 넣고 다시 볶아 육수를 낸다. 매콤한 일반 짬뽕과 우동 느낌의 하얀 짬뽕 두 가지가 있다. 일반 짬뽕은 매콤하고 걸쭉한 느낌의 국물이며, 하얀짬뽕은 청양고추 등으로 매운맛을 낸 깔끔하고 담백한 국물이다. 하얀짬뽕이 더 매콤한 맛을 낸다. 면발 또한 부드럽지만 쫄깃한 식감을 자랑한다. 고기, 채소 등 건더기도 식감이 좋고 푸짐해서 한 그릇 다 먹을 때까지 면과 함께 즐길 수 있다.

벽에는 3대에 걸친 화교 출신 주인장 사진이 이 집의 역사와 내공을 말없이 보여주고 있다. 이 가게가 초마 홍대 본점이고 전국에 다섯 개 지점이 있다.

주소 서울시 마포구 와우산로 72
찾아가기 지하철 6호선 상수역 2번 출구에서 2분 거리
가격 짬뽕·하얀짬뽕 9,000원, 유니짜장 8,000원, 탕수육 18,000원

명화원

삼각지가 자랑하는 탕수육과 짬뽕 명가

한 끼 식사의 행복 🍜🍜🍜🍜🍜 | **전화** 02 792 2969 | **Since** 1956
한줄평 칼칼한 해물 맛의 옛날 짬뽕과 곁들여 즐기는 탕수육의 맛

삼각지 전쟁기념관 옆에 있는 맛과 가성비를 자랑하는 화상 중국집. 한 시절 이름을 날리던 탕수육·짬뽕 맛집이었다. 오래전 창업주가 은퇴한 후 평이 갈리기도 하지만 여전히 맛집의 이름을 지켜오고 있다. 테이블이 몇 개 안 되는 작은 가게이지만 맛집 순례자들로 늘 붐빈다.

메뉴는 탕수육, 짜장면, 짬뽕, 군만두, 물만두 딱 다섯 가지뿐이다. 특히 탕수육이 유명하다. 바삭바삭한 찹쌀 튀김옷과 돼지고기가 잘 어우러지는 훌륭한 고기튀김이다. 소스가 약간 묽고 달지 않은 슴슴한 맛인데 오히려 고기튀김 맛을 잘 살려주는 것 같다. 짬뽕 맛도 일품이다. 국물은 해물 베이스로 해물, 고기, 채소가 고루 들어가며 칼칼하지만 빨간 색깔에 비해 크게 맵거나 자극적이지 않은 깊고 깔끔한 맛이다. 쫄깃한 면발과도 잘 어울리는 옛날 짬뽕 맛. 군만두도 반드시 먹어봐야 하는 메뉴다.

주소 서울시 용산구 한강대로 202
찾아가기 지하철 4, 6호선 삼각지역 11번 출구에서 1분 거리
가격 짬뽕 6,000원, 군만두 6,000원, 탕수육 17,000~25,000원

한 끼 식사의 행복

❽

소박한
고향의 맛
잔치국수

- 국수집(구 맛있는 잔치국수)
- 강남직영점 풍국면
- 옛 집
- 체부동 잔치집
- 옛날국수맛집

잔치국수는 결혼, 환갑 등 마을 잔치 때 국수 면발처럼 오래오래 행운을 누리며 살라는 뜻으로 손님들에게 대접하던 음식이다. 이제는 우리 주변에서 쉽게 국수를 접할 수 있지만, 옛날에는 귀한 밀가루로 만드는 음식이었기에 마을 잔칫날에나 특별히 마련하는 잔칫집 대표 음식이었다. 지금도 결혼식에 가면 양식, 중국식, 뷔페식을 불문하고 잔치국수는 거의 빠지지 않는다.

잔치국수는 제면소가 만든 국수로 만들면 되어 조리법이 비교적 간단하다. 끓는 물에 국수를 삶아 찬물에 헹구고, 멸치 육수를 붓고 유부, 애호박, 계란 지단, 김 가루, 김치 등을 고명으로 얹은 다음 양념장을 곁들이면 끝이다. 밀가루가 흔해진 후에는 집집마다 별식으로 만들어 먹고 있어 저마다의 비법과 손맛을 자랑한다. 그 나름의 비법과 손맛으로 만들어낸 잔치국수를 값싸게 제공하는 식당이 주변에 적지 않아 바깥에서도 쉽게 즐길 수 있다.

효창동 효창공원앞역 인근에 20년 가까이 국수를 팔고 있는 '맛있는 잔치국수'라는 가게가 있다. 원래 인근 길거리에서 컨테이너 박스 같은 두세 평짜리 조그만 가게를 하다 1년 전쯤 지금 장소로 이사해 좀 커졌다. 과거에는 손님들이 장사진을 치고 있는 작은 가게에서 각자 한쪽 벽을 보면서 먹는 모습이 장관이었다. 옮긴 집에서도 옛날 간판을 담장 한쪽 모서리에 그대로 달아놓아 단골손님들을 옛 추억에 잠기게 한다. 이 집 국수는 계란 지단, 김, 부추, 호박 등 고명을 얹고 고추 양념을 더해 푸짐하게 나온다. 가격도 무척 저렴하다.(곱빼기도 마찬가지!)

삼각지 골목 안쪽에는 '옛집'이라는 30년 이상 된 국숫집이 있다. 순천 해룡면 출신의 주인 할머니와 딸이 경영하는 가게로, 서너 평으로 시작해 지금은 꽤 커졌다. 국수 면발이 부드러우면서도 약간 쫄깃해 씹는 맛이 좋다. 온국수를 시키면 멸치 육수를 넣은 큰 대접에 국수를 넣고 유부 몇 쪽만 띄워주는 간단한 작품이 나온다. 3,000원짜리 온국수에 김밥 한 줄 곁들이면 한 끼 식사로도 충분하다. 따끈한 멸치 국물을 들이켜면 소주 한잔이 생각난다는 손님들이 많지만, 술은 팔지 않는다. 가지고 가도 못 먹게 한다. 할머니의 엄격한 방침이란다.

경복궁역 인근 세종마을 음식문화거리 골목 안에는 대천 출신 아주머니가 15년 가까이 한곳에서 국수와 선을 팔고 있는 '체부동 잔치집'이 있다. 잔치국수는 이 집 대표 메뉴로 멸치 국물에 계란 지단, 김, 파, 고춧가루, 양념 등이 얹어진 옛날에 먹던 스타일 그대로다. 뜨겁고 진한 국물에 부드러운 중면을 말아 내는데 소박한 옛 맛이 살아 있고 매콤한 김치도 일품이다. 이곳을 찾은 유명 인사들의 서명이 가게 벽에 즐비하게 걸려 있다. 24시간 영업하지만 항상 붐비고 점심때 가면 줄을 서야 한다.

같은 체부동 인근에 또 다른 국수 전문점 '옛날국수맛집'이 있다. 이 자리에서 15년 이상 해온 집으로 멸치국수가 대표 메뉴다. 찬물에 헹군 면을 뜨뜻한 도자기 그릇에 담은 다음 뜨거운 육수를 부어 내놓는다. 뜨거운 육수를 즐길 수 있는데 맛은 심심하고 담백하다.

깔끔한 멸치 국물에 국수를 듬뿍 말아주는 잔치국수. 이제 우리 주변에서 손쉽게 찾아볼 수 있어 바쁜 일상에서 한 끼 식사를 해결하는 데 손색이 없는 메뉴다. 게다가 먹으면서 '잔치'에 초대받은 기분을 느낀다면 금상첨화다.

국수집(구 맛있는 잔치국수)

동네 길거리 잔칫집

한 끼 식사의 행복 ☺☺☺☺☺ | **전화** 02 715 3752 | **Since** 1990년대
한줄평 수수한 동네 가게에서 맛보는 구수하고 시원한 옛날 국수

주택가 입구에 있는 용문동 소재 잔치국숫집. 원래는 두세 평짜리 컨테이너에서 허름한 초미니 가게로 20년 운영하다가 재개발 바람에 2~3년 전 지금 장소로 확장 이전했다. 이제는 옛날과 달리 작지만 깔끔한 가게가 됐다. 옛날 이름은 '맛있는 잔치국수'였는데 '국수집'으로 바뀌었다. 옛날 간판을 가게 측면 벽에 붙여놓고 있다. 현금 결제만 된다. 인심 좋은 주인아주머니의 아들도 합세했다. 메뉴는 잔치국수, 열무국수, 비빔국수 세 가지. 가격은 모두 3,000원. 곱빼기도 같은 가격이다. 잔치국수를 시키면 스테인리스 대접에 면을 담고 멸치 육수를 부어 나오는데 계란 지단, 유부, 부추, 김, 당근 등 고명이 약간의 양념장과 함께 올려져 있다. 국물은 멸치, 다시마, 고추씨로 우려내어 구수하고 시원하다. 비빔국수는 국수를 매콤하게 비비고 계란 지단, 김치, 김이 고명으로 나온다. 단맛과 매운맛이 잘 어우러진다. 열무국수는 열무김치가 떨어질 때까지 한정 판매한다.

주소 서울시 용산구 백범로74길 13
찾아가기 지하철 6호선 효창공원앞역 5번 출구 바로 앞
가격 잔치국수 · 비빔국수 · 열무국수 3,000원

[강남직영점] **풍국면**

우리나라 국수의 역사

한 끼 식사의 행복 🍜🍜🍜🍜 | **전화** 02 566 1144 | **Since** 2018
한줄평 40℃ 국물의 깊은 풍미와 탱탱한 식감의 국수를 마시듯이 먹는 곳

풍국면은 1933년에 설립된 우리나라 최고의 역사를 자랑하는 제면 회사다. 자체 브랜드인 '풍국면'을 생산하고 있고 국내 유수의 식품 회사에 국수를 공급하고 있다. 이 국수 회사가 '풍국면'이라는 직영 국수 전문 식당을 여러 곳에 운영하고 있다. 강남직영점을 역삼세무서 옆 골목 빌딩 1층에 넓고 깨끗하게 차렸다.

대표 메뉴는 '별표국수'인데 가성비가 훌륭하다. 이 집 국수는 뜨겁거나 차가운 맛이 나지 않는 최적의 온도로 준비되므로 상에 나오는 즉시 후루룩 먹을 수 있다. 국수 온도는 40℃라 한다. 면은 색소와 첨가물 없이 물과 소금으로만 반죽한 면이며 식감이 좋은 전통적인 국수 면발을 자랑한다. 육수는 통영 햇멸치, 밴댕이, 제철 채소들을 다섯 시간 우려 만든다. 국물에서 깊은 맛이 난다. 국수 위에 고명으로 시금치, 숙주, 호박, 계란 지단, 김 가루 등이 가지런히 올라가고 육수에는 유부도 넣어준다. 김치는 매일 담근다.

주소 서울시 강남구 테헤란로8길 21
찾아가기 지하철 2호선 강남역 1번 출구에서 5분 거리
가격 별표국수 5,500원, 열무비빔국수 7,000원, 해물칼국수 8,500원

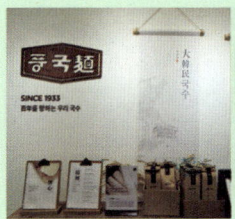  

옛집

옛 맛이 생각나는 국수 한 그릇

한 끼 식사의 행복 😊😊😊😊😊 | **전화** 02 794 8364 | **Since** 1977
한줄평 40년간 국수주의자의 발길이 이어져온 옛날 잔치국수의 맛

삼각지 대구탕 골목 뒤편에 자리 잡은 국수 명가. 국수주의자(마니아)들 사이에서 삼각지 국숫집으로 통하는 집이다. 40년 넘은 역사를 지켜온 국숫집. 서너 평짜리 조그만 가게로 시작해 동네 식당 규모로 커졌다. 창업자인 주인 할머니가 순천 해룡면 출신인데 이제 딸과 함께 운영하고 있다. 옛날에 돈이 없어 음식값을 못 내고 뛰어나가는 손님 등에 대고 체한다고 '천천히 가라'고 고함치던 인심 좋은 할머니다.

국수, 수제비, 떡만둣국 등의 메뉴가 있는데 잔치국수 스타일의 온국수가 가장 저렴한 대표 메뉴다. 큰 대접에 멸치 육수, 삶은 국수, 유부 몇 쪽, 파 등만 담긴 소박한 국수다. 국물 맛이 일품이며 부드럽지만 쫄깃하게 삶아낸 면발도 이 집의 내공을 유감없이 보여준다. 김밥 한 줄과 배추김치를 곁들이면 훌륭한 한 끼 식사다. 수제비 메뉴도 있는데 옛날 가정집에서 해 먹던 맛이 재현된다.

주소 서울시 용산구 한강대로62길 26
찾아가기 지하철 4, 6호선 삼각지역 1번 출구에서 2분 거리
가격 온국수 4,000원, 비빔국수·칼국수 5,000원, 콩국수 7,000원

체부동 잔치집

맛, 가성비 최강의 국숫집

한 끼 식사의 행복 🍜🍜🍜🍜 | 전화 02 730 5420 | Since 2004
한줄평 다대기 양념을 잘 풀어 먹는 얼큰하고 칼칼한 잔치국수

경복궁역 인근 세종마을 음식문화거리 내 체부동에 자리 잡은 국숫집. 각종 국수류와 다양한 전을 내놓는 가게다. 2000년대 중반에 개업했지만 단골손님들이 많다.

잔치국수는 멸치와 채소로 우려낸 진하고 뜨거운 국물이 일품이다. 면은 중면을 써서 부드럽지만 식감이 좋다. 계란 지단, 김, 파, 다대기 양념 등의 단출한 고명이지만 한 그릇 국수와 잘 어우러진다. 테이블에 비치된 김치 맛도 인상적이다. 이 시대 서울 중심부에서 믿기 어려운 엄청 저렴한 가격이다. 들깨칼국수도 유명하다. 콩국수처럼 부드럽고 고소한 국물의 독특한 칼국수다. 해물파전, 김치전, 녹두전, 수제 고기만두 등 안주류 요리도 뛰어난 맛과 가성비를 자랑한다. 본관, 별관 등 여러 가게가 인근에 있지만 항상 손님들로 붐빈다. 유명 인사들이 다녀가면서 해놓은 서명들이 벽에 가득하다. 그렇지 않아도 이름난 곳인데…. 24시간 영업하며 일요일만 밤 12시까지 한다.

주소 서울시 종로구 자하문로1길 16
찾아가기 지하철 3호선 경복궁역 2번 출구에서 1분 거리
가격 잔치국수 3,000원, 들깨칼국수 6,500원, 잔치모밀 5,000원

옛날국수맛집

체부동의 또 다른 국수 맛집

한 끼 식사의 행복 🥢🥢🥢🥢 | **전화** 02 735 8084 | **Since** 2004
한줄평 심심하지만 개운하고 담백한 옛날 멸치국수의 맛을 재현해낸 가게

경복궁역에서 자하문 쪽으로 80m 정도 올라가 체부동 길가에 아담하게 자리 잡은 국숫집. 부부와 보조 1인이 하는 테이블이 몇 개 되지 않는 작은 가게로 가격도 착하다.

멸치국수를 시키면 뚝배기 스타일의 큰 그릇에 국수를 준다. 뜨겁게 나오는 맑은 육수는 멸치와 채소 등을 넣어 끓이는데 심심하지만 개운하고 담백한 느낌이다. 면은 가는 소면을 쓰고 고명은 계란 지단, 호박, 김, 파 등으로 소박하지만 양이 푸짐하다. 김치, 단무지를 국수와 함께 접시에 내온다.

얼큰김치수제비도 인기 메뉴다. 김치수제비 전용으로 가게 한쪽에 별도로 저장고를 두고 김치 육수를 만들어 쓰고 있다.

주인장에 의하면 한참 전부터 프랜차이즈 제의가 있었으나 맛을 유지하는 것이 어려울 수 있어 고사해왔다고 한다. 양, 고명 등 이것저것 부탁해도 부담 없이 들어주는 고객과 소통하는 집.

주소 서울시 종로구 자하문로 11
찾아가기 지하철 3호선 경복궁역 2번 출구에서 1분 거리
가격 멸치국수·김치국수·비빔국수 5,000원, 얼큰김치수제비 6,000원

한 끼 식사의 행복
❾

찬 바람의
계절이
권하는
칼국수

[일미칼국수]

[성북동 국시집]　　　　　[본점 소호정]

[강원도 손칼국수]　　　　[혜화동 손칼국수]

[사랑방 칼국수]　　　　　[연희동 칼국수]

[임병주 산동손칼국수]　　[칼국수에 끌림]

[찬양집]　　　　　　　　[본점 명동교자]

밀가루가 귀하던 시절, 밀 수확기인 여름 즈음에나 맛볼 수 있었던 칼국수는 귀한 별미 요리였다. 그러나 6·25 전쟁 이후 밀가루가 흔해지면서 어느 집에서나 언제든지 쉽게 요리해 먹을 수 있는 식단으로 자리 잡았다. 많은 이들이 과거 어머니가 별미로 만들어주시던 음식으로 기억하고 있을 것이다. 어쨌거나 칼국수는 여름 음식이었는데 북쪽 지방에서는 추운 겨울에 찬 냉면을 먹고 남쪽 지방에서는 더운 여름에 뜨거운 칼국수를 먹는 것이 아이러니하다.

칼국수 조리법은 비교적 간단해 집에서도 쉽게 요리할 수 있다. 먼저 밀가루를 반죽하여 도마 위에서 방망이로 얇게 민 다음 칼로 가늘게 썰어서 면을 만든다. 그리고 사골, 멸치, 닭, 해물 등으로 국물을 내고 감자, 애호박 등을 면과 함께 넣어 끓여 식성에 따라 계란 지단, 김 가루 등 고명을 얹으면 완성이다. 이렇게 칼국수는 면을 따로 삶지 않고 육수에 바로 넣고 끓이는 제물국수라는 점이 잔치국수와 다르다. 제물국수는 국물에 삶을 때 묻은 밀가루를 잘 털어내야 국물이 걸쭉해지는 것을 피할 수 있다. 입맛이 별로 없을 때나 메뉴가 떠오르지 않을 때 언제 선택해도 후회가 없는 음식이 칼국수다.

칼국수를 잘한다고 입소문이 난 식당들은 일일이 셀 수 없을 정도다. 그런 유명한 집들이 동네 곳곳에 자리 잡고 있어 구태여 소개하는 것이 큰 의미가 없을 수도 있으나 그래도 발걸음이 잦아지는 집들이 있다.

먼저 강북 지역이다.

성북동 한성대입구역 인근에 '국시집'이 있다. '대통령 칼국숫집'이라 불리기도 하는, 유명 인사들이 많이 다니던 집이다. 깔끔한 사골 국물에 부드러운 면이 나오는 안동식 칼국수다. 혜화동로터리에서 성북동 방향으로 가다 오른편 골목으로 빠지면 혜화동 '손칼국수'가 있다. 간판이 작아 찾기 어렵지만, 칼국수 하면 빠지지 않는 집이다. 푹 끓인 사골 국물과 부드러운 면발, 양지머리 고기, 호박이 잘 어우러져 나온다.

종로2가 낙원상가 인근 골목길에는 1965년에 개업한 '찬양집'이 있다. 바지락을 많이 넣은 해물칼국수로 면, 국물, 김치 모두 무한 리필이다. 혼자 가서 먹는 자리도 있고, 식당 안에 자리가 없을 때는 골목길에도 상을 차려준다. 종로5가 광장시장 좌판에 자리 잡은 '강원도 손칼국수'는 대를 이어오는 집이다. 주인아주머니가 직접 반죽해 그 자리에서 면을 썰어 끓인다. 진한 멸치 국물에 푸짐한 시장 칼국수를 맛보기 위해 손님이 끊이지 않는다. 장 보러 온 사람들과 부딪치며 옛날에 대한 향수를 맛볼 수 있다.

을지로3가 인근에서 1968년에 시작한 '사랑방 칼국수'는 충무로 대표 칼국숫집이다. 찌그러진 양푼 냄비에 담긴 약간 풀어진 면에 김, 파, 고춧가루를 대충 얹어 놓은 것 같지만 보기만 해도 침이 넘어가는 훌륭한 비주얼과 맛을 자랑한다. 그 맛과 분위기에 푹 빠져 자주 다녔던 집이다. 주인아주머니가 선물한 오래된 냄비가 지금도 내 서재 한편에 있다.

연희동우체국 근처에는 1988년에 문을 연 약 30년의 역사를 자랑하는 '연희동 칼국수'가 있다. 진하고 걸쭉한 사골 국물에 통통한 면발로 인기를 끌고 있다. 중림동 약현성당 인근에서 같은 해에 개업한 '원조집 닭 한마리 칼국수'는 시원하고 깔끔한 육수, 즉석 만두로 명성을 날리고 있다.

종로1가 르메이에르종로타운 지하에는 '칼국수에 끌림'이라는 자그마한 가게가 있는데, 역사는 오래지 않으나 젊은 사장이 대단한 열의로 가게를 운영하고 있다. 칼국수의 새로운 면모를 선보인다.

강남에도 이름난 칼국숫집들이 여럿 있다.

방배동 카페 골목에 자리 잡은 '일미칼국수'는 1973년 이수역 부근에서 개업해 이곳으로 이전했다. 콩가루를 조금 섞은 손칼국수는 면발이 가늘고 부드럽다. 밀가루 음식이 안 맞는다는 사람도 이 집 면은 괜찮다고 한다. 다진 소고기, 계란 지단, 김 등 고명이 화려하다. 서초동 양재역 부근 '임병주 산동손칼국수'는 전남 구례 산동 출신 임병주 사장이 이름을 걸고 직접 면을 밀어 만든다. 바지락칼국수와 김치가 잘 어울리는 맛집이다. 양재동 구룡사 앞에는 콩가루를 섞는 안동식 국수로 서울 사람들 입맛을 바꿔놓은 '소호정'이 있다. 1985년 압구정동 시절부터 다니던 집인데, 가늘고 부드러운 면발에 한우 살코기로 우려낸 육수가 일품이다. 함께 나오는 깻잎, 부추도 맛을 돋우는데 무조건 리필이다.

찬 바람이 불기 시작하면, 따끈한 칼국수가 발길을 끄는 계절이 돌아온다.

일미칼국수

궁중 칼국수의 맛을 선보이는 가게

한 끼 식사의 행복 🍜🍜🍜🍜 | **전화** 02 593 9924 | **Since** 1973
한줄평 콩가루를 섞은 부드러운 면발과 한우 육수 그리고 화려한 비주얼

방배동 카페 골목에 자리 잡은 정통 궁중 칼국수를 고집하는 집. 과거 모 방송사 손님들이 많이 찾았으며, 필자도 그때 소개받은 집이다. 1973년 이수역 근처에서 개업해 함지박 인근으로 옮겼다가 지금 장소로 이사했다. 부부가 운영하다가 바깥주인은 은퇴하고 아들이 합세하면서 대를 이은 칼국수 명가가 됐다. 밀가루를 정성 들여 손으로 반죽해 한나절 숙성시켜 면을 만든다. 콩가루를 조금 섞은 면발이 가늘고 부드러워 밀가루 음식을 꺼리는 사람에게도 인기다. 주인장 얘기로는 옛날 궁중 칼국수를 이런 식으로 만들었다고 한다. 그래서 소화에도 문제가 없다. 육수는 한우 국물인데 12시간 이상 우려낸 명품이다. 다진 소고기, 계란 지단, 호박, 김 가루 등 컬러풀한 고명을 얹는다. 마치 예술 작품 같다. 밀가루 음식인데도 먹고 나서 속이 편하다. 오래전부터 '건짐국수'를 하는데 칼국수 면을 삶아 비빔국수 소스에 비빈 메뉴로 특색 있다. 저녁때는 삼겹살 회식 손님도 많다.

주소　　　서울시 서초구 방배중앙로 167
찾아가기　지하철 7호선 내방역 6번 출구에서 12분 거리
가격　　　칼국수 9,000원, 건짐국수 10,000원

성북동 국시집

대통령 칼국숫집으로 불리는 곳

한 끼 식사의 행복 ◉◉◉◉ | **전화** 02 762 1924 | **Since** 1969
한줄평 부드럽게 삶아진 면발에 사골 육수가 잘 밴 정갈한 맛

성북동 골목 안에 자리 잡은 칼국수 명가. 칼국수를 즐겼던 YS 대통령을 비롯해 유명 인사들이 많이 다녀 '대통령 칼국숫집'으로 알려졌으나, 바깥에 조그만 '국시집'이란 간판밖에 없다. 1969년에 문을 열고 칼국수의 역사를 써온 가게로 2대가 이어오고 있다. 아담한 가게이지만 2층도 있다. 성북동, 혜화동 일대에 이름 있는 칼국숫집이 많은 것은 이 집의 영향도 있을 듯하다.

도자기 대접에 나오는 이 집 칼국수는 정갈한 안동식의 맛을 자랑한다. 한우 사골, 양지머리 등으로 우려낸 국물이지만 기름지지 않고 깔끔하다. 면은 기계면이 아니며 직접 반죽하고 칼로 썰어낸 이름 그대로 칼국수다. 면을 반죽할 때 안동식으로 밀가루에 콩가루를 섞어서 고소할 뿐 아니라 식감이 부드럽다. 잘게 썰어 볶은 고기, 호박이 고명으로 올라간다. 반찬은 부추무침, 잘 익은 김치, 무채, 양파절임 등이다. 수육, 대구전, 문어도 판다.

주소　　서울시 성북구 창경궁로43길 9
찾아가기　지하철 4호선 한성대입구역 5번 출구에서 3분 거리
가격　　국시 10,000원, 전(소) 17,000원, 문어(소) 17,000원

강원도 손칼국수

광장시장의 대를 잇는 오픈 맛집

한 끼 식사의 행복 ☺☺☺☺☺ | **전화** 02 2269 1387 | **Since** 1960년대
한줄평 잘 우려낸 멸치 육수와 도톰한 면발로 이어온 시장통 원조 칼국수

광장시장은 1905년 개설한 우리나라 최초의 상설 시장으로, '광교'와 '장교' 사이를 복개해서 만들려고 했다고 하여 '광장시장'이라 불리게 됐다. 포목, 직물, 의류, 주방용품, 수입품, 청과, 건어물, 정육, 생선, 채소 등 '고양이 뿔 빼고는 다 있다'는 전국 최대 규모의 도소매 시장이다.

역사와 규모가 있는 만큼 시장통에 맛집들이 즐비하다. 빈대떡, 국수, 김밥, 순대, 곱창, 족발, 수제비, 만둣국, 어묵, 떡볶이, 모둠전, 비빔밥, 보리밥, 닭튀김, 생선회, 매운탕, 토스트 등등 100여 개의 식당이 밀집해 있는 세계에서 보기 드문 식당가로 외국인들도 많이 눈에 띈다. 광장시장 좌판 가게 남문 쪽에 '강원도 손칼국수'가 있다. 2대째 이어온 손칼국수 전문 가게다. 주인아주머니가 직접 반죽하고 바로 썰어서 끓여주는 면발이 투박하지만 옛 맛이 있다. 국물은 멸치를 잘 우려 깔끔하다. 열무김치가 맛있다.

주소 　서울시 종로구 창경궁로 88 광장시장 동부A 13호
찾아가기 지하철 1호선 종로5가역 8번 출구에서 1분 거리 광장시장 동문
가격 　손칼국수 6,000원, 칼만두 6,500원

사랑방 칼국수

충무로를 지켜온 서민 칼국수

한 끼 식사의 행복 ◒◒◒◒◒ | **전화** 02 2272 2020 | **Since** 1968
한줄평 양푼 냄비에 담긴 시원한 멸치 육수, 부드러운 면발, 그리고 추억

명보사거리를 지나 인쇄소 골목 안에 있는 충무로 대표 칼국수 명소. 1968년 개업해 50년이 넘은 가게다. 가게 안팎으로 가게와 메뉴 소개 간판 등이 걸려 있다. 테이블이 좁게 붙어 있는 작은 가게이지만 2층도 있다.

칼국수를 시키면 찌그러진 양푼 냄비에 국수, 유부, 김, 파, 고춧가루를 대충 올린 자연스러운 비주얼로 나온다. 멸치로 우려내는 육수가 시원하다. 면발은 약간 퍼진 느낌이나 부드럽다. 6,000원인데 곱빼기는 200원 추가, 계란을 풀면 200원 추가다. 재미있는 가격 체계다. 매콤한 겉절이김치도 궁합이 잘 맞는다. 한번 먹으면 또 가게 되는 식당. 닭 요리도 잘해 닭백숙으로 유명한 집이며 백숙백반, 닭곰탕도 한다. 토종닭백숙은 사전에 예약해야 한다. 모든 메뉴의 가격이 착하다.

마음씨 좋은 주인 할머니가 필자에게 역사가 서려 있는 양푼 냄비를 선물해주셨다. 예전에 없던 방송 출연 간판 등이 걸려 있다.

주소　　서울시 중구 퇴계로27길 46
찾아가기　지하철 2, 3호선 을지로3가역 9번 출구에서 4분 거리
가격　　칼국수 6,000원, 닭곰탕 6,500원, 토종닭 35,000원

임병주 산동손칼국수

강남 칼국수의 명가

한 끼 식사의 행복 🍜🍜🍜🍜🍜 | 전화 02 3473 7972 | Since 1988
한줄평 시원한 육수와 손칼국수의 식감으로 입맛을 사로잡는 바지락칼국수

서초동 외교안보연구원 큰길 건너편 골목 안에 자리 잡은 손칼국숫집. 필자가 근처에 오래 살았던 터라 개업 당시부터 다녔던 가게인데 이제는 유명 식당이 됐다. 식당 이름은 주인장의 고향인 전남 구례군 산동면에서 따왔다. 본인 이름 '임병주'를 내걸 만큼 자부심을 가지고 장사를 해왔다. 칼국수 면은 손으로 직접 밀어 만드는 수제면인데 쫄깃하고 식감도 좋다. 육수는 바지락 등 해물로 우려내어 맑고 시원하다. 바지락을 듬뿍 얹어주는 칼국수와 테이블 위 뚝배기에 담아놓은 살짝 익은 겉절이 스타일의 맛깔난 김치가 잘 어울린다. 김치가 일품인데 물고추를 갈아서 직접 담근다고 한다. 서초동 일대 사람들의 집합소로 점심과 저녁 식사 때는 꽤 기다려야 한다. 사리는 추가해주며 밥도 준다. 함흥식 회냉면도 수준급. 두 사람이 가면 손칼국수와 회냉면을 시켜 나눠 먹으면 좋다. 보쌈과 매일 직접 삶아내는 족발도 인기다. 대리 주차도 해준다.

주소   서울시 서초구 강남대로37길 63
찾아가기   지하철 3호선 양재역 1번 출구에서 6분 거리
가격   손칼국수 9,000원, 회냉면 11,000원, 왕족발(소) 36,000원

  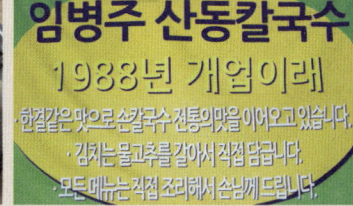

찬양집

인심 좋은 서민 해물칼국숫집

한 끼 식사의 행복 🍲🍲🍲🍲 | **전화** 02 743 1384 | **Since** 1965
한줄평 푸짐한 해물과 쫄깃한 면발의 칼국수에 인심도 넘쳐나는 가게

낙원상가 옆 익선동 골목길에서 1965년 개업한 오래된 동네 식당. 가게를 요리조리 넓혀 방들을 연결해놓았는데, 그래도 안에 자리가 없을 때는 골목길에 상을 차려준다. 혼밥 자리도 마련되어 있다. 옛날에 없었던 방문객의 서명 등이 벽에 붙어 있어 눈길을 끈다.

메뉴는 해물칼국수, 고기만두, 김치만두 딱 세 가지. 해물칼국수는 바지락, 홍합을 가득 넣어 맑은 육수를 내고 홍합, 바지락, 김, 파 등을 듬뿍 얹어준다. 면은 숙성 과정을 거친 뒤 기계로 뽑아 통통하고 쫄깃한 면발을 자랑한다. 면, 국물, 김치 모두 무한 리필이다. 옛날에는 한 그릇 더 달라고 하면 그냥 더 주는 후한 인심을 자랑했다. 김치는 익은 김치와 겉절이를 셀프로 담아 가게 한다. 옛날 목욕탕에서 쓰던 플라스틱 바가지를 주는데 의아해할 필요 없다. 조개껍데기를 버리는 그릇이다. 1965년에는 칼국수가 한 그릇에 20원이었다고 한다.

주소 서울시 종로구 돈화문로11다길 5
찾아가기 지하철 1, 3, 5호선 종로3가역 4번 출구에서 1분 거리
가격 해물칼국수 7,000원, 고기만두·김치만두 7,500원

[본점] 소호정

프리미엄 칼국수의 원조

한 끼 식사의 행복 ◉◉◉◉◉ | **전화** 02 579 7282 | **Since** 1985
한줄평 한우로 우려낸 진한 국물과 부드러운 면발로 고급 칼국수 시대를 선도

양재동에 위치한 칼국수 맛집. 콩가루를 넣은 담백한 맛의 안동국시로 서울 사람들의 입맛을 사로잡은 집이다. 1985년 압구정동 현대백화점 근처에 처음 문을 열었는데, 필자가 대학 다닐 때 교수님이시던 임원택 박사님의 사모님 김남숙 여사가 10평 남짓한 작은 집에서 처음 시작한 가게다. 김남숙 여사는 경북 안동 출신으로 안동 김씨 반가 음식을 배운 분이다. 대기업에 다니던 장남이 나서면서 1995년에 가게를 지금 장소로 옮겼고, 그 후 사모님은 과천 등에서 자그마한 가게를 하시다가 2008년에 돌아가셨다. 인근에 신관이 있고 지점도 10여 군데나 있다. 국수는 안동식으로 콩가루를 넣고 반죽해 면발이 가늘고 부드럽다. 육수는 한우 살코기로 우려내 깔끔하고 깊은 맛이며 잘게 썬 한우 고명과 함께 나온다. 반찬으로 나오는 깻잎, 부추김치가 특별한 맛이다. 특히 깻잎과 국수는 환상의 궁합을 이룬다. YS 대통령이 단골로 다니던 집. 국수 1만 원 시대를 연 고급 칼국수다.

주소 서울시 서초구 논현로 27
찾아가기 지하철 신분당선 양재시민의숲역 3번 출구에서 15분 거리
가격 안동국시 12,000원, 국밥 12,000원, 수육(소) 35,000원

[혜화동] 손칼국수

간판 찾기 어려운 소문난 칼국수

한 끼 식사의 행복 ◉◉◉◉◉ | **전화** 02 764 7947 | **Since** 1982

한줄평 예스럽고 고급스러운 한옥 가정집에서 맛보는 구수하고 부드러운 맛

혜화동로터리에서 성북동 방향으로 70m 더 가면 오른쪽으로 '손칼국수'라는 작은 간판이 보인다. 칼국수 맛집에서 빼놓을 수 없는 가게. 골목에 숨어 있는 가정집이라 잘 찾아야 한다. 평안남도 박천 출신인 할머니가 개업한 식당인데 마니아들 사이에선 꼭 가봐야 하는 칼국수 명가로 꼽힌다. 유명한 칼국숫집이 많다는 혜화동, 성북동의 이름을 실감하게 하는 곳이다.

그리 크지 않은 사발에 나오는 잘 끓인 사골과 양지 국물이 깊은 맛을 낸다. 가게에서 손으로 반죽해 칼로 자른 면발은 부드럽게 잘 삶아져 나온다. 육수와 잘 맞는다는 느낌을 주는 조합이다. 고명은 잘게 썬 고기 약간과 파뿐이며 반찬도 김치와 무생채뿐이다. 한옥 가정집 분위기와 어울리는 상차림이다. 생선전도 좋고, 특히 소의 간으로 만든 간전을 즐길 수 있다. 수육은 미리 주문해야 한다.

주소 서울시 종로구 혜화로 10-5
찾아가기 지하철 4호선 혜화역 4번 출구에서 6분 거리
가격 칼국수 8,000원, 생선전 16,000원, 간전 16,000원

연희동 칼국수

연희동 식당가의 대표 주자

한 끼 식사의 행복 ⬭⬭⬭⬭⬭ | **전화** 02 333 3955 | **Since** 1988
한줄평 깊은 맛의 육수와 통통한 면발로 칼국수 명가임을 증명하는 집

동교동삼거리에서 연희삼거리 쪽으로 20분 정도 거리에 있는 칼국수 명가. 걸으면서 연희동 분위기를 느껴보는 것도 좋다. 연희동이란 이름은 연세대학교가 있는 연희궁터에서 유래했는데 1970년대 초부터 주택가로 개발된 동네다. '연희동 칼국수'는 1988년에 문을 연 칼국숫집으로 연희동 맛집거리의 대표 격. 3층집으로 칼국숫집 중에서는 큰 편이다.

뽀얀 사골 국물이 깊고 진한 맛을 낸다. 기계로 뽑는 통통하고 쫄깃한 면에 파, 당근채만 얹어 나온다. 외모는 심심하나 맛은 깊다. 두툼한 도자기 그릇에 담겨 나와 따뜻하게 먹을 수 있다. 백김치와 고춧가루가 많으나 그리 맵지 않은 약간 익은 겉절이김치를 곁들이면 별미. '보통/대'로 구분해 시킬 수 있다. 공깃밥을 따로 팔며 수육도 이름난 집이다. 점심때는 줄이 길지만 회전은 빠르다. 가게 앞 주차장이 상당히 크고 대리 주차도 해준다. 강남역 9번 출구에 지점이 있다.

주소　　　서울시 서대문구 연희맛로 37
찾아가기　지하철 2호선, 경의중앙선 홍대입구역 3번 출구에서 1.3km
가격　　　칼국수 9,000원, 수육 25,000원

칼국수에 끌림

끌리는 신예 칼국숫집

한 끼 식사의 행복 😋😋😋😋 | **전화** 010 2334 5575 | **Since** 2018
한줄평 해물 육수의 정갈한 맛, 손맛 나는 면의 식감에 끌리는 경험

종로1가 르메이에르종로타운 지하 1층에 있는 젊은 셰프가 개업한 신예 칼국숫집. 작고 구석에 숨어 있어서 갈 때마다 헤맨 끝에 찾는다. 개업한 지 얼마 되지 않았는데도 칼국수 마니아들은 어떻게 알고 용케도 찾아온다. 가게 안에는 일자로 된 긴 테이블 하나밖에 없다. 혼밥용 테이블만 있는 셈이다. 줄을 서도 미리 주문받아 오래 기다리지 않아도 된다.

메뉴는 손칼국수, 비빔칼국수, 수제비, 왕만두 등. 칼국수에는 매일 북어 등으로 끓여낸 해물 육수와 가게에서 직접 손으로 반죽하고 칼로 썬 면을 사용한다. 이름대로 손칼국수다. 맑은 국물에 드문드문 북어가 들어가 있고 고명도 약간의 김 가루와 호박뿐이다. 국물이 맑고 시원하다. 면발은 굵고 쫄깃하다. 큰 대접에 꽉 찬 칼국수가 나와 놀란다. 필자는 주문할 때 양을 줄여달라고 부탁한다. 가격도 착하다. 테이블에는 겉절이김치와 양념장이 비치되어 있다.

주소   서울시 종로구 종로 19
찾아가기   지하철 5호선 광화문역 4번 출구, 1호선 종각역 1번 출구에서 3분 거리
가격   손칼국수 6,000원, 비빔칼국수·수제비 6,500원, 왕만두 3,500원

[본점] 명동교자

명동 칼국수의 원조

한 끼 식사의 행복 ⊖⊖⊖⊖⊖ | **전화** 02 776 5348 | **Since** 1966
한줄평 진한 닭 육수와 부드러운 면발로 세계화된 칼국수 맛을 선보인다

명동성당 옆 골목에 자리 잡은 칼국수 명가. 명동 본점과 분점, 이태원 직영점이 있는 원조급 칼국숫집. 예전 이름은 '명동칼국수'다. 사람들이 칼국수를 생각하면 제일 떠오르는 집일 것이다.

칼국수는 대접에 면과 함께 얇게 빚은 만두, 볶은 닭고기, 익힌 채소가 함께 나온다. 닭고기로 육수를 내고 고명으로도 올리는 것이 이 집의 특색이다. 칼국수에 얹어 나오는 세모꼴의 만두는 '변씨卞氏만두'라고 하는 전통 만두의 하나다. 면은 대단히 부드러워 술술 넘어가며 구수한 국물은 바로 마셔도 될 정도로 따끈하게 나온다. 외국인들 입맛을 많이 고려했다는 등 평은 갈리지만 매력 있는 칼국수다. 김치도 일품이다. 고춧가루와 마늘 등 양념을 듬뿍 넣은 매콤한 김치를 아주머니들이 다니면서 채워준다. 입이 얼얼하지만 중독성 있다. 면사리도 리필되고 밥은 주문하면 무료로 준다.

주소 　　서울시 중구 명동10길 29
찾아가기 　지하철 4호선 명동역 8번 출구에서 3분 거리
가격 　　칼국수·비빔국수·콩국수 9,000원, 만두 10,000원

한 끼 식사의 행복 ❿

한국인의
서민 메뉴
우동

[을지로 동경우동]

[동문우동]

[4.5평 우동집]

우동의 기원은 중국이라고 한다. 여러 설이 있으나 헤이안시대(794~1185)인 806년 당나라에서 유학하던 일본인 승려에 의해 일본에 전해졌다고 한다. 이때 밀가루 국수 만드는 법이 일본으로 들어와 사누키우동의 시초가 되었다. 사누키는 지금도 일본에서 가장 유명한 우동의 고장이다. 에도시대(1603~1867)에는 우동, 소바 등 면 요리를 전문으로 하는 가게가 생겨났으며 메이지시대(1868~1912)에는 서민 음식으로 대중화되었다. 지역마다 다양한 재료, 조리 방법 등 특색 있는 우동이 발달하면서 일본인이 사랑하는 대표적인 서민 메뉴로 자리 잡았다. 일본으로 우동 여행을 가는 사람들도 있을 정도로 지금은 세계적인 음식이 되었다.

우리나라에는 임진왜란 이후 들어오기 시작했으나 근대화 시기를 거쳐 6·25 이후 밀가루가 대량으로 공급되면서 서민 식단이 되었다.

서민들의 한 끼 식사의 공간인 '포장마차' 하면 빼놓을 수 없는 메뉴가 우동이다. '추운 날'이면 '따끈한 우동'이 떠오를 정도로 우리에게 친숙한 음식이다. 우동은 요리하기가 그리 복잡하지 않아 집에서도 쉽게 해 먹을 수 있다. 국물용 멸치와 우동 면 정도만 준비하면 된다. 국물용 멸치는 머리, 내장을 제거하고 냄비에 넣고 끓인다. 간장, 소금, 맛술 등으로 간을 하고 다시마가 있으면 작게 한 장 넣으면 좋다. 멸치 국물이 우러나면 멸치는 건져내고 우동 면을 넣어 끓이면 완성. 일본식 우동은 가다랑어를 삶아 훈연해서 곰팡이를 피워 가공한 가쓰오부시를 사용해 국물을 내지만 우리 식은 멸치를 많이 쓴다. 계란, 쑥갓 등 고명은 입맛대로 올리면 된다.

우동은 포장마차마다 있고 분식집 등 일반 가게에서도 쉽게 찾을 수 있는 메뉴다. 우동 맛이 거기서 거기라는 사람들도 있지만, 그래도 많은 사람들이 찾고 있는 한국형 우동집을 소개한다.

을지로3가에 자리 잡은 '동경우동'은 30년 이상 자리를 지켜온 한국형 우동집이다. 작지만 싸고, 맛있고, 단골이 많은 식당이다. 언뜻 보면 별로 특별하지 않을 것 같아 보이는 우동이나 국물, 면발 모두 중독성이 있다. 줄을 서야 하는 비좁은 식당이지만 나름대로 정겨운 가게다. 이촌동에는 내공 있는 우동 전문점 '동문우동'이 있다. 테이블이 몇 개 없는 자그마한 가게이지만 우동 마니아들의 사랑을 받고 있다. 가끼우동, 유부우동, 튀김우동, 냄비우동, 돌냄비우동 등 나름대로 특색이 있는 우리식 우동을 파는 집인데 정성이 듬뿍 담겨 있다.

익선동에는 '4.5평 우동집'이라는 재미있는 이름의 우동 가게가 있다. 개업한 지 10년밖에 되지 않았으나 밀가루, 천일염, 정수물 세 가지만 써서 면을 만드는 집으로 기본에 충실한 우동이라는 평을 받고 있다. 대표 메뉴인 유부우동은 평범해 보이나 맛은 결코 평범하지 않다.

[을지로] 동경우동

가성비가 놀라운 우동 맛집

한 끼 식사의 행복 🍜🍜🍜🍜 | **전화** 02 2274 3440 | **Since** 1986
한줄평 진한 국물과 도톰하고 쫄깃한 면발의 우리 식 우동의 전형

을지로3가에 있는 우동 맛집. 작지만 대로변에 있고 간판이 커서 찾기 쉽다. 30년 넘게 이 자리에서 영업해온 노포다. 식사 시간대에는 줄을 길게 서지만 회전이 빨라 기다릴 만하다. 10여 명 정도 들어갈 만한 내부에 바 형태로 된 자리가 있어 혼밥을 즐기기에도 좋은 집. 가격이 매우 착하고 가성비가 좋은 박리다매 식당의 전형이다.
우동, 유부우동, 오뎅우동, 튀김우동, 카레우동 등 우동류가 주메뉴. 우동을 시키면 사발에 나오는데 국물이 진하면서도 깔끔하고 시원하다. 오뎅우동에는 각종 어묵, 곤약, 맛살, 계란, 튀김 부스러기(텐카스), 파 등이 가득 얹혀 나온다. 기계면을 가져다 쓰지만 면발이 도톰하고 탄력이 있어 무난한 맛이다. 오뎅백반과 예전 엄마가 해주시던 맛이 나는 카레라이스도 한다. 이름은 동경이지만 한국형 우동의 전형이다. 깍두기, 오이장아찌, 단무지가 모든 메뉴에 반찬으로 제공된다.

주소 서울시 중구 충무로 48
찾아가기 지하철 2, 3호선 을지로3가역 8번 출구 앞
가격 우동 4,000원, 유부우동·오뎅우동 4,500원, 오뎅백반·카레라이스 5,000원

동문우동

이촌동 한국형 우동 맛집

한 끼 식사의 행복 🍜🍜🍜🍜🍜 | **전화** 02 798 6895 | **Since** 1980년대
한줄평 진한 국물, 통통한 면발 그리고 아삭한 튀김 부스러기의 조화

이촌동 점보아파트 상가에 위치한 우동 전문점. 1980년대 초 개업한 역사 있는 집으로 이촌동 사람들은 다 아는 집이며 외지 손님도 많이 찾는다. 작은 가게로 1인석 외에 테이블은 3개뿐이다. 우동 메뉴는 가끼우동(가케우동: 국물에 말아 먹는 우동), 유부우동, 튀김우동, 냄비우동, 돌냄비우동 등이며 유부초밥, 김밥을 곁들여 판다. 가끼우동에는 쑥갓과 튀김 부스러기를 얹어준다. 튀김 부스러기를 국물과 함께 먹으면 귀족적인 맛이 난다. 양은 냄비에 나오는 냄비우동은 오뎅, 유부, 맛살 그리고 반숙 계란이 아래에 들어가 있는 푸짐한 모습이다. 추억의 냄비우동이다. 따끈한 국물 맛은 간이 무난하고 달기도 적당한 옛날에 먹던 우동 국물 같은 느낌이다. 잘라서 둔 조미김을 듬뿍 뿌리면 좋다. 돌냄비우동에는 굴이 추가로 들어가 더 시원하다. 이 집도 일본식 우동이라기보다 우리 식 우동의 맛이다. 정성이 담긴 요리라는 느낌이 나고 가격도 저렴해 먹고 나면 다시 생각나는 집이다.

주소 서울시 용산구 이촌로88길 3
찾아가기 지하철 4호선 이촌역 3-1번 출구에서 9분 거리
가격 가끼우동 6,000원, 유부우동 6,500원, 냄비우동 7,500원

4.5평 우동집

기본에 충실한 익선동 우동집

한 끼 식사의 행복 ☺☺☺☺ | **전화** 02 745 5051 | **Since** 2010
한줄평 깔끔한 멸치 육수와 탄력 있는 자가 반죽 면발의 건강한 우동

종로3가 종묘 길 건너 익선동 골목길에 있는 아담하고 작은 우동 가게. 부암동에서 가게를 하다 이사 와 넓어졌지만 지금도 좌석이 20여 개 정도에 불과하다. 맛집으로 소문나면서 영업 시간 중에는 대체로 줄이 이어진다. 우동 메뉴는 유부, 오뎅, 자루, 파, 카레, 냉우동 등이며 밀가루, 천일염, 정수물 세 가지만 써서 건강하고 맛 좋은 면을 직접 만든다. 기본 메뉴인 유부우동을 시키면 이 가게 전용의 하얀 사발에 담겨 나오는데 평범하게 유부, 플레이크, 김 가루, 파만 올려져 있다. 그러나 맛은 평범하지 않다. 탱탱하고 탄력 있는 면발이 훌륭하고 깔끔한 맛을 내는 멸치 육수와도 잘 어우러진다. 기본에 충실하다는 설명에 어울리는 집이다. 어묵을 듬뿍 넣어주는 오뎅우동을 비롯해 다양한 우동 메뉴도 차례로 먹어볼 만하다. 연어덮밥, 카레라이스, 유부초밥 등도 인기다. '맛계란'은 완숙과 반숙의 중간쯤으로 계란을 삶고 간장에 조려내는데 비주얼도 먹음직스러운 데다 맛도 훌륭하다.

주소 서울시 종로구 삼일대로30길 46
찾아가기 지하철 1, 3, 5호선 종로3가역 6번 출구에서 3분 거리
가격 유부우동 5,000원, 파우동 5,500원, 오뎅우동 7,000원

한 끼 식사의 행복

⑪

해외에서 가장 그리운 메뉴 김치찌개

[한옥집] [광화문집]

[장호왕곱창] [한국관]

[은주정] [솔]

김치는 한국인의 고유 음식을 넘어 말 그대로 소울푸드다. 사계절이 뚜렷한 우리나라에서는 채소를 장기 보관 하기 위해 소금물에 담그고 이를 침채沈菜라고 했다. 이것이 발음상 '딤채'가 되었고 이후 '짐치', '김치'로 변화한 것으로 보고 있다. 김치는 계절, 재료, 방식 등에 따라 종류가 대단히 다양하다. 통배추김치, 보쌈김치, 섞박지, 동치미, 나박김치, 깍두기, 오이김치, 총각김치, 열무김치, 파김치, 갓김치, 얼갈이김치, 부추김치, 백김치 등등… 200여 가지에 달한다.

이렇게 다양한 종류에도 불구하고 부식의 위치에 머물던 김치는 김치찌개로 변신하는 순간 메인 메뉴가 된다. 해외에 나가면 가장 그리운 우리 음식, 언제 어디서나 한국인이 떠올리는 대표 식사 메뉴가 바로 김치찌개다. 김치찌개는 무엇보다 만들기 쉽다는 것이 큰 장점이다. 김치와 몇 가지 재료만 있으면 누구나 간단하게 조리할 수 있다. 먼저 김치와 돼지고기 등을 냄비에 볶다가 물을 붓고 두부, 된장 또는 고추장, 파, 마늘, 고추 등을 적당히 넣어 끓이면 완성이다. 막 결혼한 신혼부부들에게 자신 있는 메뉴가 뭐라고 물으면 서슴지 않고 김치찌개라고 대답한다. 캠핑, 등산 등 야외에서 남자들이 큰소리치며 도전하는 요리도 역시 김치찌개다.

김치찌개는 이제 외식 메뉴로도 대중화되었는데, 맛집 또한 곳곳에 즐비하다. 광화문 사거리 포시즌스호텔 뒷골목에 '광화문집'이란 작은 김치찌갯집이 있다. 1980년대 초 개업한 가게 옛 모습 그대로인 동네 식당이다. 1층에 작은 테이블 다섯 개, 2층에 테이블 세 개가 전부로, 인근 직장인들만으로도 꽉 차는데 사방에서 손님이 몰리다 보니 항상 붐빈다. 국물이 칼칼하고 깊은 맛이 난다. 김치찌개와 짝을 이루는 계란말이도 푸짐하고, 저녁때 술을 마시러 오는 손님도 꽤 있다. 단점이라면 방송에 나온 후 자리 잡기가 어려워졌다는 점이다.

서소문 호암아트홀 건너편에는 40년 된 '장호왕곱창'이란 집이 있다. 이름과 달리 김치찌개로 유명하다. 옛날 풍의 둥그런 양철 테이블에서 김치와 돼지고기를 넉넉히 넣고 센 불에 끓여주는 김치찌개다. 점심때는 해장 손님, 저녁때는 곱창구이 손님도 많다. 이 작은 집이 1년에 무려 10톤의 김치를 소비한단다. 그래서 분점 내는 것도 포기했다.

시청역 더플라자호텔 뒤 남대문시장 쪽 골목에 '한국관'이란 김치찌개 전문집이 있다. 큰 냄비에 김치, 돼지고기, 두부, 라면 사리 등을 푸짐하게 넣고 즉석에서 끓여 입맛을 돋우는 집이다. 밥은 즉석 솥밥으로, 남은 누룽지로는 숭늉을 끓여 먹는다. 착한 가격과 훌륭한 밥맛으로 점심때는 줄이 길다. 서대문사거리 부근의 '한옥집'은 묵은지로 김치찌개와 김치찜을 해주는데 돼지고기와 최고의 궁합을 선보인다. 김치찜은 우리나라에서 최초로 상품화했다. 을지로 방산시장에 있는 '은주정'은 특이하게 '쌈 싸 먹는 김치찌개'를 한다. 푸짐하게 들어가 있는 돼지고기와 김치를 건져 쌈에 싸 먹으면 별미다. 각종 쌈 채소를 풍성하게 준다. 여의도 김치찌개의 역사 '솔'에서는 낮에만 점심으로 독특한 김치찌개를 한다. 잘 끓여서 직접 서빙해주고 나중에 수제비도 넣어준다. 그리 맵지 않고 부드러운 스타일로 맛깔스럽다. 이 외에도 명품 김치찌개를 자랑하는 집들은 곳곳에 있어 일일이 손으로 꼽을 수 없을 정도다.

여하튼 즐겨 찾는 사람도 많고, 꽤 잘하는 음식점도 많고, 자신 있게 요리할 수 있다고 하는 사람도 많은 것이 김치찌개다. 집에서 담근 지 오래되어 시어져서 인기가 떨어진 김치에 돼지고기, 두부, 양념 등을 듬뿍 넣고 팔팔 끓여 계란말이를 곁들여 가족들과 오붓하게 한 끼를 같이 해보자. 필자는 해외에서 돌아오면 첫 번째로 집에서 먹는 메뉴가 김치찌개다.

한옥집

서대문 김치찌개·김치찜 명가

한 끼 식사의 행복 ◉◉◉◉◉ | **전화** 02 362 8653 | **Since** 2002
한줄평 잘 숙성된 묵은지와 푸짐한 돼지고기가 이루는 앙상블

서대문사거리 골목 안에 있는 김치찌개·김치찜 전문점. 이름대로 옛날 한옥집을 개조해서 옛 맛이 남아 있는 꽤 큰 집이었는데 얼마 전 18년 만에 임대료 부담으로 인근 작은 건물 1층으로 이전했다.
메뉴는 김치찜, 김치찌개 두 가지에 떡갈비, 등뼈찜, 달걀말이 등 추가 메뉴가 있다. 우리나라 최초로 김치찜을 상품화하기도 했다. 김치찜을 시키면 자르지 않은 묵은지 포기김치와 푸짐한 돼지고기 사태가 덩이로 나온다. 김치는 푹 물러서 입에 넣으면 녹으며 고기도 푹 삶아져 부드럽다. 찜고기는 따로 추가해 먹을 수 있다. 김치찌개에는 묵은지와 큼직하게 썬 돼지고기가 푸짐하게 들어가며 국물은 매콤하고 깊은 맛을 자랑한다. 라면 사리는 무료로 준다. 두 사람이 가면 찌개 하나, 찜 하나 시켜 나눠 먹는 것도 좋다. 흰 밥에 어묵볶음, 잡채, 김 등 반찬과 콩나물국 등이 계절에 따라 나온다. 따로 시키는 치즈가 들어간 달걀말이도 푸짐하고 괜찮다.

주소 서울시 서대문구 통일로9길 12
찾아가기 지하철 5호선 서대문역 2번 출구에서 3분 거리
가격 김치찜·김치찌개 8,500원, 달걀말이 8,500원

장호왕곱창

직장인들의 작은 행복공작소

한 끼 식사의 행복 🍚🍚🍚🍚 | **전화** 02 756 5070 | **Since** 1980
한줄평 잘 익은 묵은 김치와 푸짐한 돼지고기가 만들어낸 구수하고 칼칼한 맛

서소문 호암아트홀 맞은편 순화동에 있는 허름하지만 맛과 역사를 자랑하는 김치찌갯집. '곱창'이라는 상호와 달리 식사 메뉴인 김치찌개로 더 유명하다. 둥근 스테인리스 테이블이 있는 옛날 식당이다. 구수하고 칼칼한 맛의 김치찌개가 일품. 세월이 느껴지는 오래된 냄비에 묵은지와 푸짐한 돼지고기, 두부 등을 넣어 즉석에서 센 불에 끓여준다. 센 불에 끓여서인지 돼지고기에 육수가 잘 배어 맛깔나다. 묵은지여서 국물도 깊은 맛이다. 라면 사리 추가도 뺄 수 없는 코스다. 흑미밥에 반찬은 김치, 콩나물, 단무지 등 단출하다. 주문하면 돼지고기를 추가할 수 있다.

소내장 부위 삶은 것을 '짤라'라 하는데, 내장 고기 냄새가 좀 나지만 식감이 좋아 안주로 찾는 사람들이 많다. 손님들이 서로 몸이 맞닿으면서 곱창을 구워 먹는 풍경이 연출되는 집이다.

주소　　서울시 중구 서소문로 83
찾아가기　지하철 1, 2호선 시청역 10번 출구에서 5분 거리
가격　　김치찌개 8,000원, 짤라 10,000원

은주정

쌈과 곁들이는 시장통 김치찌개

한 끼 식사의 행복 ☺☺☺☺☺ | **전화** 02 2265 4669 | **Since** 1986
한줄평 진한 풍미의 칼칼한 국물과 쌈을 싸 먹는 돼지고기의 콜라보

주교동 방산시장 골목길에 자리 잡은 김치찌개 전문점. 주변 상인들과 직장인들, 또 입소문을 듣고 찾아온 손님들로 항상 붐빈다. 점심때 가면 사람들이 넘쳐나 은행 점포처럼 순서표를 뽑아야 한다. 혼밥 하려면 덜 붐비는 1시 30분 이후에 오라는 안내문이 있다.

단일 메뉴인데 점심은 '쌈 싸 먹는 김치찌개', 저녁은 '삼겹살&김치찌개' 하나뿐이다. 자리에 앉으면 인원수에 맞는 냄비에 육수, 김치, 돼지고기, 두부, 양파, 파 등을 담아 가스 불 위에 얹어준다. 흑미밥은 대접에 담아 나오며 깻잎된장절임, 고추절임, 멸치볶음 등 간단한 반찬이 곁들여 나온다. 또 싱싱한 여러 종류의 쌈 채소를 넉넉하게 준다. 김치찌개는 아주머니가 오며 가며 냄비 뚜껑을 열고 알아서 끓여준다. 촐싹대면 초보 손님이다. 진한 풍미의 칼칼한 국물 맛이 기다리고 있다. 찌개에 큼직한 돼지고기가 푸짐하게 들어 있어 쌈으로 싸서 먹기 좋다.

주소 　서울시 중구 창경궁로8길 32
찾아가기 　지하철 2, 5호선 을지로4가역 4번 출구에서 3분 거리
가격 　쌈 싸 먹는 김치찌개 8,000원, 삼겹살&김치찌개 12,000원

광화문집

마니아만 가는 김치찌갯집

한 끼 식사의 행복 🍚🍚🍚🍚🍚 | **전화** 02 739 7737 | **Since** 1977
한줄평 묵은 김치, 돼지고기, 두부만의 심플한 김치찌개로 칼칼하고 깊은 맛을 자랑

광화문 포시즌즈호텔 뒤 골목 안에 숨어 있는 작은 김치찌갯집. 40여 년 전 개업 후 한 번도 안 고친 느낌이다. 1층에 테이블 다섯 개, 간이 2층에 앉는 테이블 세 개가 전부. 2층에 가려면 좁고 가파른 계단을 올라가야 한다. 1970~80년대 동네 식당 모습을 그대로 간직한 보기 드문 복고풍 식당으로 부근 직장인들의 오랜 집밥 아지트다.

식사 메뉴는 '돼지김치찌개' 한 가지. 공깃밥은 따로 시켜야 한다. 김치찌개 맛은 오래전부터 근처 직장인들 사이에 입소문이 났다. 찌개는 부엌에서 한번 끓여 나와 가스 불 켜고 국물을 좀 졸여 먹으면 좋다. 칼칼하지만 깊은 맛이 나는 국물, 식감이 살아 있는 묵은 김치와 돼지목살, 두부 등이 조화를 잘 이룬다. 밑반찬은 배추김치, 물김치, 콩나물, 고추절임 등 그때그때 바뀌가며 나온다. 일단 먹어봐야 하는 집. 계란말이는 거의 무조건 주문해야 하는 분위기인데 맛도 있고 양도 푸짐하다.

주소 서울시 종로구 새문안로5길 12
찾아가기 지하철 5호선 광화문역 8번 출구에서 1분 거리
가격 돼지김치찌개 7,000원, 제육볶음 10,000원, 계란말이 5,000원

한국관

밥맛 지존의 김치찌갯집

한 끼 식사의 행복 😀😀😀😀 | **전화** 02 771 8280 | **Since** 1980년대
한줄평 새콤하고 매콤한 김치찌개와 즉석 돌솥밥이 만나는 집

시청 건너편 북창동에 있는 오랜 역사의 김치찌갯집. 2010년경부터 30년 경력이라고 간판에서 소개했다.

식사 메뉴는 김치찌개 한 가지로 기본은 돼지고기가 들어가며 참치, 꽁치, 부대, 쭈꾸미 등 돼지고기 대신 들어가는 재료에 따라 이름을 달리한다. 큰 냄비에 돼지고기, 두부, 양파, 라면 사리 등 재료를 그대로 담아 즉석에서 센 불에 끓여 입맛을 돋운다. 돼지고기 앞다리살은 비계도 적당하고 탄력이 있어 식감이 좋고 국물과도 잘 어울린다. 국물은 새콤하고 매콤한 맛으로 밥도둑이다. 바로 지은 돌솥밥을 같이 주는데 일품 밥맛이다. 굽지 않은 김으로 싸서 먹으면 맛이 배가 된다. 밥을 먼저 덜고 물을 부어 누룽지까지 먹으면 완성. 밥을 남기는 사람이 거의 없다. 반찬은 김, 김치, 콩나물무침, 마늘쫑무침, 무생채 등이 나온다. 착한 가격과 훌륭한 밥맛으로 점심때는 인근 직장인들로 줄이 길다. 24시간 영업한다.

주소 서울시 중구 남대문로1길 51
찾아가기 지하철 1, 2호선 시청역 7번 출구에서 2분 거리
가격 김치찌개 8,000원, 부대·참치·쭈꾸미·꽁치김치찌개 8,000원

여의도 김치찌개의 역사

한 끼 식사의 행복 ◠◠◠◠◠ | **전화** 02 783 5568 | **Since** 1983
한줄평 직접 담근 김치로 끓여내는 부드럽고 깊은 맛의 찌개와 계란찜의 정성

여의도 KBS 별관 뒤쪽 동북빌딩 2층에 자리 잡은 작은 김치찌갯집. 필자가 여의도에서 근무하던 1990년대 말부터 다니던 식당인데 김치찌개 하면 생각나는 곳이다. 여의도 직장인들의 숨겨진 맛집이다. 원래 저녁에는 아담한 주점으로 영업하는 가게인데 점심에만 김치찌개를 한다. 룸 하나에 테이블이 네 개밖에 없고 예약한 손님만 받는다(예약은 3인 이상).

메뉴는 김치찌개 한 가지. '보통'과 돼지고기가 더 들어간 '특'이 있다. 여럿이 가도 한 냄비에 끓여 나오는데 테이블에서 더 끓여 나눠준다. 직접 담근 잘 익은 김치, 돼지고기, 두부 등을 푸짐하게 넣고 맛깔나게 끓인 김치찌개로 자극적이지 않고 부드러운 맛이다. 찌개를 먹고 나면 수제비를 넣어주는데 이 또한 별미다. 흑미밥에 반찬은 푸짐한 계란찜, 파김치, 무생채, 구운 생김이 나온다. 디저트로 과일까지 챙겨주는 집이다.

주소 서울시 영등포구 국제금융로8길 27-9
찾아가기 지하철 9호선 샛강역 1번 출구에서 4분 거리
가격 김치찌개 10,000원, (특) 12,000원

한 끼 식사의 행복
⑫

국가대표
홈메뉴
된장찌개

[뚝배기집]   [또순이네]

[너도나도식당]   [삼경원]

된장은 예로부터 우리의 식생활과 건강을 지켜온 한민족 대표 식품이다. 만주 지역의 부여가 콩의 명산지였고, 삼국시대 이후 우리나라 전역에서 광범위하게 콩을 재배하게 되면서 콩을 발효시켜 된장이라는 위대한 식품을 발명했다. 이렇게 오랫동안 된장은 우리 밥상을 지켜왔고, 예전에는 한국 가정 어디나 설날이 지나면 장과 된장을 담그는 것이 연중 큰 행사였다. 먼저 콩으로 메주를 쑤어 말린 후 장독에 소금물을 붓고 메주를 담가 1~2개월 발효시킨 다음 국물로는 간장을, 남은 건더기에는 소금을 넣어 된장을 만든다.

된장으로 만든 음식은 뭐니 뭐니 해도 '된장찌개'다. 주부는 물론이고 등산, 캠핑, 낚시 등을 하러 밖에 나가 끼니를 장만해본 사람은 누구나 된장찌개 정도는 끓여봤을 것이고, 또 어느 정도 조리에 자신이 있다고 뽐내는 사람도 적지 않다. 된장, 애호박, 감자, 두부, 양파, 풋고추 등을 기본 재료로 하고 계절과 입맛에 따라 각종 채소, 해산물, 육류를 다양하게 넣는다. 조리 방법은 뚝배기에 물을 붓고 준비된 재료를 넣은 후 된장을 풀어 끓이기만 하면 끝이다. 물론 맛을 더하는 레시피도 있지만, 된장만 있으면 집집마다 개성 있게 즐길 수 있는 말 그대로 국민 메뉴다.

된장찌개는 가정의 대표 식사 메뉴인 만큼 저렴한 가격에 맛있는 된장찌개를 내놓는 식당 또한 많다.

종로2가 탑골공원 건너편 골목 안에 '뚝배기집'이란 곳이 있다. 테이블이 몇 개 되지 않는 오래되고 작은 집이지만, 가게 밖에서 기다리는 줄이 길고 작은 유리창 너머의 가게 안 입구에서 치솟는 푸른 가스 불에 여러 개의 뚝배기 찌개가 펄펄 끓고 있는 다이내믹한 분위기가 인상적이다. '우렁된장'을 시키면 뚝배기에 우렁을 푸짐하게 넣은 구수한 된장찌개가 보글보글 끓으며 나온다. 양푼 밥에 된장찌개와 함께 나오는 나물과 열무김치 등을 넣고 테이블에 준비된 고추장 양념과 참기름을 섞어 비벼 먹으면 환상적이다. 또 종로1가 르메이에르종로타운 지하에는 '삼경원'이라는 오래된 가게가 있다. 삼경원三驚苑은 '세 번 놀라는 집'이라는 뜻인데 가게가 허름해서 놀라고, 손님의 면면이 예사롭지 않아 놀라고, 술값이 싸서 놀란다는 의미로 손님들이 지어준 이름이라 한다. 이 집은 옛날 피맛골 시절부터 유명했던 식당으로 당대의 문인이면 한 번은 거쳐 갔다고 한다. 인근 지역의 재개발 후 이곳 자그마한 가게로 이사해 영업하고 있다. 대표 메뉴는 된장찌개. 심심하게 끓인 된장이지만 청양고추로 매콤한 맛을 낸다. 오징어를 많이 넣고 시원하게 끓여낸다. 냄비 밥과 구운 김, 맛깔난 반찬으로 푸짐하게 한 상을 차려 준다.

양평동에는 1980년에 문을 연 '너도나도식당'이 있다. 예산과 홍천 출신인 주인 부부가 직접 담근 된장으로 우렁된장찌개를 끓인다. 양푼에 담아 주는 흑미밥에 상추절임, 콩나물, 김치 등을 된장과 함께 비벼 먹는 맛이 특별하다. 구수한 시골풍의 된장찌개 맛 때문에 점심시간 끝날 때쯤 가도 줄이 길다.

삼각지에는 차돌박이 전문점 '봉산집'이 있다. 이 집은 황해도 봉산 출신 사장 부부가 50년 이상 경영해왔는데 이제 손주까지 일하고 아들과 사위는 분점도 열었다. 풋고추와 파로 무장한 간장 양념에 찍어 먹는 차돌구이가 일품이지만 식사로 먹는 '차돌막장찌개'가 이 집의 자랑이자 전통이다. 주인 할머니가 비법으로 담가 건물 옥상에 보관한 막장이 일품이다. 아쉬운 것은 찌개만 따로 팔지 않는다는 점. 차돌박이를 먹으면 차돌찌개는 2인분에 8,000원으로 싸게 먹을 수 있다.

맛과 영양이 완벽하게 어우러지는 메뉴인 된장찌개, 한국인이 일생 가장 많이 먹는 음식이 아닐까.

뚝배기집

맛, 가성비 최고의 된장찌개

한 끼 식사의 행복 🍚🍚🍚🍚🍚 | **전화** 02 2265 5744 | **Since** 1988
한줄평 양푼 밥에 슴슴하고 구수한 된장찌개와 열무김치를 비벼 먹는 그 맛

탑골공원 건너편 골목길에 자리 잡은 싸고 맛있는 식당으로 소문난 집. 근처 직장인, 학생뿐만 아니라 일반 손님도 많이 찾는다. 가게 입구 불판에 뚝배기 그릇 20여 개가 끓고 있는데 그 모습이 장관이다. 점심시간에는 무조건 긴 줄을 선다. 합석은 기본. 누구도 불평하지 않는다. 가격표, 나무 식탁, 나무 의자 등 식당 분위기는 타임머신을 타고 옛 시절로 돌아간 듯한 착각이 일 정도다. 너무 착한 가격 때문에 손님이 오히려 걱정될 정도로 양질의 음식을 제공한다.

메뉴는 우렁된장, 된장찌개, 순두부찌개, 김치찌개 네 가지로 우렁된장을 많이 시킨다. 식탁에는 고추장과 무채가 세팅되어 있고 주문과 동시에 콩나물과 밥을 담은 양푼과 함께 풋고추, 오이무침, 열무김치, 애호박무침이 차려진다. 된장찌개가 나오면 고추장과 무채 등을 고루 넣어 비벼 먹으면 일품요리다. 우렁된장에는 우렁이 많이 들어 있고 된장찌개에는 수란 형태로 계란이 들어 있어 비벼 먹기 최고다.

주소 서울시 종로구 종로16길 12
찾아가기 지하철 1, 3, 5호선 종로3가역 15번 출구에서 5분 거리
가격 우렁된장 6,000원, 된장찌개·순두부찌개 5,500원, 김치찌개 6,000원

너도나도식당

40년 전통의 된장찌개 맛집

한 끼 식사의 행복 🍚🍚🍚🍚🍚 | **전화** 02 2634 5469 | **Since** 1980
한줄평 직접 담근 된장으로 끓여내는 맛깔난 된장찌개와 반찬의 집밥

지하철 9호선 선유도역 2번 출구 바로 앞 신성빌딩 1층에 자리 잡은 양평동의 우렁된장 맛집. 예산, 홍천이 각각 고향인 부부가 1980년에 개업해 40년 된 식당. 식사 메뉴는 우렁된장 한 가지이지만 맛과 역사를 자랑하며, 유명 연예인들이 남긴 사인이 많이 걸려 있다.

우렁된장찌개는 직접 담근 된장에 우렁, 호박, 두부, 조개 등을 넣고 끓인 담백한 맛이다. 양푼에 흑미밥을 담아 주는데 반찬으로 나오는 콩나물, 상추, 시래기 등을 무친 나물을 넣고 된장과 함께 비벼 먹으면 웰빙 한 끼 식사가 된다. 고등어조림, 동치미, 어묵볶음 등 반찬도 밥상을 풍요롭게 한다. 밥도 리필해주고 가성비도 좋다. 집밥을 선호하는 사람들에게는 최고의 선택.

작은 공간이기는 해도 2층에도 좌석이 있다. 점심때는 기다려서 먹어야 한다. 직접 장을 담가서 된장은 찌개용으로 모두 사용하고, 조선간장은 병에 담아 따로 판다.

주소   서울시 영등포구 양평로 126
찾아가기 지하철 9호선 선유도역 2번 출구에서 1분 거리
가격   우렁된장 7,000원, 제육볶음·오징어볶음 7,000원

또순이네

양평동 된장찌개 지킴이

한 끼 식사의 행복 ◯◯◯◯◯ | **전화** 02 2672 2255 | **Since** 1988
한줄평 숯불화로 위에서 냉이를 듬뿍 넣고 끓여 먹는 진하고 푸짐한 된장찌개

양평동 골목 안 빌딩에 자리 잡은 식당. 김제 출신 여사장이 30여 년째 운영하고 있는 주물럭 고기구이 가게로, 점심때 한정하여 저렴하게 된장찌개를 하는데 바로 이 찌개로 더 유명해졌다.

된장찌개를 주문하면 테이블에 센 불의 숯불화로를 갖다 놓고 뚝배기에 끓인 된장찌개를 올려준다. 고깃집인 만큼 된장찌개에는 차돌박이와 자투리 소고기를 듬뿍 넣고 두부, 냉이, 파, 고추 등을 꽉 채워 끓여낸다. 국물 맛이 진하며 양은 많지 않으나 느낌은 푸짐하다. 숯불 위에서 끓여 먹다 물을 더 넣으면 맛을 계속 유지할 수 있다. 국물이 얼큰한 스타일이며 계절에 따라 부추 또는 냉이를 뚝배기에 가득 넣어준다. 큰 밥그릇에 밥을 담아 주어 찌개랑 비벼 먹기 좋다. 밑반찬은 김치, 콩나물무침, 미역채 등 조금씩 바뀌지만 단출하다. 된장은 연천의 농장에서 직접 담가 온다. 물에도 정성이다. 헛개, 둥굴레, 가시오가피 등을 넣고 끓인 물이다. 가격이 착하며 포장 손님도 많다.

주소   서울시 영등포구 선유로47길 16
찾아가기   지하철 9호선 선유도역 5번 출구에서 4분 거리
가격   된장찌개 6,000원

삼경원

세 번 놀란다는 소문난 집

한 끼 식사의 행복 ⬬⬬⬬⬬⬬ | **전화** 02 722 2556 | **Since** 1960년대
한줄평 슴슴하나 매콤하고 시원한 된장찌개로 차려내는 한 끼 밥상

르메이에르종로타운 지하 1층에 있는 테이블이 몇 개뿐인 가게. 세 번 놀란다는 뜻인 '삼경원三驚苑'이라는 상호는 집이 좁아 놀라고, 손님들이 명사라 놀라고, 술값이 싸서 놀란다는 뜻이라고 한다. 피맛골에서 오래전 문을 열었고 30년 전 지금 주인 할머니가 인수해 경영하다 재개발로 이곳으로 이사했다. 시인 등 문인들의 사랑방이었다는 흔적으로 문인들의 사진과 〈나그네〉, 〈서시〉 등의 시, 방문 문인들이 써놓은 재치 있는 글들이 벽에 걸려 있다.

이 집 된장찌개는 자주 먹어도 물리지 않는다. 슴슴하나 청양고추로 매콤한 맛을 냈고 오징어를 듬뿍 넣어 시원한 맛을 더했다. 밥은 냄비밥이라서 호불호가 갈리겠지만 옛날 밥맛이 난다. 간장에 찍어 먹는 구운 김, 어묵볶음, 멸치볶음, 무생채, 콩나물무침, 버섯볶음, 배추김치 등 집밥 느낌의 반찬이 나온다. 계란말이, 파전, 김치전, 감자전, 오징어데침 등 저렴한 안주류도 풍부해 지금도 문인들이 찾고 있다.

주소   서울시 종로구 종로 19
찾아가기 지하철 1호선 종각역 1번 출구, 5호선 광화문역 4번 출구에서 5분 거리
가격   된장찌개·김치찌개 7,000원, 오징어데침·계란말이 10,000원

한 끼 식사의 행복

13

구수한 매력의 청국장찌개

[보성식당] [일미식당]

[사직골] [광주식당]

메주콩을 푹 삶아서 볏짚과 함께 단지에 담아 따뜻한 곳에 두고 2~3일 띄우면 구수한 청국장이 만들어진다. 된장은 많은 과정을 거쳐 몇 개월씩 걸리는 데 비해 청국장은 며칠 내 완성되는 속성 음식이다. 그래서 청국장淸麴醬은 전시에 급히 만들어 먹을 수 있었던 장인 '전국장戰國醬'에서 왔다는 얘기가 있다. 또 청나라에서 왔다는 뜻인 '청국장淸國醬'에서 유래했다 하기도 하고, 담북장이라고 부르는 지방도 있는 등 여러 설이 있다.

어쨌든 청국장은 오랫동안 우리 곁을 지켜온 식품이다. 어릴 때 온돌 아랫목 이불 덮은 단지에서 나던 청국장의 그 깊고도 오묘한 냄새를 기억하는 이들이 많을 것이다. 예로부터 소박한 식재료로서 우리 입맛을 지켜온 청국장은 영양분이 풍부할 뿐 아니라 각종 성인병과 노화 예방에도 효과적이어서 뛰어난 건강식품으로 각광받고 있다.

청국장 요리의 대표는 청국장찌개다. 제조된 청국장을 어디서나 쉽게 살 수 있고 요리 방법도 간단해 어느 가정에서나 손쉽게 즐길 수 있는 메뉴다. 먼저 소고기나 멸치로 육수를 낸 후 청국장과 무, 배추를 넣고 푹 끓인 다음 양파, 두부, 고추, 마늘 등을 더해 한 번 더 끓이면 완성이다.

청국장찌개는 청국장 맛에 따라 확연히 달라지는 특징이 있다. 따라서 잘하는 집이라는 평가가 그 어떤 음식보다 맛보는 이의 식성에 따라 달라진다. 그럼에도 필자의 단골집을 몇 군데 소개한다.

사당동 이수역 부근에 '보성식당'이 있다. 고향이 전남 보성인 주인아주머니가 주방에서 직접 요리를 하는 모습이 옛날 주막을 연상시킨다. 테이블 여섯 개의 조그만 집이지만, 입소문이 나서 청국장 마니아들이 끊이지 않는다. 진한 청국장 맛이 인상적이고 곁들여 나오는 밑반찬도 깔끔하고 맛깔나다.

예전 사직공원 옆 골목 초입에 '사직분식'이라는 허름하지만 소문난 청국장집이 있었다. 주인아주머니가 1992년에 분식집으로 시작했는데, 시부모가 경동시장에서 청국장(재료) 가게를 하는 바람에 청국장찌갯집으로 변신해서 대박을 터뜨렸다. 이 구석진 곳을 어떻게 알고 왔는지, 끼니때면 그야말로 식객들이 긴 줄을 섰다. 이 동네가 재건축되면서 조선호텔 옆으로 옮겨 '사직골'이란 이름으로 새로 개업했다. 청국장백반이 대표 메뉴로, 청국장 고유의 진한 냄새를 줄인 슴슴한 찌개 맛이 일품이다. 일찍이 허영만 화백의 《식객》에 등장했던 딸이 이제는 청국장을 직접 만들고 있다.

종로2가 낙원상가 지하시장 한 모퉁이에 자리 잡은 '일미식당'은 구수한 청국장찌개와 맛있는 쌀밥으로 유명하다. 청국장도 수준급이고 반찬도 정갈하지만 특히 밥이 일품이다. 도정한 지 얼마 되지 않은 햅쌀로 갓 지은 밥을 내놓는 착한 식당이다. 마니아들의 숨겨진 맛집이었는데, 매스컴 때문에 줄이 너무 길어졌다.

'광주식당'은 청량리역 1번 출구 부근 청량리시장 내 작은 골목에 있다. 이 집 청국장찌개는 큼지막한 두부 한 쪽을 넣어 팔팔 끓여주는데, 먼저 구수하고 슴슴한 장맛이 입맛을 돋운다. 그다음 양은 냄비에 나오는 즉석 밥과 누룽지가 가세해 더욱 입맛을 돋운다. 장 보러 온 사람, 시장 상인들이 어우러져 함께 식사하는 이 작은 집에 오면 시간을 훌쩍 뛰어넘어 그 옛날 시장통 백반집에 온 것 같아 정겹다.

고향 냄새를 한껏 풍기는 구수한 청국장찌개로 한 끼 행복한 식사를 즐겨보면 어떨까.

보성식당

보성 아주머니가 하는 사당동 간판 청국장

한 끼 식사의 행복 ☺☺☺☺☺ | **전화** 02 523 3637 | **Since** 1989
한줄평 구수하고 진한 맛깔난 청국장

사당동 소재 청국장 명가로 인근 방배동에서 개업해 영업하다 이곳으로 이사했다. 테이블 여섯 개 정도의 조그만 집이지만 청국장 맛을 지키는 집으로 소문나 있다. 전남 보성이 고향인 주인아주머니가 서글서글하고 인심이 좋다. 오랜 단골손님들이 많이 찾는 집이다. 아는 사람들만 왔었는데 매스컴에 등장하는 바람에 손님이 많아졌다. 얼마 전 아들이 경영에 합류했다.

청국장은 뚝배기에 팔팔 끓여 나오는데 두부, 청국장, 잘게 다진 돼지고기, 호박, 양파가 푸짐하게 들어 있다. 진한 국물이지만 잘 띄운 청국장이라 그런지 냄새가 심하지 않고 맛이 최고 수준. 청국장 냄새를 꺼리는 사람도 쉽게 접근할 만하다. 각종 채소무침, 도토리묵 무침, 김치 등 정갈한 반찬이 곁들여 나온다. 낙지볶음은 전라도식으로 매콤달콤하게 나온다. 막걸리 안주로도 좋다. '어디 가서 뭘 먹지' 할 때 제일 먼저 떠오르는 메뉴다. 청국장 포장 판매도 한다.

주소 서울시 동작구 동작대로17길 3
찾아가기 지하철 4, 7호선 이수역(총신대입구역) 7번 출구에서 3분 거리
가격 청국장 7,000원, 황탯국 8,000원, 낙지볶음(대) 30,000원

사직골

《식객》에 등장한 청국장집

한 끼 식사의 행복 ◠◠◠◠◠ | **전화** 02 736 0598 | **Since** 1992
한줄평 집에서 정성스레 담근 고유의 풍미를 한껏 자랑하는 청국장

소공동 조선호텔 옆에 자리 잡은 식당. 원래 사직공원 옆에서 하다 이사 왔다. 당시에는 재건축 후에 돌아갈 것이라 했는데 이제는 이곳에 눌러앉기로 했다. 이사 와서도 '사직분식'이란 상호를 쓰다가 지금은 '사직골'로 바꿨다. 시내 한복판의 구석에 자리 잡은 모양새가 특이하다. 가게가 홀과 2층까지 있으나 식사 시간대에는 줄을 선다. 점심시간에는 2인 이상이 가야 한다. 청국장을 직접 집에서 담가 쓰는 집으로 심심한 맛이 일품이다.

"사직공원 옆에 있는 허름하지만 내공이 있는 유서 깊은 식당. 간판도 제대로 없는데 어떻게들 알고 왔는지 손님들이 긴 줄을 서고, 이리저리 방을 늘렸는데도 얻어먹기 어렵다. 국그릇에 주는 청국장이 심심하고 냄새도 적으나 고유의 풍미를 자랑한다. 매콤한 두부찌개도 맛있고 제육볶음도 한다.《식객》에 등장. 예약은 당연히 안 된다." _김석동

주소 서울시 중구 소공로 100-1
찾아가기 지하철 1, 2호선 시청역 7번 출구에서 4분 거리
가격 청국장·두부찌개 7,000원, 제육볶음 17,000원

일미식당

밥이 맛있는 시장통 백반집

한 끼 식사의 행복 ◡◡◡◡ | **전화** 02 766 6588 | **Since** 2000
한줄평 진하고 부드러운 맛의 청국장을 뒷받침하는 맛있는 밥과 반찬

낙원상가 지하 1층 시장 안에 있는 백반집. 20년째 한곳에 있는 시장통의 작은 가게로 동네 사람들과 아는 사람들만 다닌다는 숨겨진 밥집이었는데, 매스컴에 소개되면서 손님이 늘어 줄이 더 길어졌다. 청국장찌개 백반을 찾는 손님이 대부분이다. 청국장은 냄새가 적지만 진하고 부드러운 맛이며 중독성 있다. 이 집은 백반집답게 밥맛으로 이름난 집이다. 도정한 지 얼마 안 된 쌀을 쓰고 여러 개의 밥솥으로 순차적으로 밥을 짓는 것이 비결이다. 항상 막 새로 한 밥을 먹는 기분을 느낄 수 있다. 구운 김, 두부구이, 나물무침, 깻잎절임, 오뎅볶음, 김치 등 다양한 밑반찬이 나와 한 끼의 집밥을 즐길 수 있다. 오징어볶음백반, 제육볶음백반, 낙지볶음백반은 2인분으로 나오며 해물부추전, 동태조림 등 사이드 메뉴도 있다. 지금은 주인아주머니의 남동생이 맡아서 하고 주인아주머니는 바로 옆에서 '일미찬'이라는 반찬 가게를 열어 영업 중이다.

주소 서울시 종로구 삼일대로 428
찾아가기 지하철 1, 3, 5호선 종로3가역 5번 출구에서 2분 거리
가격 청국장찌개백반 8,000원, 오징어볶음백반(2인) 19,000원

광주식당

청량리 대표 맛집의 청국장

한 끼 식사의 행복 ⌣⌣⌣⌣⌣ | **전화** 02 969 4403 | **Since** 1980년대
한줄평 구수하고도 슴슴한 청국장과 양은 냄비의 즉석밥이 주는 일품의 맛

청량리청과물시장 건너 작은 골목 안에 있는 청국장 전문 식당. 주인 아주머니는 30여 년 이상 장사를 해온 분이다. 부근에 가서도 물어야 찾을 수 있다. 청량리 대표 맛집으로 테이블이 몇 개 안 되는 작은 가게가 장 보러 온 사람들, 주변 상인들, 맛집 마니아들로 항상 붐빈다. 대표 메뉴는 청국장으로 뚝배기에 큰 두부를 넣어주며 구수하고도 슴슴한 장맛이 일품이다. 주문과 동시에 양은 냄비에 밥을 시작해서 공기에 담아 주며, 2,000원을 추가하면 즉석밥을 냄비째로 내온다. 따끈따끈한 즉석밥 맛이 일품이다. 냄비밥은 찰기는 적으나 밥알이 살아 있는 맛이다. 고등어, 콩나물, 무무침, 파무침, 김치 등 반찬도 정갈하다. 식사가 끝날 무렵이면 양은 냄비의 누룽지를 긁어 숭늉을 내온다. 그 옛날 시장통의 백반집 느낌 그대로다. 정말 착한 맛과 가격이다. 여러 TV 방송에서 소개되어 식사 시간에는 먹기가 만만치 않은 것이 흠이라면 흠이다.

주소 서울시 동대문구 홍릉로1길 21-6
찾아가기 지하철 1호선 청량리역 1번 출구에서 2분 거리
가격 청국장·된장찌개·순두부 6,000원, 김치찌개 7,000원

한 끼 식사의 행복
⑭

뚝배기에 담긴 부드럽고 따뜻한 맛 순두부찌개

감촌   백년옥
미당순두부   정원순두부

한국인들의 찌개 사랑은 유별나다. 찌개에는 김치찌개, 된장찌개, 부대찌개, 두부찌개, 고추장찌개, 동태찌개 등등 수많은 종류가 있지만 빼놓을 수 없는 찌개가 순두부찌개다. 순두부찌개의 역사는 그렇게 길지 않아 필자의 학창 시절부터 널리 팔린 것으로 생각되는데, 기사를 검색하면 1969년에 처음 신문에 등장한다. 순두부는 두부를 만드는 과정에서 나온다. 물에 불린 콩의 껍질을 벗기고 맷돌로 간 다음 무명천 등으로 짜면 콩물(두유)이 만들어진다. 콩물에 간수를 넣으면 덩어리가 생기는데 이를 순두부라 한다. 순두부를 틀에 넣고 압착해서 물기를 빼면 두부가 된다. 순두부는 고소한 콩 맛이 살아 있고 부드러워 소화도 잘된다. 순두부는 바로 양념장을 곁들여 먹어도 좋고 순두부찌개로 요리해 먹어도 별미다.

순두부찌개는 먼저 돼지고기를 썰고 고춧가루, 파, 마늘, 깨, 간장 등 갖은양념으로 무쳐서 볶다가 물을 넣고 푹 끓인다. 여기에 순두부와 바지락, 새우, 굴 등 해산물을 취향에 따라 넣고 다시 끓인 다음 파, 풋고추 등을 얹고 마지막에 계란을 넣어 마무리하면 된다. 주재료인 순두부를 가게에서 쉽게 살 수 있고 조리도 비교적 간단해 가정에서 쉽게 즐길 수 있는 음식으로 손꼽힌다.

순두부찌개를 하는 식당은 도처에 있고 맛있는 식당도 많다. 종로1가 르메이에르종로타운 5층에 있는 '감촌'은 1980년에 종로구청 앞에서 개업해 영업하다 이전한 식당이다. 옛 가게가 필자가 처음 공직 생활을 시작한 재무부(미국대사관 옆 현 역사박물관 건물)에 가까이 있었던 터라 점심때 자주 다녔던 추억이 있다. 필자가 처음 다닐 때부터 거의 40년이 되는 집이다. 옛 맛을 비교적 잘 지켜오면서 신세대에게도 인기를 끄는 집이다.

종로3가 탑골공원 건너편 골목에는 '미당순두부'가 있다. 이 집은 가게에서 매일 국산 콩과 동해 심층수로 두부를 직접 만든다. 여러 가지 순두부 메뉴가 있는데 양념 없이 나오는 흰 순두부와 매콤한 해물순두부, 제육순두부가 있다. 순두부 본연의 맛을 즐길 수 있는 집이다. 집에서 먹는 것과 같은 정갈한 반찬은 그때그때 바꾸어 내놓는다.

강남 지역에는 예술의전당 건너편에 '백년옥'이 있다. 1992년에 개업해 30년 전통의 두부 전문점이라는 간판을 걸고 있다. 본관 외에도 근처에 별관이 몇 군데 있을 정도로 규모가 커졌다. 강원도산 콩과 천연 간수로 자연식 두부를 만드는 것이 자랑이다. 매운 순두부와 하얀 순두부를 입맛에 따라 즐길 수 있다. 이 집은 팥죽과 팥칼국수도 하는데 동지 즈음 한겨울에 손님이 붐비지만 사철 팥죽을 즐기는 마니아들도 많다.

감촌

청진동을 지켜온 순두부찌개의 역사

한 끼 식사의 행복 ☺☺☺☺ | **전화** 02 733 7035 | **Since** 1980
한줄평 자가 제조 순두부, 사골 국물, 볶은 매운 양념이 조화를 이루는 프리미엄 찌개

피맛골에 있는 르메이에르종로타운 상가 5층에 자리 잡은 순두부찌개 전문점. 이전에 2층에 있다가 5층으로 확장 이전했다. 1980년 개업 당시에는 종로구청 앞쪽 청진동 골목 입구에 가게가 있었다.

순두부찌개는 고춧가루 양념이 들어간 빨간 순두부로 나온다. 사골을 24시간 푹 고아낸 육수에 순두부와 소·돼지고기를 넣고 볶은 매운양념을 더해 뚝배기에 바로 끓여 나온다. 매콤한 국물에 고소한 순두부가 푸짐하게 들어가 있어 든든하고 맛깔난 한 끼를 즐길 수 있다. '하얀순두부'를 시키면 사골 국물에 순두부가 고추 양념 없이 나오며 굴순두부, 차돌순두부 등도 있다. 순두부는 직영 공장에서 매일 만들어 온다. 명태포무침, 오이무침, 파김치, 콩나물무침, 깍두기 등 깔끔한 밑반찬도 곁들여진다. 사이드 메뉴로 안주순두부, 머리고기, 순대, 빈대떡, 모둠전 등 여러 가지 요리도 있어 저녁때 회식 장소로도 손색없다.

주소 서울시 종로구 종로 19
찾아가기 지하철 5호선 광화문역 4번 출구, 1호선 종각역 1번 출구에서 3분 거리
가격 순두부찌개·하얀순두부 12,000원, 굴순두부 13,000원

미당순두부

종로통 골목의 순두부찌개 지킴이

한 끼 식사의 행복 ◡◡◡◡◡ | **전화** 02 2277 8090 | **Since** 2009
한줄평 동해 심층수로 매일 만드는 부드러운 순두부의 자연스러운 맛

탑골공원 맞은편 관철동 골목 안쪽에 있는 두부 요리 전문 가게. '진정한 두부의 참맛을 느껴보시라'는 간판이 인상적이다. 아침마다 국산 콩과 동해 심층수를 써서 전통 방식으로 두부를 직접 만드는데, 역사에 비해 훌륭한 식당이다. 토속순두부, 해물순두부, 제육순두부 등 찌개류와 여러 가지 두부 요리를 한다. 새우, 조개, 낙지 등 해물이 들어가 있는 해물순두부가 우리가 보통 먹는 순두부찌개라고 생각하면 된다. 아주 맵지 않고 슴슴한 맛이다. 토속순두부는 하얀색 순두부찌개로 순두부 외에는 아무 재료도 안 들어가 있다. 비치된 양념장을 더해서 먹으면 자연 그대로의 순두부 맛을 즐길 수 있는 웰빙 식단이다. 고등어조림, 가지무침, 묵무침, 떡볶이, 시금치무침, 오이무침, 깻잎장아찌, 고추볶음, 겉절이김치 등 그때그때 바뀌는 깔끔한 밑반찬이 나온다. 또 이 집은 밥이 맛있다. 윤기 흐르게 잘 지어낸 쌀밥이 일품이다. 밥과 밑반찬만 먹어도 훌륭한 한 끼다.

주소 서울시 종로구 청계천로 97-12
찾아가기 지하철 1, 3, 5호선 종로3가역 15번 출구에서 7분 거리
가격 토속·해물·제육순두부 8,000원, 비지찌개 8,000원

백년옥

예술의전당 앞 순한 순두부 식당

한 끼 식사의 행복 🍚🍚🍚🍚 | **전화** 02 523 2860 | **Since** 1992
한줄평 천연 간수와 강원도산 콩으로 만든 자연식 두부가 내는 순두부의 맛

예술의전당 건너편에 자리 잡은 두부 요리 전문점. 강원도산 콩과 천연 간수를 사용해 자연식 두부를 만드는 집. 큰길 모퉁이에 있어 많은 사람들이 간판을 기억하는 집이다. 손님이 워낙 많다 보니 인근에 별관을 몇 개 두고 있다.

자연식순두부, 뚝배기순두부 딱 두 가지 순두부가 있다. 자연식순두부는 조미를 하지 않은 순두부 덩어리가 따뜻한 물에 담겨 나오는데 양념장을 더해 먹는다. 순한 맛이지만 자연스레 당기는 맛이 있다. 뚝배기순두부는 고춧가루를 풀고 계란을 넣은 보통의 순두부찌개다. 소금 양을 줄여 간이 세지 않고 슴슴한 맛이다. 반찬은 콩나물무침, 미역초무침, 무무침, 겉절이김치로 단출하다. 이 집의 또 다른 특색은 1년 내내 하는 팥죽이다. 팥칼국수와 동지팥죽을 하는데, 옹심이와 밥알이 들어 있는 동지팥죽은 정겨운 옛날 맛이다. 두부부침, 매생이 굴전, 파전 등 다양한 사이드 메뉴도 있다.

주소 서울시 서초구 남부순환로 2407
찾아가기 지하철 3호선 남부터미널역 4-2번 출구, 서초동 예술의전당 건너편
가격 자연식순두부·뚝배기순두부 10,000원, 동지팥죽·팥칼국수 10,000원

정원순두부

추억의 서소문 정통 순두부찌개

한 끼 식사의 행복　◠◠◠◠◠　|　**전화** 02 755 7139　|　**Since** 1969
한줄평 역사를 지켜온 따끈하고 담백한 옛날식 순두부찌개

서소문 삼성본관빌딩 옆 골목에 자리 잡은 50년 넘은 순두부찌개 전문점. 오래된 가게이지만 얼마 전에 깨끗이 단장했다. 좁지만 3층까지 있다. 인근 직장인들의 아지트로 점심시간에는 줄이 길다. 최근 을지로에 분점이 생겼다.

순두부찌개는 보통, 굴, 김치, 쇠고기 등으로 식성대로 주문하면 된다. 보통 순두부찌개에는 돼지고기가 들어간다. 빨간 국물의 찌개이지만 그리 맵지 않으며 담백하고 건강한 맛이다. 보글보글 끓는 찌개가 아담한 뚝배기에 나오는데(예전부터 순두부찌갯집 뚝배기는 작았다) 밥은 스테인리스 솥(전에는 돌솥이었다)에 지어 나오며 순두부와 함께 비벼 먹을 수 있도록 양푼에 콩나물과 김 가루가 함께 나온다. 솥밥은 양푼에 덜어 순두부와 함께 비벼 먹고 눌은밥에는 뜨거운 물을 미리 부어 누룽지로 먹으면 좋은 마무리가 된다. 물김치, 깻잎장아찌도 맛깔스럽다.

주소　서울시 중구 세종대로11길 33
찾아가기　지하철 1, 2호선 시청역 9번 출구에서 2분 거리
가격　순두부 8,500원, 굴순두부 9,500원, 김치·쇠고기순두부 9,000원

한 끼 식사의 행복
⑮

한국인의
대표
대중음식
설렁탕

- 마포옥
- 이문설농탕
- 중림장
- 마포양지설렁탕
- 명동 본점 하동관
- 은호식당
- 영동설렁탕

- 우작설렁탕
- 덕원
- 여의도양지탕
- 대성집
- 부영도가니탕
- 문화옥
- 잼배옥

한국인의 대표적인 대중음식인 설렁탕의 유래에는 여러 가지 설이 있다. 국물이 하얗고 진하다 해서 '설농탕雪濃湯'이라 했다는 얘기도 있고, 조선시대 국왕이 풍년을 기원하는 선농제先農祭 행사에 직접 참여한 후 소를 잡아 국을 끓여 백성들이 고루 나누어 먹게 한 데서 유래했다는 설도 있다. 또 몽골에서 고기를 맹물에 넣고 푹 끓여 먹는 요리인 공탕空湯을 '슈루'라 부르는데 거기서 유래했다는 설도 있다.

설렁탕은 고기, 사골, 내장, 머리 등 소의 여러 부위를 함께 넣고 오랜 시간 고아내서 만드는 탕국류 음식이다. 뚝배기에 흰밥과 국수사리를 담고 미리 국물에서 건져 썰어놓은 편육을 얹은 다음 뜨거운 국물로 토렴을 해서 내놓는다. 식성에 따라 소금, 후추, 파를 넣고 익은 깍두기 또는 김치를 곁들여 먹는다. 설렁탕은 큰 무쇠솥에서 오랜 시간 끓여야 진하고 풍미 있는 국물이 우러나므로 집에서 조리하기가 쉽지 않은 데다, 바깥에서 짧은 시간에 먹을 수 있은 영양가 높은 음식이어서 전문 식당이 일찍부터 자리 잡았다.

서울의 명물 음식인 설렁탕 전문 식당은 특히 오가는 사람들과 바쁜 가운데 끼니를 해결해야 하는 상인들이 많은 시장을 중심으로 일찍부터 등장했다. 한양의 관문에서 칠패시장으로 시작한 남대문시장, 땔감과 나무 시장이 있던 인사동, 전국에서 배가 드나들던 한강 나루터인 마포 지역 등지가 대표적인 곳이다.

설렁탕 식당은 오래된 노포들이 많다 보니 저마다 특유한 맛을 자랑한다. 그 독특한 맛을 찾아 사람들이 오랫동안 즐겨 찾고 있는 식당 몇 군데를 소개한다. 또 설렁탕은 뼈로 국물을 내고 곰탕은 고기로 국물을 낸다고 구별하기도 하지만, 설렁탕과 곰탕을 구별하는 것은 큰 의미가 없는 것 같아 곰탕류의 가게도 함께 소개한다.

마포역 인근에 1949년 개업한 '마포옥'이 있다. 양지설렁탕이 주메뉴다. 큰 가마솥을 걸고 사골, 양지, 차돌을 써서 오래 끓여 진하고 구수한 국물 맛을 자랑한다. 차돌박이를 듬뿍 넣은 차돌탕도 유명하다. 파김치와도 궁합이 잘 맞는다.

인사동에는 1904년에 개업해 100년이 훌쩍 넘은 '이문설농탕'이 있다. 서울 요식업 허가 1호다. 전통 방법을 고수하는 설렁탕 원조답게 국물이 담백하고 깔끔하다. 탕에 지라를 넣어준다. 아마 설렁탕 애호가치고 안 가본 사람이 드물 것이다.

중림동에는 1972년 등장한 '중림장'이 있다. 골목 안쪽에 자리 잡은 허름한 집이지만 내공이 있다. 중림시장이 과거 수산물 시장으로 날리던 전성기 때는 시장 상인들과 손님들로 북적대던 곳이다. 노량진수산시장 개설과 재개발로 시장은 침체됐지만, 지금도 입맛 때문에 찾아오는 고객들이 줄을 잇는다. 국물이 진하고 포기째로 주는 김치도 일품이다.

마포 공덕역 인근 도화동에는 1974년 문을 연 '마포양지설렁탕'이 있다. 원래 국철 마포역 인근에서 시작해 이사한 집이다. 사골과 양지로 끓여내는 국물이 진하지 않으면서 고유의 풍미를 자랑한다. 가게 앞에서 매일 김치 담그는 모습을 볼 수 있다.

설렁탕이라기보다 곰탕이라는 이름이 어울리는 '하동관'도 빼놓을 수 없다. 필자가 워낙 오래 다닌 집이다. 1939년 청계천변 수하동에서 시작해 2009년 재개발로 명동으로 이전했다. 대치동에도 인척이 하는 가게가 있다. 선불을 내고 기다리면 놋쇠 대접에 담은 진하고 맑은 국물에 수육과 밥이 섞여 나온다. 수육 대신 천엽을 시킬 수 있다. 온도가 적당해 나오면 바로 먹기 좋다.

남대문시장 안에는 꼬리곰탕집 '은호식당'이 있다. 남대문의 대표 맛집이다. 1932년에 개업한 노포로, 쇠꼬리로 맑은탕을 끓여내 손님들의 입맛을 사로잡는다.

또 설렁탕과는 다르긴 하지만 독립문 근처 행촌동에는 1954년에 개업한 '대성집'이라는 도가니탕집이 있다. 원래 영천시장 건너편 골목에 있던 가게가 재개발로 이전했다. 국물 맛이 일품일 뿐 아니라 잘 손질된 도가니 수육으로 인기를 끌고 있는 식당이다.

강남 신사역 인근 잠원동의 '영동설렁탕'도 오래전부터 마니아들이 즐겨 찾는 곳이다. 곰탕 느낌의 진하고 구수한 국물로 고깃국 특유의 냄새가 있는 옛날에 먹던 설렁탕 맛이다.

서초동 남부터미널 인근에는 30년 설렁탕 역사를 써온 '우작설렁탕'이 있다. 국물이 맑고 담백해 많은 단골이 찾는다. 도가니탕이 인기 메뉴로 호주산 소고기를 쓰는데도 맛이 놀랍다.

국회의사당 건너편 국회의사당역 인근에는 '여의도양지탕'이 있다. 양지 고기로 구수한 탕을 우리고 양지 고기와 밥을 뚝배기에 토렴해 주는 집이다. 국회에 출장 나온 공무원들과 인근 직장인들로 항상 꽉 차지만 가게가 크고 회전율이 높아 빠르게 맛있는 한 끼를 먹을 수 있다.

KBS본관의 샛강 건너편 영등포동2가에는 '덕원'이 있다. 50년 된 꼬리곰탕·방치탕 가게다. 공구상이 늘어선 골목길에 있어 찾기 쉽지 않으나 영등포 일대와 여의도에서는 오래전부터 이름난 집이다. 맑은 곰탕 국물로 인기를 끌고 있다. 가격이 센 편이나 단골이 많다.

서민들의 애환이 담긴 음식인 설렁탕. 먹을 때마다 바쁘게 살아온 그 옛날이 떠오르는 바로 그 음식이다.

마포옥

70년 전통의 한우 설렁탕집

한 끼 식사의 행복 🥣🥣🥣🥣 | **전화** 02 716 6661 | **Since** 1949
한줄평 진한 고기 향의 깔끔한 양지탕 국물에 맛깔나게 토렴한 설렁탕

용강동 쪽에 있는 마포 지역 설렁탕 원조. 마포는 전국의 배가 드나들던 나루터로 육상·해상 교통을 잇는 물류 중심지였다. 그래서 바쁜 사람들의 끼니를 위한 설렁탕이 일찍이 발달했다. 마포옥은 1949년 지금 가게 위치에서 개업해 3대를 이어오며 70년 넘는 전통을 자랑한다. 가게 벽에 30년 이상 된 직원들을 소개하는 안내판이 있다. 양지설렁탕을 시키면 뚝배기에 푸짐한 고기와 밥, 소면을 담고 진한 고기 향이 나는 깔끔한 국물로 토렴해서 나온다. 탕이 나올 때 아주머니가 파를 넣을지 물어본다. 필자는 듬뿍 넣어달라 해서 먹는다. 잘 곤 귀한 국물이지만 아낌없이 리필해준다. 겉절이김치와 깍두기가 테이블에 있고 신김치와 파김치는 별도로 달라는 손님에게만 제공한다. 그래서 단골이 덕 본다. 파김치가 이 집 설렁탕과 특히 잘 어울린다. 익은 김치 국물을 따로 시켜서 탕에 넣어 먹으면 시원한 맛이다. 가격이 꽤 높지만 '비싸지만 맛있다'며 또 찾는다.

주소 서울시 마포구 토정로 312
찾아가기 지하철 5호선 마포역 1번 출구에서 4분 거리
가격 양지설렁탕 15,000원, 모듬수육(소) 43,000원

이문설농탕

100년이 훌쩍 넘은 설렁탕 원조

한 끼 식사의 행복 ☺☺☺☺☺ | **전화** 02 733 6526 | **Since** 1904
한줄평 뽀얗고 맑은 국물에 토렴해 나오는 담백하고 깔끔한 설렁탕

안국동사거리 쪽 견지동 골목 안쪽에 있는 1904년 개업한 100년을 훨씬 넘은 설렁탕 본가. 원래 종로구 공평동에서 한옥집을 지어 오래 영업했으나 재개발로 지금 장소로 새로 단장해 이전했다. 개업 당시의 '설농탕'이란 이름을 지금까지 그대로 쓰고 있다. 우리나라 요식업 허가 1호다. 따라서 일제강점기와 해방기를 거치면서 유명 인사들의 단골가게이기도 했다. 창업 후 주인이 두 번 바뀌었고, 1960년 이후 세 번째 주인을 맞이하여 지금은 그 아들이 대를 이어 경영하고 있다. 큰 무쇠솥에 사골과 고기만 넣고 오랫동안 끓여서 국물을 내는 전통 방법을 그대로 고수하는 설렁탕 원조. 조미료와 첨가물은 전혀 안 쓴다. 탕은 토렴해서 나오며 기름을 잘 제거한 맑은 국물이 담백하고 깔끔하다. 파, 깍두기 국물을 듬뿍 넣으면 소금, 후추 등이 필요 없다. 설렁탕을 좋아한다면 반드시 가봐야 하는 집이다. 4인 이상이면 예약도 가능하다.

주소 서울시 종로구 우정국로 38-13
찾아가기 지하철 1호선 종각역 3-1번 출구에서 3분 거리
가격 설농탕 10,000원, 도가니탕 13,000원, 수육 37,000원

 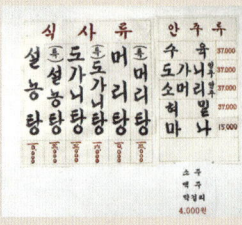 

중림장

푸짐한 시장통 설렁탕 맛집

한 끼 식사의 행복 ◉◉◉◉◉ | **전화** 02 392 7743 | **Since** 1972
한줄평 맑지만 향이 진하고 구수한 오래전에 먹던 설렁탕 맛이 떠오르는 집

한국경제신문 옆 중림동 골목 안에 자리 잡은 1972년산 설렁탕집. 허름하지만 내공 있는 가게다. 과거 중림시장 전성기 때는 상인 고객이 많았다고 한다. 노량진수산시장 개설로 해산물도 많이 취급하던 중림시장은 침체됐지만, 이 가게는 전통을 이어가고 있다. 이어받아 운영하고 있는 아들에 의하면 지금은 시장 손님은 별로 없고 대부분 단골손님이거나 멀리서 찾아오는 손님들이란다.

설렁탕은 기름을 잘 걷어내 맑은 국물로 나오지만 오래 고아서 향이 진하다. 국내산 양지와 사골을 쓰며 옛날에 먹던 약간의 고릿한(싫지 않은) 설렁탕 냄새가 난다고 생각하면 된다. 수육과 소면을 푸짐하게 넣고 밥과 함께 토렴해 나온다. 포기째 주는 김치도 일품. 따로 주는 깍두기 국물을 더해도 좋다. 점심때는 줄이 꽤 길다. 양이 적은 '반탕'도 있으며 도가니탕과 꼬리탕도 한다. 포장 판매도 한다.

주소 서울시 중구 청파로 459-1
찾아가기 지하철 2, 5호선 충정로역 4번 출구에서 5분 거리
가격 설렁탕 8,000원, 도가니탕 10,000원, 양지수육 30,000원

마포양지설렁탕   마포가 자랑하는 40여 년 전통의 설렁탕집

한 끼 식사의 행복 ◠◠◠◠ | **전화** 02 716 8616 | **Since** 1974
한줄평 푹 끓인 맛깔난 사골 국물에 토렴한 설렁탕과 명품 김치가 어우러지는 집

마포구 도화동 소재 설렁탕집. 원래 1974년 국철 마포역 인근에서 개업했다가 공덕동으로 이전하여 12년 정도 영업했으며 재개발로 이곳으로 옮겼다. 마포는 원래 나루터가 있던 곳으로 설렁탕 가게 등이 다수 자리 잡았던 지역이다. 이 집은 1970년대 중반에 생긴 식당이지만 아침 일찍 가게 문을 열어 해장 손님도, 식사 손님도 많다. 설렁탕은 큰 뚝배기에 밥, 고기, 소면을 담고 뜨거운 국물로 토렴해서 내온다. 국물은 사골과 양지로 끓여내는데 맑아서 진하지 않아 보이지만 먹어보면 고유의 풍미를 자랑한다. 양지머리 고기가 푸짐하게 들어가 있다. 내장탕도 찾는 이들이 많다. 김치, 깍두기, 파김치가 모두 설렁탕과 잘 어울린다. 김치는 직접 매일 담그고, 깍두기와 파김치는 일주일에 각각 두 번씩 담근다고 한다. 가게 입구에서 아주머니들의 김치 담그는 모습과 길게 늘어선 장독들을 볼 수 있다. 도가니탕, 꼬리탕도 있으며 포장도 된다. 상암동에 지점이 있다.

주소   서울시 마포구 새창로 6
찾아가기   지하철 5, 6호선과 공항철도가 만나는 공덕역 9번 출구에서 3분 거리
가격   설렁탕·내장탕 10,000원, 꼬리탕 16,000원, 수육(소) 28,000원

명동 본점 하동관
곰탕의 역사를 써온 명가

한 끼 식사의 행복 🍲🍲🍲🍲 | **전화** 02 776 5656 | **Since** 1939
한줄평 구수하고 깔끔한 국물에 밥을 말아서 나오는 따뜻한 놋쇠 대접의 추억

1939년 청계천변 수하동에서 시작했다가 을지로 재개발로 2009년 명동으로 이전했다. 오후 4시까지 영업하는데 그 전에 준비한 탕이 떨어지면 영업 끝. 대통령들도 즐겨 찾던 집으로 계산하면 식사가 나온다. 진하고 맑은 탕에 수육이 곁들여진다. 한우만 고집하는 집이라서 그런지 가격이 일반 설렁탕집보다 비싸다. '내포'로 주문하면 고기 수육을 빼고 천엽 부위의 내장 수육으로 준다. 내장을 빼달라고 하면 고기 수육만 넣어준다. '깍국' 하면 주전자로 깍두기 국물을 탕에 부어준다. 단골들은 다 아는 용어다. 수하동 하동관은 필자가 대학 시절부터 다니던 추억의 식당이다. 옛날부터 놋쇠 대접을 사용하고 있는데 기름을 연탄재 등으로 열심히 닦아내다 보니 오래된 그릇들은 닳아 깨지기도 했다. 언젠가 주인장이 필자에게 선물한 깨진 그릇을 지금도 보관하고 있다. 여의도와 코엑스몰에 직영점이 있다. 주인장의 시동생이 대치동에서 강남 하동관을 운영한다.

주소 서울시 중구 명동9길 12
찾아가기 지하철 2호선 을지로입구역 6번 출구에서 4분 거리
가격 곰탕(보) 13,000원, 곰탕(특) 15,000원, 수육(중) 30,000원

은호식당

남대문시장 꼬리곰탕의 전설

한 끼 식사의 행복 ☺☺☺☺☺ | **전화** 02 753 3263 | **Since** 1932
한줄평 간장 소스에 꼬리 고기를 찍어 먹고 맑은 탕국에 밥을 말아 먹는 보양식

남대문시장 안 남창동에 있는 80년 넘은 꼬리곰탕 노포. 처음에는 남대문시장 대도 상가 앞 좌판에서 해장국을 팔다가 지금 자리에 '평화옥'을 열어 꼬리곰탕을 팔기 시작했다. 창업주 할머니가 이민을 가면서 수양딸로 지내던 이웃 가게 주인이 이어받아 4대를 이어오고 있다. 꼬리곰탕의 독보적인 역사를 써온 집으로 쇠꼬리만으로 끓이는 꼬리곰탕이 일품이다. 비교적 맑은 탕에서 고기 향이 잘 느껴지고 맛이 깔끔하다. 탕에는 꼬리 토막 두 개를 넣어주는데 고기를 발라 부추간장에 찍어 먹고 탕에 밥을 말아 먹으면 한 끼의 보양식이다. 국물과 소면은 리필된다. 이 집은 설렁탕도 맛이 좋다. 호주산을 쓰는 꼬리곰탕 가격은 비싸고 국내산 육우를 쓰는 설렁탕 가격은 착하다. 주말에도 영업한다. 가족끼리 남대문시장도 구경하고 역사 속의 식당에서 한 끼 식사를 하는 나들이 코스로도 괜찮다. 여의도와 일산에도 가게가 있다.

주소   서울시 중구 남대문시장4길 28-4
찾아가기   지하철 4호선 회현역 5번 출구에서 2분 거리
가격   꼬리곰탕 25,000원, 양지탕 14,000원, 설렁탕 10,000원

영동설렁탕

잠원동의 강남 설렁탕 지존

한 끼 식사의 행복 🍚🍚🍚🍚 | **전화** 02 543 4716 | **Since** 1976
한줄평 옛날 설렁탕의 맛을 떠올리게 하는 진하고 깊은 풍미

신사동사거리 인근 잠원동에 있는 강남의 설렁탕 명가. 강남 개발 초기에 문을 열어 40년 이상의 역사가 있고 단골손님이 많다. 옛날에는 기사식당이었던 가게라 주차장이 넓고 영업시간도 길다. 필자가 일찍이 강남 지역에 살면서 개업한 지 얼마 안 됐을 때부터 다니던 가게다. 곰탕 느낌의 진하고 구수한 뽀얀 국물에 국수사리, 수육을 더해 토렴해준다. 이 집은 독특하게 취향에 따라 주문할 수 있다. '기름 빼고', '머리 고기만', '머리 고기 섞어', '조미료 빼고' 등등이다. 사리는 무한 리필된다. 옛날에 먹던 설렁탕 맛으로 고깃국 특유의 냄새가 있어 호불호가 갈릴 수 있다. 파를 많이 넣어 먹으면 잘 어울린다. 섞박지도 설렁탕과 궁합이 잘 맞는다. 깍두기 국물(깍국)을 시키면 따로 주전자로 준다. 메뉴는 설렁탕과 수육 단 두 가지. 소고기는 국내산과 호주산을 섞어 쓴다. 식사가 금방 나와 회전이 빨라서 기다리지 않고 먹을 수 있다. 24시간 영업한다.

주소 서울시 서초구 강남대로101안길 24
찾아가기 지하철 3호선 신사역 5번 출구에서 3분 거리
가격 설렁탕 11,000원, 수육 38,000원

우작설렁탕

서초동 설렁탕 명소로 등장한 가게

한 끼 식사의 행복 ☺☺☺☺☺ | **전화** 02 584 8544 | **Since** 1990
한줄평 맑은 고기 국물이 구수하고 담백한 맛을 선보이는 설렁탕

골목에 위치한 설렁탕 전문점(홍빌딩 지하 1층). 필자가 오랫동안 살았던 서초동에서 30년 영업해온 가게다. 동네 사람뿐 아니라 외지 손님도 많이 찾아오는 집이다. 간판은 허영만 화백이 쓴 글씨라고 한다. 설렁탕은 토렴 스타일이 아니고 뚝배기에 펄펄 끓여 나온다. 국물이 진하지만 담백하다. 고기와 뼈를 오랫동안 우려내지 않아 맑고 깔끔한 국물이다. 얼핏 보기에는 국물 안에 잠겨 있어 잘 안 보이지만 먹다 보면 푸짐한 고기와 소면을 만날 수 있다. 주방 입구에 삶은 소고기를 가득 쌓아놓고 있다. 약간 간이 되어 나오므로 김치만 추가해 먹어도 좋다. 밥은 말지 않고 따로 준다. 도가니탕도 있으며 '우작진탕'에는 양지 고기와 도가니를 푸짐하게 넣어준다. 김치, 깍두기가 맛있는 집이며 풋고추도 준다. 호주산 고기를 사용해서 그런지 가격도 괜찮다. 포장도 가능하다.

주소   서울시 서초구 서초중앙로6길 7
찾아가기   지하철 3호선 남부터미널역 1번 출구에서 2분 거리
가격   설렁탕 9,000원, 도가니탕 14,000원, 우작진탕 17,000원

덕원

영등포, 여의도가 자랑하는 소문난 곰탕

한 끼 식사의 행복 🥣🥣🥣🥣 | **전화** 02 2634 8663 | **Since** 1968
한줄평 쫄깃한 꼬리 고기와 맑게 우려낸 국물 맛은 타의 추종을 불허

영등포동 기계공구상가 골목에 자리 잡은 곰탕집. 영등포 일대에서는 오래전부터 명성을 날리던 집이며 여의도 국회에서 가까워 국회를 출입하는 사람들 사이에서 잘 알려진 가게다. 1960년대 말 개업해 2대에 걸쳐 운영하고 있는 50년 된 꼬리곰탕·방치탕 전문점이다. 식사로는 꼬리곰탕을 시키는 이들이 많다. '중토막'은 살이 많은 꼬리 중간 부분으로 2,000원 비싸다. 먼저 수저와 함께 주는 포크로 푸짐한 꼬리 고기를 발라서 간장 양념에 찍어 먹으면 별미다. 다음은 국물의 차례. 파만 길게 잘라 넣어주는 맑은 국물의 깔끔한 맛이 일품이다. 밥은 따로 주는데 말아 먹으면 환상이다. 이 집의 또 다른 명물은 방치탕인데 39,000원으로 가격이 높다. 방치는 소 엉덩이뼈 부위인데 뚝배기에 덩어리 고기가 붙어 있는 엄청나게 큰 뼈가 담겨 나온다. 맑은 국물은 따로 나온다. 혼자 먹기에 불감당의 일이다. 방치탕은 미리 주문해야 먹을 수 있다.

주소 서울시 영등포구 버드나루로6길 6
찾아가기 지하철 5호선 영등포시장역 3번 출구에서 10분 남짓 거리
가격 꼬리곰탕 19,000원, 중토막 21,000원, 설렁탕 10,000원, 방치 39,000원

여의도양지탕

국회 출입 인사들의 설렁탕 아지트

한 끼 식사의 행복 ◡◡◡◡◡ | **전화** 02 784 0065 | **Since** 1983
한줄평 양지를 푹 고아낸 육수와 수육, 밥, 소면, 파, 김치의 협연

여의도동에 자리 잡은 곰탕집. 국회 출입 공무원들의 아지트. 맛도 있지만 그리 뜨겁지 않은 토렴한 탕으로 짧은 시간에 한 끼를 해결할 수 있다. 자리에 앉으면 1분 내에 식사를 준다. 가격도 착해 필자가 국회에 다닐 때 가장 자주 가던 식당이다. 이 집 식사 메뉴는 양지탕 한 가지인데 양지탕은 소의 양지를 넣고 끓인 탕이다. 양지는 소의 앞가슴부터 복부 아래쪽의 고기로 양지탕 국물을 낼 때는 설렁탕과 달리 사골을 넣지 않는다. 양지 고기와 밥을 뚝배기에 담고 양지를 푹 곤 국물로 토렴해서 낸다. 진한 고기 향이 느껴진다. 소면은 따로 주며 대파는 썰어서 바구니에 그득하게 담아놓는다. 소면, 공깃밥은 리필 가능하다. 양지탕은 국내산 육우만 쓴다. 김치는 배추김치, 깍두기, 겉절이, 부추김치 네 가지가 테이블에 준비되어 있어 식성대로 먹으면 된다. 참고로 이 집 삼겹살도 인기 메뉴다. 간장 소스와 매운 양념 소스를 주는데 식성대로 담갔다가 구우면 맛이 일품이다.

주소   서울시 영등포구 국회대로70길 7
찾아가기 지하철 9호선 국회의사당역 1번 출구에서 3분 거리
가격   양지탕 9,000원, 모둠수육 38,000원, 삼겹살(1인) 12,000원

대성집

서대문에서 도가니탕의 역사를 써온 집

한 끼 식사의 행복 🥣🥣🥣🥣 | **전화** 02 735 4259 | **Since** 1954
한줄평 맑고 담백한 국물에 쫄깃한 도가니 수육을 듬뿍 담아주는 일품 도가니탕

행촌동 소재의 1954년에 개업한 도가니탕 전문점. 필자보다 한 살 아래다. 원래 서대문 영천시장 건너편 골목에서 오래된 한옥 건물을 이리저리 연결하고 증축하면서 영업해왔는데 재개발로 지금 장소로 이전했다. 옛날 집은 꼬불꼬불한 내부 통로로 다니는 정겨운 가게였다. 당시부터 입소문이 나서 도가니탕 마니아들의 단골 가게였다.
맑고 담백하나 육향이 좋은 국물과 잘 손질한 도가니의 궁합이 일품이다. 도가니 수육을 푸짐하게 넣어준다. 국물은 리필해준다. 도가니 수육은 따로 주문할 수 있다. 부엌 한편에서 아주머니들이 수육을 일일이 손질해서 쌓아두고 있다. 김치와 깍두기와 함께 내놓는 고추장으로 버무린 마늘장아찌가 별미다.
가게가 옛날에 비해 넓어지고 깨끗해졌지만 손님은 여전히 복작거려 식사 시간대에는 기다려야 한다. 시원한 선지해장국도 저렴하게 제공한다.

주소 서울시 종로구 사직로 5
찾아가기 지하철 3호선 독립문역 3번 출구에서 3분 거리
가격 도가니탕 12,000원, 해장국 6,000원, 수육 25,000원

부영도가니탕

북촌이 자랑하는 도가니탕 맛집

한 끼 식사의 행복 🥣🥣🥣🥣 | **전화** 02 730 9440 | **Since** 1975
한줄평 깔끔한 고기 육수와 쫄깃하고 부드러운 도가니 수육의 조합

삼청공원 앞에 있는 도가니탕 맛집. 마을버스를 타도 감사원에서 내려 5분 정도 걸어야 한다. 한옥을 개조한 작은 가게로 테이블이 몇 개 안 된다. 간판에는 늘 30년 전통이라고 쓰여 있다. 교통이 불편해도 인근 직장인, 동네 분들은 물론 삼청공원 방문객 등으로 줄 서서 기다릴 때가 많다. 삼청공원을 산책하고 도가니탕으로 한 끼 식사를 즐기면 먼 길을 온 것이 아깝지 않을 가게다. 메뉴는 도가니탕, 곰탕, 수육 세 가지뿐이며 한우만 고집한다. 오래된 듯한 뚝배기에 나오는 도가니탕은 따끈하고 깔끔한 곰탕 국물에 파와 쫄깃쫄깃한 도가니가 푸짐하게 들어가 있다. 깍두기 국물을 더해 먹으면 시원한 맛이 배가 된다. 도가니 소스는 따로 준다. 곰탕에는 도가니 대신 고기가 듬뿍 들어가 있다. 옛날 분위기의 가게 모습에 어울리게 밥도 아랫목 같은 곳에 이불을 덮어 두었다가 꺼내 주는데 꽤 맛있다. 반찬은 깍두기와 생마늘, 고추장이 전부이지만 부족함이 느껴지지 않는다.

주소 　 서울시 종로구 북촌로 141
찾아가기 지하철 3호선 안국역 2번 출구에서 20분 거리
가격 　 도가니탕 12,000원, 곰탕 8,000원, 수육 22,000원

문화옥

을지로의 70년 전통 설렁탕

한 끼 식사의 행복 🍚🍚🍚🍚🍚 | **전화** 02 2265 0322 | **Since** 1952
한줄평 좋은 재료로 심플하게 조리해낸 담백하지만 구수한 정통 설렁탕

중구 주교동 우래옥 길목에 자리 잡은 설렁탕 대표 노포. 현 사장(이순자)의 시어머니(이영옥)가 6·25 전쟁 중이던 1952년 동대문시장 인근에서 개업해 50년대 말 지금 장소로 이전했다. 지금은 3대가 이어 오는 전통의 가게다. 잠원동 '영동설렁탕'과 명동의 '미성옥'은 문화옥 창업주와 각별한 인연으로 개업해 각각 설렁탕 명가로 이름을 날리고 있다. 대표 메뉴는 양지설렁탕(보통/특). 한우 사골과 양지 고기로 고아 낸 비교적 맑은 탕국에 양지 고기, 소면 사리를 담고 채 썬 파가 얹어 나온다. 좋은 재료로 심플하게 조리했다는 소박한 느낌을 주며 담백한 맛이지만 육향이 잘 느껴진다. 여러 점 넣어주는 고기도 부드럽고 고소하다. 이런 맛이 오랫동안 손님을 끄는 비결인 것 같다. 밥은 따로 나온다. 직접 담근 잘 익은 김치를 자르지 않고 내놓는데 사람 수대로 준다. 테이블도 많고 꽤 넓은 가게이지만 오랜 단골들이 많아 항상 붐빈다.

주소 서울시 중구 창경궁로 62-5
찾아가기 지하철 2, 5호선 을지로4가역 4번 출구에서 1분 거리
가격 양지설렁탕 10,000원, 도가니탕 16,000원, 수육 40,000원

 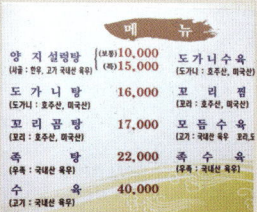 

잼배옥

3대가 지켜오는 서소문 설렁탕

한 끼 식사의 행복 ◠◠◠◠ | **전화** 02 755 8106 | **Since** 1933
한줄평 뽀얀 국물에서 느껴지는 고기 향의 풍미를 맛보는 집

서소문 서울시 2청사와 중앙일보 사이에 있는 1933년산 설렁탕 명가. 잼배마을(잼배골)은 서울역 인근 봉래동1가·순화동·의주로2가에 걸쳐 있던 마을로 염천교 철도 옆에 붉은빛이 나서 자연바위(줄여서 '잼배')라 했고 한자로 자암동이라 이름했던 곳이다. 잼배옥은 이 동네에서 가게를 열어 이름을 날리다가 6·25 전쟁 때 잿더미가 되어 가게를 옮겼고, 1974년 이후 지금 장소에 정착해 얼마 전 2층으로 깔끔하게 단장했다. 설렁탕이 대표 메뉴. 예전에는 사기 주발, 뚝배기 등을 쓰다가 이제는 단아한 스테인리스 그릇에 나온다. 넉넉한 국물에 적지 않은 고기를 담아준다. 전통대로 지라와 우설을 넣고 소면을 담아 나오며 밥은 따로 준다. 오래 끓인 뽀얀 국물에서 옛날 설렁탕 특유의 고기 향을 느낄 수 있다. 국물은 더 준다. 배추김치와 무가 함께 있는 잘 익은 섞박지와 파가 테이블에 준비되어 있다. 갓김치나 겉절이, 볶음김치 등을 따로 주기도 한다.

주소   서울시 중구 세종대로9길 68-9
찾아가기 지하철 1, 2호선 시청역 9번 출구에서 2분 거리
가격   설렁탕 10,000원, 도가니탕 15,000원, 꼬리곰탕 19,000원

 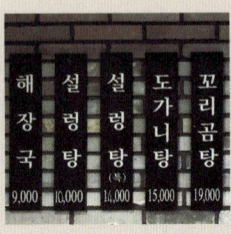 

한 끼 식사의 행복

16

얼큰하고
시원한
생태탕

- 한강집생태
- 안성또순이
- 진미생태
- 수정생태
- 양푼이 생태찌개

생태는 얼리거나 말리지 않은 명태를 일컫는다. 명태는 우리나라 동해에서 많이 잡히던 흔한 어종이었으나 지구온난화로 수온이 올라가면서 1990년대에 들어 어획량이 급격히 줄어들었다. 이제는 씨가 말라 '금태'가 되었고 먹기는커녕 찾아보기도 어려운 어종이 되었다. 명태에는 이름이 많다. 얼리거나 말리지 않은 신선한 상태는 '생태' 또는 '선태'라 하며 잡아서 그대로 얼리면 동태가 된다. 명태를 빨리 건조시킨 것을 '북어'라 하고 덕장에서 얼렸다 녹였다를 반복하면 '황태'라 한다. 또 명태 내장을 빼고 반건조하면 '코다리'라 하며 명태 새끼는 '노가리'라 한다. 이 외에도 다양한 이름이 있다. 생태탕은 지금은 동해산 생태를 구할 수 없어 러시아산 명태를 쓰거나 아예 구하기 쉬운 재료인 동태로 끓이는 동태탕을 많이들 먹는다.

생태탕을 끓이는 방법은 그리 복잡하지 않다. 먼저 냄비에 물과 무를 넣고 끓이는데 무가 많을수록 시원한 맛을 낼 수 있다. 무가 익으면 손질하여 소주 등으로 재어둔 생태를 넣고 끓여 익힌 후 두부와 마늘, 소금 등 양념을 넣고 끓인다. 여기에 고춧가루, 청양고추, 파 등을 넣고 더 끓인 뒤 쑥갓 또는 미나리 등으로 마무리한다. 생태탕의 매력은 얼큰한 국물과 부드러우면서도 식감 있는 생태 맛에 있다. 원래 생태는 10월부터 4월까지가 제철이어서 생태탕은 추운 계절에 인기 있는 메뉴이지만 연중 맛있는 생태탕을 선보이는 가게들이 곳곳에 자리 잡고 있다.

삼각지 전쟁박물관 대각선 쪽에 역사를 자랑하는 '한강집생태'가 있다. 1981년 개업한 집으로 필자가 1990년대에 다닐 때에는 허름한 가게에 테이블 두세 개밖에 없어 한참 줄 서야 먹을 수 있었다. 생태탕 하나로 명가를 이룬 집으로 이제 깔끔하게 단장한 규모 있는 가게를 차려 손님을 맞고 있다. 그래도 손님이 넘친다.

경희궁 서울역사박물관 옆 골목에는 '안성또순이'가 있는데 이 집도 이곳으로 이사 오기 전 정동 시절부터 40년 정도 된 역사 있는 집이다. 국물 맛이 시원해 주당들이 즐겨 찾는다. 탕은 대·중·소 냄비로 나오기 때문에 혼자 가기는 어렵다. 생태 전문점이지만 다양한 식사, 요리 메뉴를 팔고 있어 회식 장소로도 괜찮다.

마포 용강동에는 '진미생태'가 오랜 단골들을 두고 있다. 원래 인근에 규모는 있으나 오래된 가게에서 영업하다 재개발로 아파트 인근 상가로 이사해 신장개업했다. 국물이 매콤하고 시원하며 중독성 있다.

여의도에는 수정아파트 상가 지하에 자리 잡은 '수정생태'가 있다. 여의도 직장인들이 즐겨 찾는 식당이다. 생태찌개는 생태와 곤이, 알 등 내장을 푸짐하게 넣고 민물새우가 들어가 국물이 시원하다.

신당동에는 '양푼이 생태찌개'라는 내공 있는 집이 있다. 이름대로 양푼에 생태, 내장, 채소, 두부, 콩나물 등을 듬뿍 넣고 끓여준다. 매콤하고 시원한 게 생태탕의 제맛이다. 동네 사람뿐 아니라 외지인들도 많이 찾는 집이다.

한강집생태

삼각지에서 생태탕을 지켜온 집

한 끼 식사의 행복 ◉◉◉◉◉ | **전화** 02 716 7452 | **Since** 1981
한줄평 얼큰하지만 부드럽고 구수한 맛을 자랑하는 일품 생태찌개

삼각지 큰 길가에 있는 생태탕집. 1981년에 지금 가게에서 가까운 골목 안에서 아주 조그맣게 시작했다. 사장님이 예전에 설렁탕, 찌개 등의 메뉴로 가게를 해오다 손님들이 질리지 않는 메뉴로 찾아낸 것이 생태탕이다. 생태탕을 시작하고 손님이 넘쳐나 지금 가게로 옮겼다. 그 전 가게는 워낙 작은 집이어서 줄을 길게 서곤 했다.

대하, 꽃게 등 여러 가지 해산물 재료로 열 시간 이상 우려내 국물을 만들고 매일 새벽 수산시장에서 생태를 구입해 온다. 생태탕을 시키면 주방에서 양푼 냄비로 한 번 끓이고 테이블에서 센 가스 불에 올려준다. 아줌마들이 두부, 생태, 곤이 등을 나누어 친절하게 서빙해준다. 국물 맛이 얼큰하지만 부드럽고 구수하며 생태는 쫄깃하다. 반찬은 구운 김, 김치, 깍두기 등 단출하지만 구운 김으로 싸 먹는 밥이 탕과 너무 잘 어우러진다. 해장 손님에게도 인기다. 러시아산 생태를 쓴다. 2인 이상 주문해야 하고 포장도 가능하다.

주소   서울시 용산구 백범로 400
찾아가기 지하철 4, 6호선 삼각지역 8번 출구 바로 앞
가격   생태매운탕 14,000원

안성또순이

40년 역사의 신문로 생태찌개

한 끼 식사의 행복 ⊖⊖⊖⊖⊖ | **전화** 02 720 5670 | **Since** 1979
한줄평 얼큰하고 깔끔해서 시원한 국물 맛을 자랑하는 생태찌개

신문로 서울역사박물관 옆 골목길로 들어서면 나타나는 생태찌개 맛집. 원래 1979년경 정동 MBC 뒤편에서 시작해서 메뉴와 장소를 바꾸며 40년 넘게 영업해 온 노포다. 이 자리에서도 10년을 훌쩍 넘어 장사하고 있다. 생태찌개로 이름난 집이지만 대구찌개 등 식사류와 각종 안주류도 많이 맛볼 수 있는 꽤 규모가 큰 가게로 광화문 지역 직장인들을 위한 저녁 회식 장소로도 좋다. 생태찌개는 큰 냄비로 나오는데 대/중/소가 있고 매운탕/맑은탕이 있다. 그래서 혼자 가기는 어렵다. 주방에서 한번 끓여 테이블에서 끓이면서 먹는데 매운탕으로 시켜도 국물이 맵지 않고 깔끔하고 시원한 맛이다. 이 집은 싱싱한 생태를 쓰는 것으로 알려져 있는데 원래 생태가 싱싱해야 국물 맛도 좋다 한다. 생태, 곤이, 알을 푸짐하게 넣고 두부, 새우, 야채, 대파 등을 더해 끓여낸다. 김치, 콩나물무침, 배추무침 등 반찬이 단출하므로 동그랑땡을 시켜 나눠 먹으면 심심치 않다.

주소   서울시 종로구 경희궁길 18
찾아가기   지하철 5호선 광화문역 7번 출구에서 9분 거리
가격   생태찌개(소) 30,000원, (중) 42,000원, (대) 52,000원

진미생태

30년 역사의 마포 생태찌개 지존

한 끼 식사의 행복 ☺☺☺☺☺ | **전화** 02 701 3274 | **Since** 1989
한줄평 싱싱한 생태를 써서 오랫동안 지켜온 얼큰하고 시원한 생태탕

마포구 용강동에 자리 잡은 내공 있는 생태탕 전문점. 1989년 개업해 마포에서 오랫동안 이름을 날린 맛집으로 이 지역 재개발로 인해 원래 자리인 단독 가게에서 상가로 이사했다. 마포, 여의도 지역 손님들이 많이 찾으며, 10~20년 단골은 기본이다. 가게 규모가 꽤 크지만 식사 때는 꽉 찬다. 방 안쪽에는 전에 없었던 유명인들의 사인이 걸려 있다. 얼리지 않은 생태를 쓰는 생태탕 전문점으로 대/중/소로 주문한다. '중'을 시키면 세 사람이 먹을 수 있다. 살이 부드럽고 알, 곤이 등 내장도 많이 넣어준다. 채소도 듬뿍 얹어 나온다. 매콤하고 시원한 국물이 일품이다. 내장 추가도 가능하고 점심때는 명태탕 1인분도 판다. 두부부침, 오징어조림, 깍두기, 콩나물무침 등 반찬도 깔끔하다. 누룽지를 끓여서 식사 후에 준다. 생대구탕도 잘하는 집인데 가격이 생태탕보다 비싸다. 데친 오징어 숙회를 시키면 생태탕이 조리될 때까지 별미로 즐길 수 있다.

주소 서울시 마포구 토정로31길 24
찾아가기 지하철 5호선 마포역 2번 출구에서 5분 거리
가격 생태탕(소) 32,000원, (중) 43,000원, (대) 54,000원

수정생태

여의도 생태찌개의 자존심

한 끼 식사의 행복 🍚🍚🍚🍚 | **전화** 02 784 4745 | **Since** 1987
한줄평 푸짐한 생태와 내장, 민물새우로 무장한 얼큰하고 구수한 생태찌개

여의도 수정아파트 상가 지하 1층에 자리 잡은 생태찌개 명가. 1987년에 개업한 여의도 최고의 노포 중 하나로 메뉴는 생태찌개백반 하나다.

생태찌개백반을 시키면 생태와 곤이, 알, 애 등 내장을 푸짐하게 넣어 주방에서 한번 끓여 나오는데 테이블에서 가스 불에 끓이면서 먹는다. 신선한 생태 내장을 푸짐하게 넣어주어 인기를 끌고 있다. 민물새우를 넣은 얼큰한 국물이 일품이어서 해장용으로 찾는 손님들도 많다. 민물새우 가격이 올라서인지 예전보다 적게 들어가 있다. 김치, 콩나물무침, 오이무침 등 계절에 따라 바뀌는 반찬 외에 부드럽고 맛있는 계란찜이 항상 나온다. 여의도 직장인들은 다 알고 있는 집이다. 점심시간에는 줄을 서야 하니 미리 가는 게 낫다. 포장도 해준다.

주소   서울시 영등포구 국제금융로7길 3
찾아가기   지하철 5, 9호선 여의도역 5번 출구, 5호선 여의나루역 4번 출구에서 10~13분 거리
가격   생태찌개백반 17,000원

양푼이 생태찌개
(양푼이 생태대구탕)

신당동이 자랑하는 생태찌갯집

한 끼 식사의 행복 ☺☺☺☺☺ | 전화 02 2253 1866 | Since 2004
한줄평 부드러운 생태와 신선한 내장으로 끓여내는 매콤하고 시원한 생태탕

신당동 신당사거리 인근에 있는 생태찌개 전문점. 이 동네뿐 아니라 외지 손님도 많으며 가게 앞쪽에 대기 손님을 위해 비닐 가림막을 쳐두고 있다. 필자도 지인 소개로 처음 방문했던 집이다.

생태찌개가 인기 메뉴인데 역사가 엿보이는 오래된 양푼에 생태와 곤이, 알 등 내장을 넉넉하게 넣고 각종 채소, 두부, 콩나물 등을 고루 담아 주방에서 한번 끓인 후 테이블에서 끓이면서 먹는다. 끓일수록 국물이 진해지므로 좀 기다리는 것이 좋다. 생태는 부드럽고 내장은 신선하며 국물은 매콤하고 시원하다. '내장＋알'을 입맛에 따라 추가할 수도 있다. 추가는 돈을 내지만 한 번만 가능하다. 생선탕을 먹을 때 내장 추가는 내장이 기름지기 때문에 처음부터 시키지 않고 먹다가 중간에 추가하는 것이 좋다. 반찬으로 주는 황태무침 또는 멸치볶음, 어리굴젓 또는 꼴뚜기젓도 특별한 맛이다. 겨울에는 생대구탕도 계절 음식으로 좋다.

주소 서울시 중구 퇴계로78길 18
찾아가기 지하철 2, 6호선 신당역 6번 출구에서 1분 거리
가격 생태탕 12,000원, 생대구탕 14,000원(1인분 가격, 2인 이상 주문)

한 끼 식사의 행복 ⑰

겨울 요리에서
사철 요리로
대구탕

| 뒤풀이(뒤푸리) | 신송한식 |
| 원대구탕 | 맛고마 대구탕 |

대구大口는 회유성 한류 어종으로, 입과 머리가 크다고 붙여진 이름이다. 겨울철 산란장인 가덕도, 진해만 등 동남해안에서 11월 하순에서 2월 중순까지 많이 잡힌다. 예전에 흔했던 대구는 1980년대 중반 이후 어획량이 급격히 감소해 서민 밥상에 오르기 어려워지기도 했다. 하지만 어민과 당국의 오랜 노력으로 이제는 어획량이 늘어나 대구를 먹을 기회가 많아졌다. 대구는 회, 찜, 탕, 구이, 조림 등 다양한 방법으로 요리해 먹을 수 있는 것은 물론 알, 창자, 아가미로는 맛깔난 젓갈을 만들고, 내장 곤이는 탕을 끓일 때 넣는 고급 재료로 대접받는다. 그래서 대구는 머리에서 꼬리까지 버릴 것이 없다고 한다.

대구 요리 중 가장 널리 알려진 메뉴가 대구탕이다. 해장국으로도 손꼽히는 메뉴다. 멸치 육수에 손질한 대구와 곤이, 무를 푸짐하게 넣고 소금, 간장 등으로 간을 해 끓인 다음 식성에 따라 미나리, 콩나물 등 채소를 넣고 파, 마늘, 고추, 양파 등 양념을 더하면 시원한 대구탕이 완성된다. 다대기를 풀어 얼큰한 매운탕으로도 즐길 수 있다.

대구탕으로 이름난 식당들은 주변에 꽤 있다. 생대구를 쓰면 맛이 더 낫다고 하지만, 한철 음식인 데다 가격도 높다. 그래서 굳이 생대구를 고집할 필요가 없다. 러시아 캄차카 해역 등지에서 잡아 즉시 냉동하는 냉동 대구로도 그 맛을 즐길 수 있다. 해동 기술이 발달했기 때문이다. 이러한 기술로 대구탕은 이제 계절 불문하고 저렴하게 즐길 수 있게 되었고, 이에 따라 대구탕을 맛깔스럽게 끓여내는 음식점도 곳곳에 포진하고 있다.

여의도 산업은행 별관 뒤편 정우빌딩 지하 1층에 '뒤풀이(뒤푸리)'라는 대구탕집이 있다. 이름 그대로 아침 해장 손님이 많다. 대구 뼈와 머리로 국물을 우려내어 얼큰하고 시원하다. 큰 양푼에 식감 좋은 대구 살이 푸짐하게 나온다. 마니아들은 대구머리탕을 선호한다. 시원한 국물은 무한 리필이다. 값싸고 푸짐해서 가성비에 감동하게 되는 집이다. 여의도역 인근 신송빌딩 지하에는 '신송한식'이라는 또 다른 대구탕 맛집이 있다. 큰 양푼에 대구, 무 그리고 파만 약간 더해 나오는데 대구 육질이 좋고 국물도 칼칼하고 시원하다. 식사는 물론 해장국으로도 일품이다. 머리탕, 내장탕도 있다. 점심시간에는 긴 줄을 서서 기다려야 먹을 수 있다.

삼각지역 인근 대구탕집이 모여 있는 골목 안에 '원대구탕'이 있다. 1975년 개업한 삼각지 대구탕의 원조집이다. 처음에는 국방부, 육군본부가 인접해 있어 군인들이 많이 찾았다. 넓적한 냄비에 탕을 담아 식탁에서 직접 끓여준다. 대구, 내장, 미나리, 콩나물 등에 매운 양념을 더해 다소 진한 맛이다. 매운 음식에 익숙하지 않은 손님에게는 지리로도 요리해준다. 대구아가미젓갈 등 반찬도 괜찮다. 밥을 볶아 먹기도 하나, 탕국물에 말아 먹는 것도 별미다.

서울역 바로 건너편 동자동 골목길에는 '맛고마 대구탕'이 있다. 전남 함평 출신의 1965년생 사장이 1999년 개업한 집이다. 고향에서 어머니가 깻잎, 김치 등 밑반찬을 지금도 보내주신다. 뚝배기에 쫄깃한 대구 살과 맑은 국물의 대구탕이 나온다. 대구 머리와 뼈로 낸 육수는 시원하고 담백하고 깔끔하다.

뒤풀이(뒤푸리)   여의도 직장인들의 해장용 대구탕집

한 끼 식사의 행복 🍚🍚🍚🍚 | **전화** 02 780 4513 | **Since** 1987
한줄평 얼큰하고 시원한 국물과 쫀득한 대구 살로 끓여내는 마약 대구탕

여의도 산은캐피탈 맞은편 정우빌딩 지하 1층에 있는 대구탕집. 여의도 직장인들은 잘 아는 노포다. '뒤푸리'라는 이름이 재미있다. 근래에 간판을 '뒤풀이'로 바꿨다. 아침 해장국집을 연상시키며 실제 이른 아침 해장 손님이 많다.

남도 스타일의 얼큰한 국물의 대구탕이 일품. 대구 뼈와 머리로 국물을 우려내고 살짝 말린 반건대구를 넣어 끓여준다. 큰 스테인리스 대접에 탕이 나오는데 대구 살이 꽤 많고 쫄깃하다. 대구머리탕을 즐기는 사람은 주문할 때 '머리탕'으로 해달라고 하면 된다. 냉동 대구이지만 특별한 요리법으로 최고의 맛을 낸다. 맑고 시원한 국물은 깔끔한 맛을 자랑하며 무한 리필된다. 아침부터 해장 손님들로 북적거리며 점심때는 여의도 직장인들이 몰려와 먹기 어렵다. 다른 대구탕 집들에 비해 7,000원으로 가성비 최고. 필자가 여의도에 근무할 당시와 국회에 가면 자주 들르던 가게다.

주소 서울시 영등포구 은행로 29
찾아가기 지하철 9호선 국회의사당역 3번 출구에서 6분 거리
가격 대구탕·머리탕 7,000원, 북엇국 6,000원, 대구뽈찜(소) 20,000원

원대구탕

삼각지에서 일군 대구탕의 역사

| 한 끼 식사의 행복 ◉◉◉◉◉ | 전화 02 797 4488 | Since 1975
한줄평 푸짐한 대구, 내장, 채소를 펄펄 끓인 시원하고 매콤한 대구탕

삼각지 대구탕골목을 지켜온 맛집 중 맛집. 1975년 개업해서 2대를 이어오고 있는 대구탕의 원조 격인 가게다. 과거 국방부, 육군본부 등이 가까이 있는 지역 특성상 군인들이 많이 다니던 곳이며 대구 가공 공장, 아가미김치 공장도 운영하는 대구 요리 전문 가게다. '매운탕', '맑은탕(지리)' 중 선택해 '머리', '살', '내장' 등 원하는 조합으로 주문할 수 있다. 넓적한 냄비에 대구, 내장, 미나리, 콩나물 등을 푸짐하게 넣어 식탁에서 바로 끓인다. 국물이 매콤하고 시원하다. 가게에서 미나리, 콩나물, 내장, 대구 순으로 먹으라고 추천한다(당연한 순서다). 미나리는 추가해주며 라면이나 우동 사리, 수제비 사리도 있다. 대구는 러시아산 냉동 대구인데 해동 기술이 대구탕의 맛을 결정한다고 한다. 내장탕, 맑은탕도 특별한 맛이다. 아가미젓갈김치가 아주 특별하다. 남은 국물에 양념, 김 등을 넣고 밥을 볶아주는 볶음밥도 필수. 포장은 20% 할인해주지만 2인분부터 가능하다. 시흥에 직영점이 있다.

주소 서울시 용산구 한강대로62가길 8
찾아가기 지하철 4, 6호선 삼각지역 14번 출구에서 1분 거리
가격 대구탕·내장탕·맑은탕 10,000원

신송한식

여의도 직장인의 입맛을 지키는 대구탕

한 끼 식사의 행복 ☺☺☺☺☺ | **전화** 02 784 5533 | **Since** 1983
한줄평 칼칼하고 개운한 맛으로 직장인들의 마음을 녹여주는 한 그릇

한국거래소 건너편 신송빌딩 지하 1층에 있는 대구탕 맛집. 40년 전통을 자랑하며 여의도 직장인이면 한번쯤은 가보았을 곳. 필자도 여의도에 근무할 때와 국회 다닐 때 자주 가던 집이다.

기본은 양푼에 담아 나오는 대구탕. 국물이 칼칼하고 시원하다. 해장국으로도 일품이다. 뚝배기에 펄펄 끓여 나오는 스타일이 아니라 스테인리스 대접에 국처럼 따끈하게 나온다. 펄펄 끓여 나오면 온도는 오랫동안 유지되나 너무 뜨거울 때는 음식이 제맛이 나지 않을 수 있어 따끈한 탕을 선호하는 이들도 많다. 러시아산 냉동 대구를 해동해 쓰는데 육질이 좋고 부드럽다. 마니아를 위한 대구머리탕도 있고 곤이(이리), 애, 알 등이 푸짐하게 들어가 있는 대구내장탕도 인기. 봄에는 계절 음식으로 멸치회가 인기인데 미리 주문해야 먹을 확률이 높다. 그날 가져온 싱싱한 생멸치를 봄 채소와 함께 매콤하게 무쳐낸다. 점심때는 직장인들로 줄이 길다. 가성비도 최고.

주소   서울시 영등포구 여의나루로 67
찾아가기 지하철 5, 9호선 여의도역 4번 출구에서 4분 거리
가격   대구머리탕·대구내장탕·대구탕 8,000원, 대구전 25,000원

맛고마 대구탕

시원한 맑은탕을 자랑하는 서울역 대구탕

한 끼 식사의 행복 ◡◡◡◡◡ | **전화** 02 774 5910 | **Since** 1999
한줄평 탱탱한 대구 살을 넉넉하게 넣고 끓인 담백하고 시원한 맑은탕

서울역 맞은편 동자동 골목길에 있는 대구탕 전문점. 함평 출신 사장이 직접 끓여 내는 탕이 별미다. 미리 장만해둔 요리가 아니고 주문과 동시에 조리를 시작해서 시간은 걸리지만 탕 맛을 제대로 즐길 수 있다. 뚝배기에 맑은 지리탕으로 펄펄 끓여 나오는데 국물이 담백하고 시원하다. 비린 맛이 전혀 나지 않는다. 살이 푸짐한 대구를 넉넉하게 넣고 큰 무와 함께 끓여 식욕을 돋운다. 대구 살도 쫄깃해서 식감이 좋다. '얼큰한 맛'과 '순한 맛'을 선택할 수 있다. 얼큰한 대구탕도 맑은탕인데 청양고추로 매운맛을 낸다. 해장국으로도 유명하다. 계절에 따라 바뀌는 어묵무침, (콩머리 똄) 콩나물무침, 깻잎절임, 김치 등 반찬도 정갈하다. 착한 대구탕 가격과 뛰어난 맛으로 점심때는 인근 사무실 직원들이 모여들어 줄이 길다. 대구전, 대구뽈찜, 벌교 꼬막, 문어숙회, 계란말이 등 사이드 메뉴도 다양하게 갖추고 있어 저녁 회식 자리로도 손색이 없다.

주소 서울시 용산구 후암로57길 13
찾아가기 지하철 1, 4호선 서울역 11번 출구에서 3분 거리
가격 대구탕(얼큰한 맛, 순한 맛) 10,000원, 알탕 9,000원, 대구전 15,000원

 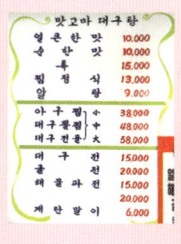 

한 끼 식사의 행복

18

가을날의
보양 메뉴
추어탕

용금옥 남도식당 정동집

원주추어탕 구마산

추어탕은 원래 여름에 지친 몸을 위한 가을 음식으로, 미꾸라지를 쓴다. 미꾸라지 '추鰍' 자는 '고기魚'와 '가을秋'이 합해진 글자다. 원래 추어탕은 미꾸라지가 살이 오르는 가을에 먹어야 제맛이라 한다. 추어탕 재료는 미꾸라지 또는 미꾸리인데 비슷하지만 다른 종류로, 미꾸라지는 약간 납작하고 미꾸리는 동그스름하다. 지금은 더 빨리 자라는 미꾸라지를 많이 쓴다고 한다. 미꾸라지는 강이나 논에서 흔히 잡히므로, 태생적으로 추어탕은 서민 음식이다. 문헌에서는 원기를 돋우는 보양식, 속을 편하게 하는 건강식 등으로 소개되고 있다. 이 밖에도 피부 미용, 노화 방지, 성인병 예방 등 현대인들을 위한 다양한 효능이 있는 것으로 알려져 있다.

추어탕은 지방마다 레시피가 달라 각기 특색이 있다. 경상도에서는 푹 삶은 미꾸라지를 으깬 후 배추, 숙주, 토란대 등을 넣고 끓이다 파, 마늘, 고추 양념과 방앗잎, 산초를 넣는다. 방앗잎은 잡내를 없애고 소화를 촉진하며, 산초는 속을 따뜻하게 하고 항균 작용을 한다. 국물을 맑게 끓이는 스타일이다. 전라도에서는 된장, 시래기, 들깻가루 등을 넣어 걸쭉하게 끓인 다음 부추, 산초를 더한다. 서울에서는 사골 우린 국물에 삶아 놓은 미꾸라지를 통째로 넣고 고춧가루, 두부, 버섯, 파 등을 추가해 끓인다. 서울식은 '추탕'이라 부르기도 한다. 강원도식은 감자, 미나리 등을 넣고 고추장을 풀어 빨갛게 끓인다. 그러나 전국 음식이 된 지금은 지역보다는 식당에 따라 특별한 맛을 선보이고 있다.

추어탕은 전국적으로 사랑받는 메뉴여서 인기 있는 맛집 또한 곳곳에 포진하고 있다. 덕수궁 뒤편 정동극장 옆 골목길에 40년 넘는 관록의 추어탕집 '남도식당 정동집'이 있다. 이 주변 직장인들뿐만 아니라 추어탕 마니아들은 다 아는 집으로, 점심때는 식당 밖으로 길게 줄이 이어진다.

한꺼번에 들어가 앉으면 단일 메뉴인 추어탕을 바로 내어준다. 전라도 식으로 국물 맛이 진하며, 미꾸라지가 갈아서 나온다.

하나은행 본점 뒤편에는 1932년 문을 연 서울식 추탕집 '용금옥'이 있다. 시인, 문인, 정재계 인사, 연극인들의 사랑방이었다. 육수 국물에 끓이는 탕으로, 모습은 육개장을 연상케 하지만 국물 맛이 부드럽다. 유부, 작은 두부 등이 조화를 이룬다. 탕에 들어가는 국수사리도 특색 있다. 서울식은 원래 미꾸라지를 '통으로' 끓여내지만, 이 집에서는 '갈아서'도 준다. 옛날에는 냄비에 나왔으나 이제는 뚝배기를 쓴다. 좁은 골목길에 자리 잡고 옛 모습으로 단골을 반겨주는 집이다. 젊은 주인장이 주방 입구에서 직접 추어탕을 끓이는 모습이 보기가 좋다.

'원주추어탕'은 강남 교보타워 길 건너편에 있는 1977년산 추어탕 전문 가게다. 테이블에서 아주머니가 추어탕을 작은 솥에 직접 끓이면서 요리해주어 남다른 정취를 느낄 수 있다. 맑은 추어탕이 아니고 된장을 풀어 진하고 걸쭉한 스타일이다. '통마리', '갈아서' 모두 가능하다. 매콤한 파김치, 시원한 동치미도 좋다. 원주 집이지만 일반적인 강원도식과는 달리 고추장을 넣지 않는다. 24시간 영업한다.

여의도 미원빌딩에는 전직 대통령 등 유명 정치인들이 다니던 추어탕 집이 있다. 옛날 마산식으로 요리하는 추어탕이라고 해서 상호가 '구마산'이다. 삶은 미꾸라지를 갈아서 체로 거르고, 된장 국물에 배추 우거지를 많이 넣고 맑게 끓이는 경상도식이다. 미꾸라지 맛에 익숙하지 않은 추어탕 아마추어부터 프로까지 골고루 즐길 수 있는 곳이다.

추어탕은 보양, 해장을 겸하는 맛깔난 한 끼로 손색이 없는 메뉴다. 이제 가을뿐 아니라 계절에 상관없이 전국 어디서나 즐길 수 있는 음식이 되었지만, 아무래도 날씨가 차가워야 제격이다.

용금옥

개업 90년을 기다리는 서울식 추어탕

한 끼 식사의 행복 🍚🍚🍚🍚 | **전화** 02 777 1689 | **Since** 1932
한줄평 추탕 고유의 풍미가 넘쳐나는 칼칼한 국물에 말아 먹는 밥과 면

다동 먹자골목에 있는 서울식 추탕의 역사를 써온 집. 대통령을 비롯한 근현대사의 주역들이 다녔다. '시어머니-며느리-손자'의 3대가 이어오고 있다. 지금도 사장이 직접 주방에서 땀을 흘리며 추탕을 만드는 정성이 돋보이는 식당이다.

식사 메뉴는 '추탕' 한 가지. 소내장 등으로 우려내고 미꾸라지를 넣고 유부, 두부, 버섯과 양념을 더해 칼칼하게 끓여낸다. 서울식은 미꾸라지를 '통으로' 끓이지만 손님들이 먹기 편하도록 '갈아서'도 준다. 옛날에는 냄비에 나왔으나 이젠 뚝배기를 쓴다. 대파, 후추, 소금과 산초가 비치되어 있어 식성대로 넣어 먹는다. 열무김치, 무생채, 숙주나물 등 반찬도 맛있다. 밥은 따로 나오는데 삶은 면도 제공한다. 시청 옆에서 큰 가게를 운영하다 1960년대 재개발로 문을 닫았다. 그러나 단골손님들이 가게를 다시 하라고 성화를 해 살고 있던 지금 가게에서 다시 문을 열었다. 서촌에 인척이 하는 가게가 있다.

주소 서울시 중구 다동길 24-2
찾아가기 지하철 2호선 을지로입구역 1번, 1호선 종각역 5번 출구에서 5분 거리
가격 추탕 10,000원, 미꾸라지부침 18,000원, 모둠전 13,000원

원주추어탕

강남의 원조급 추어탕 맛집

한 끼 식사의 행복 ◡◡◡◡◡ | **전화** 02 557 8647 | **Since** 1977
한줄평 진하고 걸쭉한 추어탕에 밥을 말아 먹는 한 끼의 보양식

교보강남타워 길 건너편 골목 안에 있는 추어탕집. 강남 개발 초기에 문을 열어 40년이 넘은 강남에서 꽤 유명한 집으로, 필자가 강남 쪽으로 이사 와서 초기부터 다녀본 가게다.

추어탕을 주문하면 작은 무쇠솥을 가스 불에 올려 끓이는데 아주머니들이 다니면서 먹을 때가 되면 후추, 산초를 추가해주고 앞에 놓인 뚝배기에 먹을 만큼 덜어준다. 한 사람이 시켜도 무쇠솥에 끓여준다. 계속 끓이면서 먹을 수 있어 좋다. 맑은 추어탕과 달리 국물이 진하고 걸쭉한 스타일이다. '통마리추어탕', '갈아서추어탕' 모두 가능하다. 파김치와 시원한 동치미도 곁들여 먹기 좋다. 추가 반찬은 셀프. 수제비 사리를 시켜 넣어 먹으면 별미다. 미꾸라지숙회, 튀김도 한다. '원주복추어탕전문', '원조원주추어탕전문'이라는 간판이 같이 있어 헷갈릴 수 있다. 포장도 되며 24시간 영업한다.

주소 서울시 강남구 강남대로110길 6
찾아가기 지하철 9호선 신논현역 5번 출구에서 2분 거리
가격 갈아서추어탕 10,000원, 통마리추어탕 11,000원, 튀김 12,000원

남도식당 정동집   추어탕만으로 승부하는 마니아 집

한 끼 식사의 행복 ◉◉◉◉◉ | **전화 없음** | **Since** 1970년대
한줄평 기다려도 결코 억울하지 않은 된장 맛이 나는 진한 국물의 추어탕

덕수궁 돌담길 정동극장 옆에 있는 40년이 넘은 관록의 추어탕집. 한옥 가정집을 개조한 숨어 있는 집이지만 인근 직장인들의 단골 맛집이며 추어탕 마니아들은 다 아는 이름 난 가게다.

점심때 가면 일단 식당 밖으로 길게 줄을 서서 기다려야 한다. 자리에 앉으면 별도의 주문 없이 손님 인원수대로 단일 메뉴인 추어탕을 뚝배기에 내준다. 미꾸라지는 남도식으로 갈아서 나오며 된장 맛이 나는 국물이 진하다. 테이블에 준비된 청양고추, 후추, 산초, 고춧가루를 취향대로 첨가하면 된다. 오래전부터 먹어온 추어탕처럼 친근한 느낌이 물씬 난다. 재료는 모두 국내산. 반찬은 겉절이김치, 오이무침, 배추된장무침 등으로 맛깔나다.

오래된 한옥집 느낌이 그대로 살아 있는 옛 모습 그대로의 집이며 좌석도 좌식 그대로다. 전화도 없고 물론 예약도 없다.

주소   서울시 중구 정동길 41-3
찾아가기 지하철 1, 2호선 시청역 1번 출구에서 7분 거리
가격   추어탕 10,000원

구마산

서울에서 맛보는 마산식 추어탕

한 끼 식사의 행복 ◠◠◠◠◠ | **전화** 02 782 3269 | **Since** 1975
한줄평 구수한 된장 국물로 끓여내어 담백한 맛을 자랑하는 경상도 추어탕

여의도 수정아파트 대각선 쪽 미원빌딩 2층에 있는 추어탕집. 역대 대통령 등 정재계 인사들이 많이 찾았다. 옛날의 마산식 추어탕 끓이는 방식을 고집해서 상호가 구마산이다. 사장이 마산 출신인데 따님이 이어받아 2대째 영업하고 있다.

경상도 스타일로 삶은 미꾸라지를 뼈째 갈아서 체로 걸러내고 된장 국물에 배추 우거지를 많이 넣고 끓인 남도식 추어탕. 구수하고 담백한 국물을 자랑한다. 여의도에서 이름난 집으로 추어탕 아마추어부터 프로까지 골고루 즐길 수 있는 곳. 산초, 붉은 고추 다진 것, 마늘 다진 것이 테이블에 준비되어 있고 특별한 풍미를 더하는 방앗잎은 주문하면 준다. 미더덕찜도 좋고 석쇠에 구워내는 불갈비도 비싸지만 별미다. 여의도 직장인들에게 오랫동안 사랑받아 온 가게다. 원래 단독 건물로 있다가 이곳으로 이사 왔다. 국회에 출입하는 관계자들이 많이 다니던 집이기도 하다.

주소 서울시 영등포구 국제금융로 70
찾아가기 지하철 5, 9호선 여의도역 5번, 9호선 샛강역 2번 출구에서 10분 거리
가격 추어탕 10,000원, 미더덕찜 20,000원, 불갈비 30,000원

한 끼 식사의 행복
⑲

서민들의
겨울 보양식
닭곰탕

| 청안식탁 | 황평집 |
| 닭진미(구 강원집) | 마포닭곰탕 |

따끈한 닭곰탕은 삼복더위에 먹기도 하지만 그래도 찬 바람이 부는 겨울철에 더욱 잘 어울리는 보양식이다. 닭곰탕은 소고기 곰탕에 비해 값도 저렴하고 집에서도 요리하기가 비교적 쉬운 가정식 메뉴다. 그 옛날 어머니들이 손맛을 자랑하며 식구들에게 특별식으로 내놓던 추억의 음식이기도 하다.

조리법도 그리 복잡하지 않아서 가족의 건강을 챙기려는 초보 주부나 모처럼 나서서 솜씨를 발휘하려는 아빠들의 실전 메뉴로도 추천할 만하다. 먼저 생닭을 손질해서 삶은 후 물을 한 번 버려 기름기를 덜어낸다. 삶은 닭과 함께 파, 양파, 생강, 마늘 등을 넣고 잘 삶은 뒤 닭을 국물에서 건져내어 잘게 찢어 소금, 후추 등으로 간을 한다. 닭 국물에 다시 닭살을 넣고 부추 등을 더해 한 번 더 끓이면 완성이다. 입맛대로 매콤한 다대기나 파, 후추 등 양념을 더해서 즐기면 된다.

닭곰탕은 여느 음식에 비해 비교적 가격이 크게 오르지 않은 대중식당 메뉴다. 1990년대 초 식당에서 2,000원 했는데 지금도 6,000~7,000원 수준이다. 그럼에도 어떤 탕 종류에도 지지 않는 맛을 자랑하는 닭곰탕을 내놓는 집들이 곳곳에 포진하고 있다. 닭곰탕 하면 지금도 많은 이들이 기억하는 집이 있다. 1980년대 이름을 날리던 서울 중구청 인근 광희동에 있었던 '버드나무 집'이다. 웬만한 사람은 다 알았고, 젊은 시절에 다녔던 추억의 집인데 아쉽게도 오래전에 없어졌다.

물론 지금도 주변 곳곳에 닭곰탕의 맛과 역사를 이어오는 명가들이 적지 않다. 남대문시장 갈치골목 초입에는 55년 된 원조 닭곰탕 전문 식당 '닭진미'가 있다. 옛날 '강원집'에서 이름을 바꿨다. 복잡한 시장통에 자리 잡은 옛날 분위기가 그대로 남아 있는 가게다. 주문을 하면 양푼 냄비에 닭 다리와 고기가 듬뿍 들어 있는 탕과 김치, 깍두기, 마늘이 나온다. 국물이 담백하고 개운하다. 고기를 찍어 먹는 양념장과의 궁합도 최고다. 시장 상인들과 고객들이 찾는 쉼터다. 마포 대흥동에는 '마포닭곰탕'이 있다. 24시간 영업하는 기사식당이다. 원래 안주인이 시작했는데, 바깥주인도 외환위기 이후 모범택시를 그만두고 본격 영업에 나섰다. 프랜차이즈로 시작했지만 바로 독립해 오늘에 이르고 있다. 맑은 국물에 닭고기를 푸짐하게 넣어 든든한 한 끼 보양식으로도 손색이 없다. 다대기를 넣어 매콤하게 먹는 것도 별미다. 오래전부터 영업해온 가게 건물이 헐리는 바람에 이곳으로 옮겼다.

을지로3가와 4가 사이 인현상가 앞에 자리 잡은 '황평집'은 가게 모습대로 50년 역사를 자랑한다. 원래 주인 부부가 황해도, 평안도 출신이어서 황평집이란 상호로 30년 가까이 경영하다 은퇴했고, 지금 주인이 이어받은 지도 20년이 됐다. 담백한 국물, 쫄깃한 닭고기, 닭 껍질이 조화를 이룬다. 매콤한 닭무침도 인기 있는 메뉴다. 점심때는 많이 기다려야 한다. 이 집에서 200m 떨어진 같은 인현동 골목 안쪽에는 '호반집'이 있다. 20여 년을 해온 전 주인으로부터 수년 전에 이어받아 총 30년 가까이 됐다. 커다란 대접에 깔끔한 국물과 닭고기를 듬뿍 넣어준다. 쫄깃한 닭 껍질은 씹는 맛이 있다. 부추, 마늘, 다대기로 국물 맛을 내면 좋다.

한편 충정로 종근당 뒷골목에는 닭곰탕의 일종이라 할 수 있는 평양식 닭개장을 하는 '청안식탁'이 있다. 집안 대대로 내려오는 이북식 닭개장을 하는 집. 개업한 지 오래되지 않았으나 맛집 마니아들 사이에서는 이름 있는 가게다.

청안식탁

이북식 닭개장을 맛보는 집

한 끼 식사의 행복 ☺☺☺☺☺ | **전화** 02 363 7890 | **Since** 2018
한줄평 감칠맛 나는 맑고 뽀얀 국물에 밥을 말아 먹는 정통 평양식 닭 요리

종근당 뒷골목 충정로의 프랑스로에 자리 잡은 신예 닭곰탕 전문 맛집. 이 집은 닭개장이 대표 메뉴인데 닭곰탕의 일종으로 보면 된다. 소고기는 육개장, 닭고기는 닭개장인 모양인데 메뉴의 외모는 완전히 다르다. 닭개장을 시키면 밥, 직접 담근 깍두기와 오징어젓갈이 함께 쟁반에 1인분 상으로 소담스럽게 나온다. 닭개장은 맑고 뽀얀 육수로 나오며 찢은 닭고기와 대파가 푸짐하게 들어가 있다. 닭 국물은 감칠맛을 자랑한다. 매콤한 닭개장으로 먹으려면 별도로 준비된 다대기를 넣으면 된다. 그러나 본래 평양 맛을 즐기려면 나오는 그대로 먹는 것이 답이다.

주인아주머니는 식당을 처음 해본다고 하는데 집안에서 대대로 해오던 음식이라 자부심이 있다. 점심 식사는 닭개장, 닭죽 두 가지이며 저녁때는 파전, 닭발, 닭똥집 등 술안주도 한다. 김치, 고추장도 직접 담그며 국내산 최상의 재료만을 고집한다.

주소   서울시 서대문구 충정로4길 21
찾아가기   지하철 2, 5호선 충정로역 2번 출구에서 2분 거리
가격   닭개장 8,000원, 닭죽 7,000원, 닭발 16,000원

닭진미(구 강원집)

남대문시장의 닭곰탕 지킴이

한 끼 식사의 행복 🍲🍲🍲🍲🍲 | **전화** 02 753 9063 | **Since** 1962
한줄평 쫄깃한 닭고기와 푹 곤 맑은 국물의 풍미는 역사의 산물

남대문시장 갈치골목에 있는 관록의 닭 요리 전문점. 갈치골목의 입구에 있는 첫 번째 식당으로 갈치 식당이 아니면서도 늠름하게 버티고 있다. 60년 가까이 된 노포로 허름하지만 내공 있는 집이다. 시장 손님들과 상인, 닭 마니아들이 즐겨 찾는다. 하루 종일 손님이 있는 집으로 옛날 이름은 '강원집'이다.

닭곰탕을 시키면 오래된 1인 양은 냄비에 푹 곤 곰탕이 나온다. 파만 올린 국물이 담백하고 개운하다. 탕에는 닭 다리 하나와 고기가 꽤 들어가 있고, 맛과 식감 좋은 닭 껍질도 있어 풍미를 더한다. 밥은 따로 나오며 반찬은 김치, 깍두기, 마늘이 전부다. 양념장에 찍어 먹는 고기도 쫄깃하고 감칠맛 난다. 메뉴는 닭곰탕, 고기백반, 닭고기, 통닭 네 개뿐이다. 고기백반은 닭고기, 국물, 밥이 따로 나온다. 가게 입구에서 할머니가 삶은 닭을 정성스럽게 찢어 쌓아놓고 있는 모습이 인상적이다.

주소 서울시 중구 남대문시장길 22-20
찾아가기 지하철 4호선 회현역 5번 출구에서 3분 거리
가격 닭곰탕 8,000원, 고기백반 9,000원, 통닭 18,000원

황평집

50년 역사의 을지로 닭곰탕

한 끼 식사의 행복 🥣🥣🥣🥣 | **전화** 02 2266 6875 | **Since** 1968
한줄평 담백하고 깔끔한 맑은 국물과 푸짐한 닭고기를 맛보는 집

을지로 인현동 지하쇼핑센터 바로 옆에 자리 잡은 닭 요리 전문집. 1970년대 초에 황해도와 평안도 출신 주인 부부가 시작해서 상호가 '황평집'이다. 부부가 30년간 운영하다 지금 주인이 이어받은 지도 20년 됐다. 50년 가까운 역사 속에서 변함없이 담백한 닭 요리의 맛을 자랑한다. 식사 메뉴는 닭곰탕 한 가지로 '보통'과 '특'이 있다. 스테인리스 대접에 맑은 국물과 손으로 찢은 닭고기를 푸짐하게 담고 대파를 푸짐하게 얹어준다. 이 집은 영계가 아닌 노계를 쓰는데 더 쫄깃한 맛이 있다. 국물이 심심하며 그리 뜨겁지도 않아 밥을 말아 바로 먹어도 맛있다. 식성에 따라 닭 껍질을 많이 넣거나 빼달라고 미리 주문하면 된다. 닭고기 마니아들은 껍질을 많이 찾는다. 반찬은 마늘종, 부추무침으로 닭곰탕과 잘 어울린다. 매콤한 닭무침과 백숙을 손질해 나오는 닭찜은 술안주로 찾는 사람이 많은 이 집의 인기 메뉴다. 다양한 연령대의 손님이 찾는 맛집이다.

주소 　　서울시 중구 마른내로 74
찾아가기 　지하철 3, 4호선 충무로역 8번 출구에서 5분 거리
가격 　　닭곰탕 6,000원, (특) 8,000원, 닭찜 18,000원

마포닭곰탕

마포 24시 기사식당 닭곰탕

한 끼 식사의 행복 🍚🍚🍚🍚 | **전화** 02 6404 1989 | **Since** 2004
한줄평 진하게 우려낸 닭 육수와 담백한 닭고기로 즐기는 한 끼의 보양식

마포구 대흥동에 자리 잡은 닭 요리 전문 식당. 24시간 영업하는 기사식당으로 주차가 편리하다. 원래 여사장이 하다가 모범택시를 운전하던 남편이 합류한 부부 식당.

주방의 큰 무쇠솥에서 닭을 푹 고아 육수를 내고 고기는 손으로 일일이 찢어두었다가 탕에 더해주거나 따로 낸다. 이래저래 손이 많이 가는 음식일 수밖에 없다. 닭곰탕은 국밥 형태로 나오는데 육수는 맑고 깔끔한 맛을 자랑한다. 닭다리살, 닭날개살 등을 푸짐하게 넣고 당면, 파 등이 더해진다. 먼저 따로 간하지 않고 그냥 깔끔한 육수를 맛보며 먹다가 중간에 다대기 양념을 더해 먹으면 칼칼한 또 다른 음식을 맛볼 수 있다. 닭백반은 국물과 밥이 따로 나오며 닭고기도 따로 접시에 나온다. 곰탕에 비해 고기가 많이 나오며 고기를 찍어 먹는 양념장이 함께 나온다. 닭 껍질 백반은 닭고기에 껍질을 많이 주는 메뉴인데 별미다. 반찬은 겉절이김치와 마늘쫑무침, 양파 등이 나온다.

주소 서울시 마포구 토정로 25길 43
찾아가기 지하철 6호선 대흥역 3번 출구에서 6분 거리
가격 닭곰탕 7,000원, 닭백반 8,000원, 닭 껍질 8,000원

한 끼 식사의 행복

⑳

아침을 깨우는 서민 메뉴 해장국

- 무교동 북어국집
- 창성옥
- 용문해장국
- 한성옥해장국
- 청진옥
- 양평신내서울해장국
- 진시황북어국

해장국은 숙취를 달래기 위한 국이란 뜻의 '해정갱解酲羹'에서 비롯된 말로 북한에서는 지금도 '해정탕'이라 한다. 해장국은 흔히 전날의 숙취를 다스리기 위해 먹는 따뜻한 국물 음식으로만 생각한다. 그러나 새벽부터 일터로 향하거나 밤새워 일한 사람들의 허기를 달래는 서민의 아침 메뉴이기도 하다.

해장국은 지역에 따라 다양한 재료와 레시피가 있다. 서울에서는 사골 국물에 선지와 우거지 등을 넣고 끓이는 선지해장국, 한우로 유명한 양평에서는 천엽해장국, 부산·경남에서는 복어로 맑은국을 끓이는 복국이나 작은 조개로 맑게 끓이는 재첩국, 명태를 말려 황태를 만드는 강원도 일대에서는 황태해장국, 전주 일원에서는 콩나물국밥, 전남에서는 홍어를 푹 끓이는 홍어탕, 인천·부천에서는 뼈다귀해장국 등이 예로부터 유명했다.

그러나 이제는 재료를 어디서나 쉽게 구할 수 있어, 전국 어느 곳에서나 다양한 해장국을 맛볼 수 있다. 그럼에도 굳이 멀리 있는 가게를 찾아다니며 옛 맛을 못 잊는 마니아들이 많다.

서울에서는 아무래도 소뼈를 고아 끓이는 선지해장국이 대세다. 청진동에는 1937년에 개업해 대를 이어오는 터줏대감 격인 '청진옥'이 있다. 지금은 청진동 재개발로 인근 대형빌딩 1층으로 이사했다. 고교 입시 때 처음 먹어본 이후 계속 찾고 있는 오랜 인연의 단골집이다. 구수한 국물과 우거지, 내장, 선지, 콩나물 등이 잘 어우러지는데 파를 듬뿍 넣으면 더욱 맛깔나다. 예전에는 찬밥을 국물에 토렴해서 바쁜 사람들이 얼른 먹고 나갈 수 있었는데, 지금은 뜨겁게 끓여 나온다. 주인은 이제 손님들 식성이 바뀌어서 그렇게 한단다.

용문동 용문시장 인근에 용산 3대 해장국집이 있다. 세 집 모두 지하철 6호선 효창공원앞역에서 가깝다. 일컬어 '용문식 해장국'이라 한다. 사골을 오래 곤 국물에 살이 붙은 소 목뼈 한 토막, 선지, 배추 등을 넣어 끓이는 이 지역 전통 해장국이다. '창성옥'은 70년 된 가게로, 오래된 건물을 새로 단장했다. 예전에는 24시간 영업했으나 지금은 자정까지 영업한다. 80년 가까이 된 '한성옥해장국'은 작은 테이블이 여덟 개밖에 없는 조그마한 가게인데도 알 만한 사람들은 다 안다. '용문해장국'은 규모 있는 집으로 깔끔한 국물을 자랑한다.

선지해장국으로 빠지지 않는 집인 '양평신내서울해장국'도 있다. 경기도 양평은 예로부터 좋은 한우를 많이 키워 해장국이 발달했다. 이곳에 '양평해장국' 원조집이 있는데, 큰아들이 서울 신사동에 가게를 냈다. 내장을 푸짐하게 넣어주는데 매콤한 고추기름을 곁들이면 맛이 특별해진다.

복국을 서울에서 맛볼 수 있는 집이 몇 군데 있다. 화곡동 강서구청 건너편에 '충무호동복국'이 있었다. 이 집은 통영에서 1951년 개업해서 서울까지 진출했다. 통영의 가게는 아들이, 이곳은 맏딸이 했다. 복, 미나리, 콩나물을 넣어 끓인 맑은탕 복국이다. 통영에서 나는 졸복을 쓰는데, 참복과에 속하는 작은 자연산 복이다. 복국에 파래무침을 아낌없이 넣어 먹어야 제맛이다. 바다 내음이 나는 음식이다. 아쉽게도 얼마 전 문을 닫았다.

해장국의 또 다른 문파는 북엇국으로, 서울시청 뒤에 1968년에 문을 연 '무교동 북어국집'이 있다. 자리에 앉으면 바로 큰 대접에 북엇국을 내어준다. 시원한 국물에 북어, 두부, 계란, 파가 들어간 단순한 국이지만 중독성이 있다. 일본 매스컴에도 수차례 소개되어 아침부터 일본 관광객 때문에 줄을 서야 한다.

마포 신공덕동에서는 북엇국을 전문으로 하는 '진시황북어국'이 입소문을 타면서 인근 직장인들과 주민들로부터 호평을 받고 있다.

이 외에 콩나물해장국도 많은 애주가로부터 사랑을 받는 해장 메뉴인데 워낙 맛있게 끓여내는 집이 많아 개별 가게 소개는 생략한다. 해장국은 한국인이 가장 많이 찾는 메뉴 중 하나다. 이른 아침 일터로 나서는 사람들의 공복을 채워주기도 하고 전날의 숙취를 순하고 따뜻한 국물로 달래주기도 하는 양수겸장의 국민 메뉴라 하겠다.

무교동 북어국집

무교동 직장인의 아침 오아시스

한 끼 식사의 행복 ◡◡◡◡◡ | **전화** 02 777 3891 | **Since** 1968
한줄평 뽀얗게 우려낸 따끈한 북엇국은 해장 겸 든든한 한 끼 식사

서울시청 뒤편 무교동 골목에 있는 50년 넘은 해장국집. 이른 아침 일하는 사람, 숙취를 다스리러 온 사람, 맛있는 한 끼 식사를 위해 온 사람 등으로 계절 불문하고 아침, 점심 모두 줄이 길다. 일본 매스컴에도 소개되어 일본 관광객들로 붐빈다.

자리에 앉으면 주문을 따로 하지 않아도 바로 해장국이 나온다. 뽀얀 북어를 우린 국물에 북어, 두부, 계란, 파가 들어간 단순한 국이다. 큰 대접에 나오지만 국물, 건더기를 많이 달라고 하면 더 주며 리필도 가능하다. 뜨끈하고 든든한 한 끼로 손색이 없다. 시원한 국물이 해장국으로도 안성맞춤이다. 해장국에 어울리게 시원한 물김치가 나오며 테이블에 세팅되어 있는 부추무침, 오이절임무침, 김치 등도 북엇국과 잘 어울린다. 간을 맞추기 위한 새우젓도 준비되어 있다. 계란프라이는 초란을 사용하며 별도 주문. 이 집에서는 그냥 '알'이라 부르며 반숙으로 나온다.

주소 서울시 중구 을지로1길 38
찾아가기 지하철 1, 2호선 시청역 4번 출구에서 5분 거리
가격 북어해장국 7,500원, 계란프라이 500원

창성옥

용산 3대 해장국집-1

한 끼 식사의 행복 ☺☺☺☺☺ | **전화** 02 718 2878 | **Since** 1948
한줄평 시원하고 깔끔한 된장 향이 나는 국물로 해장하고 소뼈 고기로 영양 보충

용문동 용문시장 앞에 있는 용산 3대 해장국집 중 하나. 오래된 건물을 말끔히 리모델링했다. 1948년 용문시장이 생길 때 개업해서 그런지 70년 넘은 가게라고 간판에 쓰고 있다. 1986년 현 사장의 어머니가 인수해 3대째 영업을 해오고 있다.

선지해장국이 대표 메뉴로 소 목뼈와 사골로 낸 국물에 된장을 풀어 끓여내는데 부드럽고 잡내가 없고 국물이 시원하고 깔끔하다. 잘 익은 배추, 살이 꽤 붙어 있는 큼직한 소뼈 한 덩이에 선지가 들어가 있고 다대기 양념이 올라간다. 용산 3대 해장국집 중 가장 고기가 많다. 주문시 식성에 따라 선지를 빼거나 우거지를 더 넣어달라고 하면 된다. 따로 시키는 반숙 계란프라이도 해장 식사와 어울린다. 뼈전골, 수육도 있다. 소뼈, 사골은 호주, 뉴질랜드산. 용산 3대 해장국집 중 유일하게 저녁도 하며, 24시간 영업하던 집인데 이제는 자정까지만 영업한다. 포장도 된다. 포장은 한 시간 내 끓일 것을 권장.

주소   서울시 용산구 새창로 124-10
찾아가기 지하철 6호선 효창공원앞역 3번 출구에서 6분 거리
가격   해장국 8,000원, 계란프라이 500원

 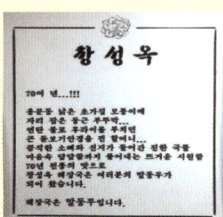 

용문해장국

용산 3대 해장국집-2

한 끼 식사의 행복 ◠◠◠◠◠ | **전화** 02 712 6290 | **Since** 1964
한줄평 깔끔하고 시원한 소고깃국 같은 국물이 일품인 소뼈해장국

용문동 용문시장사거리 인근에 있는 용산 3대 해장국집 중 하나. 서울식 토박이 선지해장국집이라 소개하고 있다. 가게가 꽤 크고 가게 앞에 주차도 가능하다. 기사식당으로 인기인 집.

뚝배기에 탕국, 살이 많이 붙은 큰 소뼈, 선지를 담고 파로 무장한 해장국이다. 끓일 때 청국장을 더해 개운한 뒷맛을 낸다. 소고깃국 같은 깔끔하고 시원한 국물이 일품이다. 푹 삶은 소뼈에 붙은 고기를 젓가락으로 뜯어 먹는 맛도 있고 신선한 찰선지도 푸짐하다. 해장국으로 딱 좋으며 한 끼 식사로도 손색이 없다. 쟁반에 밥, 깍두기, 풋고추가 함께 1인분 식사용으로 얌전하게 나온다. 용산 3대 해장국 중 가장 순한 맛이며 선지가 신선하다. 해장국 단일 메뉴만 한다.

용문동 3대 해장국집 중 가장 규모가 큰 집. 새벽 2시부터 오후 2시까지 영업하며 저녁 장사는 안 한다. 포장도 가능하다.

주소   서울시 용산구 효창원로 110
찾아가기 지하철 6호선 효창공원앞역 3번 출구에서 2분 거리
가격   해장국 8,000원

한성옥해장국

용산 3대 해장국집-3

한 끼 식사의 행복 😊😊😊😊😊 | **전화** 02 718 9031 | **Since** 1941
한줄평 걸쭉하고 진하면서도 칼칼한 맛으로 입맛을 사로잡는 소뼈해장국

효창공원앞역 도로변에 있는 해장국 전문집. 용산 3대 해장국집 중 최고참. 사장이 혼자 일하는 80년 가까이 된 전통의 해장국집이다. 옛날 서울식 소뼈해장국의 맛을 느껴볼 수 있다. 오래된 집으로 작은 테이블이 홀에 네 개, 조그만 방에 네 개밖에 없다. 해장국 단일 메뉴. 뚝배기에 큼직한 소뼈를 담고 배추, 선지를 넣고 다대기를 올려 내는 탕이다. 오래 고아서 국물이 기름지고 진하다. 그래도 느끼하다는 느낌이 없고 칼칼한 맛이다. 깍두기 국물을 넣어 먹으면 더 시원한 맛을 즐길 수 있다. 걸쭉한 해장국에 숟가락을 꽂아서 나오는 모습이 독특하다. 소뼈의 살도 두툼해 먹을 만하다. 신선한 선지도 평이 좋다. 점심때는 일찍 가도 영락없이 줄을 선다. 그래도 회전율이 높아 기다릴 만하다. 새벽 5시에 열고 오후 2시에 문을 닫지만 준비한 양이 떨어지면 그 전이라도 문 닫는다. 택시기사분들이 많이 찾는다.

주소 서울시 용산구 백범로 283
찾아가기 지하철 6호선 효창공원앞역 1번 출구에서 30m 떨어진 도로변
가격 해장국 8,000원

청진옥

우리나라 해장국의 산 역사

한 끼 식사의 행복 🥣🥣🥣🥣 | **전화** 02 735 1690 | **Since** 1937
한줄평 된장을 푼 구수한 국물, 신선한 내장과 선지로 무장한 전통 해장국

종로구청 인근에 있는 원조 해장국집. 3대에 걸쳐 80년 넘는 역사를 자랑하는 청진동 터줏대감. 가게가 원래 옛날 청진동 골목길에 있다가 이 지역 재개발로 피맛골의 르메이에르종로타운 1층으로 옮겼다. 그러다 얼마 전 종로구청 가는 길 쪽에 새 단독 건물을 지어 이전했다. 많은 사람들의 추억이 어린 오래된 단골집이다.

식사 메뉴는 해장국 한 가지(보통, 특). 국내산 한우를 쓰며 배추, 내장, 선지를 푸짐하게 담아 나온다. 내장과 선지는 선별해 주문할 수도 있다. 된장을 푼 착한 국물 맛은 일품이다. 필자는 따로 주는 파를 듬뿍 넣어 먹는다. 옛날에는 토렴 방식으로 나왔으나 이젠 끓여서 나온다. 토렴하면 온도가 적당해 음식 맛을 잘 즐길 수 있는데 끓여 나오면 맛을 제대로 느끼기 어렵고 먹는 속도도 떨어진다. 고객들이 뜨겁지 않으면 성의 없다고 해서 이제는 끓여 내온다고 한다. 24시간 영업하며 저녁 회식 장소로도 많이 찾는다.

주소 서울시 종로구 종로3길 32
찾아가기 지하철 5호선 광화문역 2번 출구, 1호선 종각역 1번 출구에서 5분 거리
가격 해장국 10,000원, 내장수육 28,000원

양평신내서울해장국

서울에 진출한 양평해장국

한 끼 식사의 행복 😋😋😋😋😋 | **전화** 02 516 0208 | **Since** 1975
한줄평 우거지, 내장(양), 선지 등을 차례로 먹고 매콤한 국물에 밥을 말아 먹는 보양식

잠원동 골목 입구에 자리 잡은 해장국집. 경기도 양평군 개군면에서 1975년에 시작한 '양평신내서울해장국'이 전국적으로 유명해진 양평해장국의 원조이며 이제는 큰아들이 서울에서 '양평신내서울해장국'을 운영한다. 이 가게는 사거리 주유소 쪽에서 오래 영업하다 재건축으로 얼마 전 길 건너 가게로 옮겨 신장개업했다.

해장국은 한우 내장으로 48시간 끓여 육수를 내고 뚝배기에 선지, 양, 우거지, 콩나물 등을 푸짐하게 담아 끓인다. 우거지, 내장, 선지 등으로 시작해 마지막에 국물을 먹는다. 양이 쫄깃하고 냄새가 없어 입맛을 돋운다. 매콤한 고추기름을 곁들이면 좋다. 간이 세다는 이들도 있어 별도로 싱거운 육수가 준비되어 있다. 탕에 쓰는 내장은 국내산이며 시래기, 오이지, 고추다대기 등 반찬류는 직영 농장에서 직접 마련해 나온다. 양평에 있는 본점보다는 가벼운 맛이라는 평도 있다. 24시간 영업하며 직영점, 가맹점이 여러 곳에 있다.

주소 서울시 서초구 강남대로 615
찾아가기 지하철 3호선 신사역 5번 출구에서 1분 거리
가격 양평해장국 9,000원, 내장탕 11,000원

진시황북어국

마포의 신예 북엇국집

한 끼 식사의 행복 😊😊😊😊 | **전화** 02 703 5970 | **Since** 2015
한줄평 황태와 사골로 우려낸 시원하고 구수한 뽀얀 우윳빛 북엇국

신공덕동 메트로디오빌 1층에 자리 잡은 신예 북엇국집. 공덕동에서 몇 년 전에 개업한 후 얼마 전 이곳으로 이사 왔다. 마포 일대 직장인들 사이에서 알려진 식당.

북엇국이 대표 메뉴로 가게에서 직접 오랜 시간 육수를 끓여낸다. 북어는 강원도 인제군 용대리에서 한겨울에 건조한 황태를 쓴다. 황태를 참기름에 볶아 우려낸 육수에 한우 사골 육수를 섞어 끓인 다음 두부, 부추와 함께 낸다. 북엇국, 밥, 김치, 고추절임, 멸치볶음 등과 함께 정갈한 차림으로 나온다. 새우젓으로 간하면서 먹으면 좋다. 뽀얀 국물이 진하면서 시원한 해장용 북엇국이다. 준비한 육수가 떨어지면 더 이상 주문을 안 받는다. 주인장과 도우미 한 분만 있는 작은 가게다. 시래기와 매콤한 양념장을 넣는 얼큰 북엇국도 괜찮다. 식사 나올 때까지 기다리며 먹으라고 삶은 계란을 셀프로 제공한다.

주소 서울시 마포구 백범로 199
찾아가기 지하철 5, 6호선 공덕역 6번 출구에서 1분 거리
가격 북엇국 7,000원, 황태막국수·물막국수 8,000원

한 끼 식사의 행복
㉑

한국인의
새해 음식
만둣국, 떡국

- 자하손만두
- 봉산옥
- 새봄떡국국수
- 진진만두국
- 산하
- 개성만두 궁
- 만두집
- 평안도 만두집
- 담온

설날 하면 누구에게나 떠오르는 메뉴가 있다. 예로부터 설날에 가장 많이 먹는 음식인 만둣국이나 떡국이다. 충청·전라·경상도 등 우리나라 남부에서는 떡국을, 황해·평안·함경도 등 북부에서는 만둣국을 설날 차례상에 올렸다. 필자는 어머니가 함경도 분이셔서 어려서부터 만둣국에 입맛을 들였고, 명절이나 손님 대접할 때, 또 가족이 오랜만에 모일 때는 어머니와 식구들이 함께 만두를 빚었던 기억이 지금도 생생하다.

만두는 원래 중국에서 전해 온 것으로 알려져 있다. 우리나라에서는 이북 지방에서 만둣국을 많이 먹었고 이제는 전국 어디서나 계절에 상관없이 즐기는 우리의 고유 음식이 되었다. 만둣국은 떡국에 비해 손이 많이 가지만 더 정성스러운 음식으로 손님 대접에도 좋은 메뉴다. 먼저 잘게 다진 김치, 물을 꽉 짜낸 숙주와 으깬 두부에 다진 돼지고기, 마늘, 생강 등 양념을 더해 잘 섞어서 만두소를 만든다. 그다음 만두피를 손바닥에 놓고 만두소를 얹어 만두를 빚는다. 마지막으로 소고기장국 또는 사골 국물에 만두를 넣고 간을 해서 끓인 다음 그릇에 담아 고기 고명, 계란 지단, 실고추 등을 얹어 완성한다. 설날에 즈음하여 옛날 어머니 손맛이 그리워질 때 생각나는 음식이 바로 만둣국이다.

떡국도 새해 음식이다. 국 종류를 즐겨 먹는 한국인들은 계절별로 여러 재료로 탕 음식을 끓여 내는데, 새해를 시작하는 1월에는 떡국을 가장 많이 찾는다. 떡국은 비교적 쉽게 요리할 수 있다. 먼저 장국은 사골과 양지머리 등 소고기를 고아서 구수하게 끓인다. 시간이 없을 때는 소고기를 썰어 양념해 볶다가 물을 부어 간편 장국으로 해결할 수 있다. 장국에 얇게 썬 가래떡을 넣고 끓인 후 육수를 낼 때 쓴 소고기를 손으로 잘게 찢어 올리거나, 다져 볶은 소고기를 얹는다. 여기에 달걀 지단, 김, 파 등 지역에 따라 다양한 고명이 더해진다. 요리연구가 조자호 여사가

1939년에 저술한《조선요리법》에서 떡국을 끓이는 전통 방법을 다음과 같이 소개하고 있다.

> 흰떡을 어슷어슷하고 얄팍하게 썰어놓고, 고기를 살로 몇 조각만 너비아니로 저며놓고 꾸미로 재워서 맑은장국을 간 맞게 끓이다가, 계란을 깨뜨려 한쪽으로 가만히 부었다가 위로 뜨거든 따로 건져놓고, 썰어놓은 떡을 정한 물에 한 번 씻어서 넣고 끓여서 위로 뜨면 다 된 것입니다. 저며놓은 고기는 잔칼질을 해서 양념해서 구워 갸름하게 썰어서 떡국을 뜨고 위에다 얹고 계란도 얹은 후 후춧가루를 약간 뿌립니다. 설탕은 웃고명 양념할 때만 넣으십시오. _ 조자호,《조선요리법》, 127쪽, 책미래, 2014년

개성 지방에서는 새해 아침 조랭이떡국을 해 먹는데 떡이 재미있게 생겼다. 쌀가루를 쪄서 만든 흰떡을 일일이 누에고치 모양으로 만들어낸다. 누에고치의 실처럼 일이 술술 잘 풀리라는 의미가 있다는 해석도 있고, 조랭이떡이 조롱박을 닮아서 액운을 막는다는 뜻이 있다고도 한다. 떡국은 이렇게 한 해를 시작하면서 집에서 가족들이 함께 나누는 음식이었으나 떡국을 끓여 파는 가게들이 생기면서 바쁜 현대인들이 사철 즐길 수 있는 메뉴가 되었다.

만둣국은 예전에는 집에서 직접 만두를 빚어 끓여 먹었으나 이제는 외식으로 즐기는 경우가 많다. 반면 떡국은 가정에서 조리하기가 쉬운 음식이어서 전문점이 흔하지 않고 다른 메뉴를 하면서 떡국도 하거나 떡만둣국 형태로 요리해 파는 집들이 많다. 만둣국이나 떡국을 잘 만드는 식당들은 곳곳에 있다.

부암동 창의문 인근에 '자하손만두'가 있다. 양옥집을 깔끔하게 개조

해서 운치 있게 단장한 집으로, 다소 외진 곳에 있으나 마니아들은 다 알고 용케도 찾아온다. 다양한 만두 메뉴가 있지만 메인은 만둣국이다. 대접에 만두가 바람개비처럼 배열되어 멋들어지게 담겨 나온다. 국물은 양지를 우려 간장으로 간을 해서 심심하고 깨끗한 느낌이다. 떡만둣국을 시키면 대접에 다양한 색의 만두와 조랭이떡이 함께 나온다.

관훈동에는 1970년 개업해 3대를 이어오는 '개성만두 궁'이 있다. 고풍스럽고 운치 있는 집에서 맛볼 수 있는 개성식 만둣국이다. 깔끔한 사골 국물에 크고 꽉 찬 만두를 선보인다. 개성식의 조랭이떡도 맛볼 수 있다.

용두동에는 1967년에 개업해 50여 년, 2대에 걸친 역사를 자랑하는 개성 음식점인 '개성집'이 있었다. 개성식 손만두로 크지는 않으나 호박, 숙주나물 등으로 속이 꽉 차 있다. 국물은 뽀얀 사골 국물로 구수하고 담백하다. 따로 주문하는 오이소박이와도 궁합이 잘 맞는다. 개성식 조랭이떡국도 일품인 집이었는데, 아쉽게도 인근 지역 재개발로 폐업했다.

떡국 전문점으로는 서대문 정동길 끝에 위치한 '새봄떡국국수'를 꼽을 수 있다. 다양한 떡국을 식성대로 시킬 수 있고, 특히 육수 국물이 아닌 채소 육수를 쓰고 있어 깔끔한 건강식 떡국을 즐길 수 있다. 원래 세종문화회관 뒤편의 광화문점이 먼저 문을 열었으나 지금은 폐업하고 서대문점만 운영한다.

압구정동 갤러리아 백화점 건너편 작은 골목 안에는 '만두집'이 자리 잡고 있다. 강남 개발 초기인 1982년부터 이곳에서 시작한 추억의 만둣국집이다. 주인 할머니는 2004년에 돌아가시고 지금은 딸이 하고 있다. 맑은 고깃국에 이북식으로 빚은 큰 만두가 딱 여섯 개 들어가는데, 고명도 얹지 않은 단아한 모습이다. 풍성한 맛의 만두와 매콤한 국물이 너무 잘 어울린다. 1988년 이 가게 골목 바로 앞 대로변에 외식 패스트푸드의 대명사인 맥도날드 한국 1호점이 문을 열었다. 당시 햄버거를 먹으려 많은 사람들이 줄 서서 기다리고 있는 행렬 옆으로 만둣국을 먹으러 다녔던 기억이 지금도 생생하다. '만두집'은 30년 이상 그 자리에 건재하지만, 햄버거 가게는 이미 사라졌다. 서초동 예술의전당 앞 골목길에는 '봉산옥'이 있다. 이 집은 황해도식 만둣국의 손맛을 자랑한다. 며느리에게 손맛을 전수해준 시어머니가 황해도 봉산 분이라 가게 이름이 봉산옥이다. 양지 육수와 소가 듬뿍 담긴 큼직한 만두에 손으로 찢은 양지 고기와 파가 얹어진다. 깔끔하고 맑은 육수 맛이 일품이다.

국회의사당 헌정기념관 건너편과 여의도역 인근 오류빌딩에 '진진만두국'이 있다. 동여의도와 서여의도에 각각 하나씩 점포가 있다. 상호는 만둣국이나 대표 메뉴는 손만두떡국이다. 직접 쌀을 구매해서 방앗간에서 떡을 만드는 정성이 돋보이는 집. 모든 만두를 가게에서 매일 직접 빚는다. 구수한 사골 육수와 한입에 들어가는 크기의 만두, 쫄깃한 떡국을 넉넉하게 준다. 매콤하게 양념한 양지, 지단, 김, 파가 고명으로 얹혀 나온다. 매운 양념의 양지 고명을 잘 풀면 얼큰하고 시원한 맛이 더해진다. 고급스러운 맛이다.

동여의도 쪽에는 '진진만두국'과 쌍벽을 이룬다는 '산하'가 있다. 30년 역사를 자랑한다. 황해도식 만둣국으로 만두가 보통 이북식처럼 크지 않고 한두 입에 먹기 적당한 크기다. 양지머리와 사골로 우려낸 깊은 맛의 진한 국물이 약간 매콤해 입맛을 당긴다. 만두는 열두 가지 재료로 직접 빚은 수제품이다.

자하손만두

담백한 맛을 자랑하는 부암동 전통 만두

한 끼 식사의 행복 🍲🍲🍲🍲 | **전화** 02 379 2648 | **Since** 1993
한줄평 깨끗한 맛의 양지 국물과 슴슴하나 풍부한 맛의 만두소가 만들어낸 명품

1993년 인왕산 개방을 계기로 부암동 창의문(자하문) 부근에서 만두를 팔기 시작한 만두 전문집. 2층 단독주택을 깨끗이 단장해서 운영하는 멋스러운 식당이다. 북악산과 인왕산이 보이는 전망도 좋다. 서울식 만두인데 이북식보다 작고 간이 심심하다. 만두소에는 고기, 두부, 숙주가 주로 들어가는데, 고기는 기름기가 적은 부위의 소고기와 돼지고기를 섞어 쓴다. 김치는 넣지 않는다. 만둣국 국물은 양지를 우려내어 전통 간장으로만 간을 하고 따로 양념은 안 한다. 심심하고 깨끗한 느낌의 국물이다. 만두는 맛도 특별하지만 그릇 속에 예쁘게 배치되고 고명으로 양지살을 찢어 올려 특별한 느낌이 난다. 떡만둣국의 떡은 조랭이떡, 만두는 분홍, 노랑, 녹색으로 컬러풀하다. 직접 담그는 김치, 깍두기도 일품이다. 리필 요청이 많아 아예 서빙하는 분이 큰 통을 들고 다니신다. 큰 냄비에 채소, 양지살, 만두 등을 푸짐하게 담아 즉석에서 끓이는 만두전골도 있다.

주소 서울시 종로구 백석동길 12
찾아가기 지하철 3호선 경복궁역 3번 출구에서 버스, 부암동 주민센터에서 하차
가격 만둣국·떡만둣국 15,000원, 물만두 8,000원, 만두전골(3인) 59,000원

봉산옥

황해도 만둣국의 대표 식당

한 끼 식사의 행복 ◯◯◯◯◯ | **전화** 02 525 2282 | **Since** 1992
한줄평 오래 끓여 낸 양지 국물과 소를 듬뿍 채운 만두가 보여주는 황해도 음식

봉산옥이란 이름은 여사장이 손맛을 전수받은 시어머니의 고향이 황해도 봉산군의 군청 소재지 사리원이어서 지어졌다. 봉산은 황해도 중앙에서 약간 북부에 위치한 내륙 지역으로 대동여지도를 펴낸 김정호와 한글학자 주시경의 고향이며 봉산탈춤의 고장이기도 하다.
대표 메뉴는 '봉산만두국'. 육수는 양지로 열두 시간 끓여내는 맑은탕으로 여느 가게의 만둣국 육수와는 다르다. 만두는 이북식으로 크게 빚어내는데 만두피가 약간 두꺼운 듯하나 절인 배추와 숙주로 맛을 낸 만두소와 잘 어우러진다. 고명은 양지를 잘게 찢어 파와 함께 올린다. 만두전골을 시키면 만두, 떡, 면 사리 등을 추가해 다양하게 즐길 수 있다. 만둣국 외에 김치말이국수도 입맛을 돋우는 메뉴다. 빈대떡 등 사이드 메뉴도 있다. 속을 꽉 채워서 삶은 다음 다시 팬에 노릇하게 잘 구워서 내놓는 오징어순대도 일품으로 찾는 손님이 많다.

주소 서울시 서초구 반포대로8길 5-6
찾아가기 지하철 3호선 남부터미널역 5번 출구에서 6분 거리
가격 봉산만두국 10,000원, 만두전골(소) 34,000원, 오징어순대 25,000원

새봄떡국국수

충정로로 이사 온 떡국 명가

한 끼 식사의 행복 ☺☺☺☺ | **전화** 02 739 0661 | **Since** 1993
한줄평 건강한 채소 육수와 부드러우면서 쫄깃한 떡이 어우러진 든든한 한 끼 식사

강북삼성병원 맞은편에 자리 잡은 떡국 전문점. 1993년 광화문 세종문화회관 뒤쪽에서 문을 열고 영업하다 이곳에도 가게를 냈다. 이제는 광화문 가게를 닫고 이곳만 영업한다. 광화문 부근 직장인들이 크게 아쉬워했다. 대표 메뉴인 매생이굴떡국 외에 전복, 버섯, 해물, 새우, 소고기, 닭고기 등 10여 가지 떡국 메뉴와 10여 가지 국수 메뉴가 준비되어 있다. 이 집은 산지에서 직접 생산된 천연 재료를 사용하여 음식을 만들며 떡은 늦게 추수되는 만생종 쌀을 사용한다고 소개하고 있다. 떡은 부드러우면서도 쫄깃하다. 육수도 자랑거리다. 이 집 육수는 사골 국물이 아니라 채소를 우려내어 담백하고 건강한 느낌을 준다. 매생이굴떡국에는 매생이와 굴이 많이 들어가 국물이 시원하다. 팥옹심이떡국도 독특한 맛을 자랑한다. 나무 소반에 떡국과 밑반찬으로 소고기장조림, 무말랭이무침, 김치, 동치미 등이 가지런히 차려져 나온다. 포장도 가능하다.

주소 서울시 중구 새문안로 24
찾아가기 지하철 5호선 서대문역 5번 출구에서 3분 거리
가격 매생이굴떡국 12,000원, 만두떡국 9,000원, 팥옹심이떡국 10,000원

진진만두국

여의도에서 만나는 만두떡국 맛집

한 끼 식사의 행복 🍚🍚🍚🍚🍚 | **전화** 02 780 7867 | **Since** 1998
한줄평 구수하고 담백한 사골 국물과 김치만두, 부드러운 떡의 콜라보

여의도 롯데캐슬 뒤 오륜빌딩 3층에 있는 만둣국 전문집. 1998년 여의도에서 개업해 20년이 넘은 가게다. 지하철 9호선 국회의사당역 1번 출구에서 여의도순복음교회 쪽으로 가다 보면 새로 생긴 진진만두국이 또 있다. 한옥 콘셉트로 단장한 깔끔한 집으로 오륜빌딩 가게와 같은 집이다. 매일 손으로 직접 빚은 자그마한 이북식 만두가 자랑거리인 가게. 대표 메뉴인 손만두떡국에는 떡과 만두가 반반 들어간다. 만두에는 김치가 들어가며 고기, 두부, 숙주 등을 꽉 채워 넣었고 사골 국물이 구수하면서도 담백하다. 고명으로 양념 고기, 계란지단, 김, 파 등을 얹어준다. 손만두술국은 빨간 국물로 매콤하고 칼칼한 맛이다. 해장용으로도 인기다. 수육, 빈대떡, 파전 등 여러 가지 일품 메뉴도 찾는 사람이 많다. 여의도 직장인들이 즐겨 찾는 맛집으로 유명하다. 점심때는 자리 잡기가 어렵지만 회전은 빠르다.

주소 서울시 영등포구 국제금융로8길 34/영등포구 국회대로72길 11
찾아가기 지하철 5, 9호선 여의도역 5번 출구에서 6분 거리,
지하철 9호선 국회의사당역 1번 출구에서 5분 거리
가격 손만두떡국 13,000원, 손만두술국 14,000원, 녹두빈대떡 24,000원

산하

30년 된 여의도의 황해도 만둣국

한 끼 식사의 행복 🍜🍜🍜🍜🍜 | **전화** 02 782 1420 | **Since** 1990
한줄평 매콤하고 진한 국물에 열두 가지 재료의 만두로 끓여낸 황해도 만둣국

여의도 인도네시아대사관 건너편 경도빌딩 2층에 자리 잡은 만둣국 명가. 진진만두국과 함께 여의도 만둣국의 쌍벽. 황해도 출신 주인이 운영하며 30년 역사를 지켜온 개성식 떡만둣국집이다.

메뉴판은 따로 없고 자리에 앉으면 사람 수대로 만둣국이 나온다. 사발에 나오는 국물은 양지머리와 사골로 진하게 우려내 깊은 맛이다. 고명은 양념 고기와 파, 양념이 전부다. 양념을 풀면 약간 매콤하다. 만두는 돼지고기, 김치, 숙주 등 열두 가지 재료를 넣고 빚은 크지 않은 사이즈로 황해도식이다. 만두 외에 떡과 양지 고기가 꽤 많이 들어가 한 끼 식사로 손색이 없다. 떡국떡도 쫄깃해서 입맛을 돋운다. 진진만두국보다 국물은 진하고 만두는 조금 큰 스타일이다. 반찬은 물김치, 배추김치가 전부다.

홀과 방을 합해 테이블이 열 개 안팎으로 아담한 가게다. 점심때는 인근 직장인들로 매우 붐빈다. 11시 30분 이전에 가야 바로 먹는다.

주소   서울시 영등포구 여의대방로 383
찾아가기   지하철 9호선 샛강역 2번 출구에서 4분 거리
가격   만둣국 12,000원, 모둠전 40,000원, 냄비만두 25,000원

개성만두 궁

인사동길의 3대가 이어온 개성만두

한 끼 식사의 행복 ○○○○○ | **전화** 02 733 9240 | **Since** 1970
한줄평 진한 양지 국물과 부드럽고 담백한 만두가 선보이는 정통 개성만둣국의 맛

인사동길 관훈동에 고즈넉하게 자리 잡은 만둣국 전문점. 개성 할머니가 개업해 며느리, 그리고 손녀로 3대를 이어오고 있다. 할머니가 해방 후 붓 공장을 하던 할아버지를 돕기 위해 영등포에서 만두 가게를 열었던 것이 이 집의 시초다. 이후 할머니가 살던 지금의 한옥에서 다시 개업했다. 만둣국에는 개성만둣국과 개성김치만둣국이 있고 떡국에는 조랭이떡국과 가래떡국 두 가지가 있다. 만둣국과 떡국을 섞은 떡만둣국도 조랭이떡과 가래떡을 섞어주는 두 가지가 있다. 양지머리와 열 가지 약재로 잘 우려낸 진한 국물이 자랑거리. 매일 빚는 만두는 얇은 피 속에 채소를 듬뿍 넣어 부드러운 맛이다. 멥쌀가루로 흰떡을 만들어 가늘게 민 다음 누에고치처럼 가운데를 잘록하게 한 개성 지방의 떡인 조랭이떡을 떡국떡 대신 쓴다. 유리창 너머로 만두 빚는 모습을 볼 수 있다. 연희동에 직영점이 있다.

주소 서울시 종로구 인사동10길 11-3
찾아가기 지하철 1, 3, 5호선 종로3가역 5번 출구, 3호선 안국역 6번 출구에서 6~7분
가격 가래떡만둣국 11,000원, 조랭이떡만둣국 12,000원

만두집

북한에서도 소문난 평양만두 맛집

한 끼 식사의 행복 ◠◠◠◠◠ | **전화** 02 544 3710 | **Since** 1982
한줄평 큼지막한 이북식 만두와 예술이라 불리는 담백하면서도 칼칼한 국물의 맛

강남 갤러리아백화점 건너편 골목 안에 자리 잡은 만두 요리 명가. 내로라하는 고급 식당이 즐비한 신사동, 압구정동 일대에서 만두 하나로 이 자리를 지켜온 가게다. 1988년 바로 이웃에 문을 열며 북새통을 이뤘던 맥도날드 한국 1호점은 사라졌어도 '만두집'은 살아 있다.
만둣국은 큼지막한 정통 이북식 만두를 빚어 끓여낸다. 고명 없는 만둣국에 정성스레 빚은 큰 만두 여섯 개가 모양 있게 담겨 나오는데 식감이 좀 있을 정도로 도톰한 만두피 속에 슴슴한 만두소가 꽉 차 있다. 담백하고 깔끔하면서도 칼칼한 국물 맛은 예술이다.
필자 부부가 오래전부터 다녔던 추억의 만둣국집이다. 옛날에 계시던 할머니는 1951년 북한의 유명 축구선수인 남편(옥정빈 씨)과 함께 월남해서 가게를 차렸고 남편은 남한에서 선수와 감독 생활을 했다. 두 분 다 2004년에 돌아가시고 지금은 막내 따님이 경영한다.

주소 서울시 강남구 압구정로 338
찾아가기 지하철 수인분당선 압구정로데오역 6번 출구에서 1분 거리
가격 만둣국 12,000원, 빈대떡 20,000원, 만두전골 60,000원

평안도 만두집

광화문에서 만나는 평안도 음식

한 끼 식사의 행복 🥣🥣🥣🥣🥣 | **전화** 02 723 6592 | **Since** 1992
한줄평 담백하고 슴슴한 만두와 깔끔하고 시원한 국물 맛의 평안도 만둣국

여의도 증권거래소 건너편에서 개업해 20여 년을 운영하다 2015년 광화문 정부종합청사 뒤편 내수동 대우프라자 지하 1층으로 이사 온 만두 전문점. 평북 용천 출신 실향민 자제가 하는 가게로 평안도 음식을 맛볼 수 있다.

만둣국은 양지를 고아낸 맑은 국물에 큼지막한 만두 다섯 개를 넣고 고명으로 소고기 양지를 찢어 올려 지극히 단출하게 내놓는다. 돼지고기, 두부, 숙주, 썻은 김치, 파 등으로 속을 꽉 채운 만두는 식감이 좋고 슴슴한 맛을 자랑한다. 맑은 국물은 시원하고 깔끔하다. 2인 이상이면 만두전골을 시킬 수 있는데 큰 냄비에 만두, 채소, 버섯, 고기와 스지, 떡, 전 등을 고루 넣어 푸짐하게 먹을 수 있다. 녹두빈대떡과 잘 삶아낸 제육도 일품 메뉴다. 테이블이 많지 않은 작은 가게이지만 광화문 일대 직장인들이 즐겨 찾는 곳. 예약은 받지 않으며, 점심때는 일행이 기다렸다 함께 입장해야 한다.

주소 서울시 종로구 새문안로3길 30
찾아가기 지하철 5호선 광화문역 1번 출구에서 2분 거리
가격 만둣국 10,000원, 만두전골(2인) 30,000원, 제육(100g) 10,000원

담온

도곡동에 등장한 이북손만두와 막국수

한 끼 식사의 행복 🍜🍜🍜 | **전화** 02 577 8808 | **Since** 2018
한줄평 엄선한 재료로 정성스레 빚어낸 깔끔하고 담백한 개성음식

도곡동 주택가 길가에 자리 잡은 손만두·막국수 전문가게. 셰프 출신 주인장이 종암동에 만두가게를 내어 이름을 날리다 아들이 합류하면서 강남으로 이전했다. 깔끔한 인테리어만큼이나 정갈한 음식이 나온다. 천일염, 태양초 고추, 숙성시킨 간장 등 양념은 물론 채소, 육류, 두부 등 최상의 재료만을 고집하는 가게.

만둣국은 유기대접에 담아 사각소반에 차려 나온다. 양지, 사태 등을 끓여 소금, 간장만으로 간을 한 맑은 고깃국물이 특색. 만두는 이북식으로 큰 편이며 채소를 끓여낸 물로 반죽한 만두피에 두부, 양배추, 양파, 숙주나물, 돼지고기 등을 푸짐하게 넣은 소로 빚어낸다. 담백하고 깔끔한 만둣국이다. 막국수도 일품이다. 평양냉면 스타일의 슴슴한 육수에 메밀 70% 정도의 높은 비율로 반죽한 부드럽고 통통한 막국수 면발이 잘 어우러진다. 메밀 향이 있는 훌륭한 맛이다.

주소 서울시 강남구 논현로28길 33
찾아가기 지하철 3호선 매봉역에서 5분 거리
가격 만둣국 9,000원, 물·비빔막국수 9,000원, 만두전골(1인) 15,000원

한 끼 식사의 행복
㉒

북방
음식에서
국민 메뉴로
순댓국

[서일순대국]

[삼거리 먼지막 순대국]

[김명숙아지매순대국]

[황성집]

[본점 남순남순대국]

순대는 평안도, 함경도 등 우리나라 북부지방에서 즐겨 먹던 음식이다. 더 거슬러 올라가면, 칭기즈칸의 몽골 기마군단이 돼지 창자에 곡식, 채소 등을 넣어 말리거나 얼려서 전투식량으로 활용했던 데에서 유래했다. 지역에 따라 다르지만 전통적인 순대는 찰밥에 숙주나 우거지 등 채소, 돼지고기와 선지 등을 고루 섞어 돼지 창자에 밀어 넣은 다음 삶아서 만든다.

순댓국은 돼지 뼈를 푹 우려내어 육수를 만들어 뚝배기에 담고 순대, 머리 고기, 내장 등을 고루 넣은 후 밥을 더해 끓여 먹는 음식이다. 아마도 어렵던 시절 구하기 쉽지 않은 순대를 여러 사람이 나누어 먹을 수 있도록 탕으로 개발한 것이 아닐까. 순댓국에는 다대기 양념장, 새우젓, 부추, 들깨, 파 등을 식성에 따라 넣어 먹으면 제격이다.

순댓국은 이제 전국 어디서나 먹는 서민 메뉴가 된 만큼 맛깔나게 잘 하는 집들이 곳곳에 포진하고 있다.

대림동 대림중학교 옆 골목에 '삼거리 먼지막 순대국'이 있다. 1959년에 개업한 서울에서 가장 오래된 순댓국집이다. 처음 가게를 하던 곳이 예전 시흥의 과수원이 있던 삼거리 '원지목'이어서, 부르기 쉽게 '먼지막'으로 이름 지었다. 진한 육수에 직접 만든 순대, 머리 고기, 내장을 푸짐하게 넣어주는 구수한 옛날식 순댓국이다. 착한 가격으로, 창업 이래 순댓국 가격 변동 내역을 가게에 써서 붙여놓았다.

신대방동 보라매역 인근에는 20년 이상 영업해온 '서일순대국'이 있다. 작고 허름한 가게였는데 지금은 확장해서 꽤 커졌다. 시래기, 당면 등을 넣어 만든 야채순대가 특색이다. 육수가 진하고 구수하지만 잡내가 전혀 없어 깔끔하다.

중림동 약현성당 골목 입구에 있는 '황성집'은 아바이왕순대로 알려져 있으며 50년 가까운 역사와 수준급의 맛을 자랑하는 집이다. 원래 이 지역의 맛집으로 소문난 식당이었는데 매스컴을 타면서 외지 손님들도 꽤 찾아온다.

회현동에는 '김명숙아지매순대국'이 있다. 간판에 35년 전통의 순댓국집이라 써 있다. 남대문시장에서 오래 장사하다 남대문시장 맞은편 퇴계로 길가에 있는 지금 가게로 확장해 이사했다. 식사 시간에는 꽤 오래 기다려야 한다. 번호표를 받고 기다리면 된다. 국물이 진하고 순대, 고기, 내장 등이 푸짐하다.

이렇게 소개하다 보니 지금은 없어져 아쉬운 집이 생각난다. 을지로 4가역 부근에 '전통아바이순대'라는 작은 집이 있었다. 순대, 고기, 밥을 푸짐하게 담아 토렴해서 내는데, 시골 장터가 떠오른다. 그 맛과 분위기를 잊지 못해 갈 때마다 긴 줄을 섰었는데, 이제는 문을 닫았다.

강남 지역에는 뱅뱅사거리 인근에 '남순남순대국'이 있다. 20여 년 전 필자의 집 근처에서 '서초순대국'이란 상호로 조그맣게 시작한 동네 식당이었는데, 지금은 큰 점포로 이전해 깔끔하게 단장했다. 진한 탕국에 당면을 넣은 쫄깃한 찹쌀순대와 머리 고기 등을 고루 넣어준다.

가난했던 피난 시절 많은 이들의 허기진 배를 채워주던 서민 음식 순댓국은 국민소득 3만 달러를 넘어선 지금도 대표적인 한 끼 메뉴로서 우리 곁을 지키고 있다.

서일순대국

대방골의 깔끔한 순댓국

한 끼 식사의 행복 🍜🍜🍜🍜 | **전화** 02 821 3468 | **Since** 1993
한줄평 우거지를 넣은 야채순대로 담백하고 깔끔하게 끓여낸 순댓국

보라매공원 인근의 신대방동 현 위치에서 30년 가까이 영업해온 순대국 맛집. 작고 허름한 집이었다는데, 이제는 규모가 꽤 큰 집이 됐다. 본점 바로 옆에 따님이 하는 2호점이 있으며 대림동에는 동생이 차린 집도 있다.

식사 메뉴는 순댓국 한 가지로 '보통'과 '특'만 있다. 순대는 시래기, 당면 등을 넣어 직접 만든 야채순대다. 순댓국은 야채순대 외에 부속 고기 등을 푸짐하게 넣고 뚝배기에 펄펄 끓여 나오는데 국물이 기름지지 않고 담백하며 잡내도 전혀 없어 깔끔하다. 야채순대의 식감도 좋다. 새우젓, 다대기, 들깨를 넣어 먹으면 맛이 배가 된다. 겉절이 김치와도 잘 어울린다. 해장국으로도 좋으며 점심때는 줄을 서야 한다. 따로 파는 오소리감투는 돼지 위장인데 기름기 없고 쫄깃해 인기를 끄는 부위다. 전에는 인근 주민들과 아는 사람들만 찾는 가게였는데 방송 등에 나오면서 외지에서 찾아오는 손님이 많아졌다.

주소 서울시 동작구 여의대방로24길 10-4
찾아가기 지하철 7호선 보라매역 2번 출구에서 3분 거리
가격 순댓국 8,000원, 야채순대 8,000원, 오소리감투 13,000원

삼거리 먼지막 순대국   서울에서 가장 오래된 순댓국집

한 끼 식사의 행복　◯◯◯◯◯　| **전화** 02 848 2469 | **Since** 1959
한줄평 머리 고기와 내장을 푹 끓여 옛날의 진한 국물 맛을 느낄 수 있는 순댓국

　　대림동 대림중학교 옆 골목에 있는 1959년에 개업한 서울의 최고령 순댓국집. 지금 신대림초등학교가 있는 옛날 삼거리에서 이곳으로 옮겼다. 예전에는 시흥의 과수원 동네로 '아래 원지목'이라 불렸는데, 부르기 쉽게 '먼지막'이라 이름 지었다.
　　식사 메뉴는 순댓국 한 가지인데 '보통', '따로', '특'이 있다. 국물은 머리 고기와 내장을 푹 삶은 전통적인 육수로 기름진 느낌이다. 옛날에 먹던 순댓국 맛을 느낄 수 있다. 순대는 가게에서 직접 만든다. 탕에 순대와 머리 고기, 내장 등 부속 고기를 골고루 푸짐하게 넣어 끓여 나온다. 심심한 김치가 순댓국과 궁합이 맞는다. 착한 가격으로 옛 맛을 즐길 수 있는 집. 가게 벽에 창업 이래 순댓국 가격이 변화해 온 내역을 게시하고 있다. 1959년 150환, 1962년 30원(화폐개혁), 1970년 100원, 1980년 600원, 1990년 2,500원, 2002년 3,500원, 2011년 이후 5,000원 등이다.

주소 　　서울시 영등포구 시흥대로185길 11
찾아가기 　지하철 2호선 신대방역 4번 출구에서 13분 거리
가격 　　순댓국 (보통) 5,000원, (따로) 6,000원, (특) 7,000원, 안주 6,000~12,000원

김명숙아지매순대국   남대문시장 35년 전통의 순댓국집

한 끼 식사의 행복 🍲🍲🍲🍲 | **전화** 02 318 9702 | **Since** 1981
한줄평 푸짐한 순대, 내장, 부속 고기가 더해진 구수하고 깊은 맛의 탕국

남대문시장 길 건너 회현동에 있는 40년 가까운 전통의 순댓국 전문 식당. 입구가 좁고 테이블이 몇 개 안 되지만 복층 구조의 아담한 가게다. 남대문시장 안에서 30여 년 장사하다 몇 년 전 이곳으로 이전했다. 점심때는 항상 손님이 많아 일찍부터 번호를 받아야 한다. 대표 메뉴는 '따로순대국밥'. 매일 들어오는 고기를 쓰는 등 철저한 재료 관리와 조리 노하우로 육수가 잡내가 없고 구수하고 깊은 맛이 난다. 진한 육수 국물에 순대와 내장, 부속 고기 등을 푸짐하게 넣어 끓여 나온다. '고기만', '순대만'도 주문 가능하다. 들깻가루가 없어 나오며 식탁에 있는 다대기, 새우젓, 청양고추, 다진마늘, 맛소금 등으로 맛과 간을 맞추면 된다. 반찬으로 나오는 김치와 부추무침을 함께 먹으면 한 끼를 푸짐하게 즐길 수 있다. 밥은 흑미 등을 섞어 새로 지어 바로 퍼 주는 느낌이다. 감자탕백반도 인기 메뉴인데 재료를 많이 준비하지 않아 일찍 매진된다.

주소	서울시 중구 퇴계로 62-2
찾아가기	지하철 4호선 회현역 2번 출구 바로 앞
가격	따로순대국밥 7,000원, 감자탕백반 8,000원

황성집

중림동이 자랑하는 수제 아바이왕순대국밥

한 끼 식사의 행복 ◉◉◉◉ | **전화** 02 392 6926 | **Since** 1971
한줄평 된장 맛의 깔끔한 탕국과 함경도식 수제 막창순대가 기다리는 집

중림동 약현성당 입구 왼쪽의 오래된 좁고 허름한 골목 안에 자리 잡은 50년 역사를 자랑하는 이북식 순대 전문점이다. 약현성당은 우리나라 최초의 서양식 성당으로 사적 제252호이며 드라마 〈열혈사제〉의 촬영지다. 식사 메뉴는 순대국밥, 순대정식, 순대따로국밥이 있다. 순대는 직접 가게에서 수작업으로 만드는 함경도식 아바이순대다. 두툼한 막창(대창)에 채소, 선지, 찹쌀을 가득 채운, 피는 얇으나 내용물은 푸짐한 순대다. 국물은 돼지머리, 내장 등으로 끓여내어 진하지는 않으나 된장을 섞어 잡내 없이 깔끔한 맛을 선보인다. 순댓국에는 순대, 내장, 머리 고기를 푸짐하게 넣어 한 끼 식사로 넉넉히 즐길 수 있다. 반찬은 겉절이김치와 깍두기, 양파, 고추 등이 제공된다.
이 식당은 오래전부터 순대 마니아들과 동네 사람들 사이에 입소문이 나 있는 소박한 집이었는데, 매스컴에 소개되면서 긴 줄이 생기기도 했다.

주소 서울시 중구 청파로 447-15
찾아가기 지하철 2, 5호선 충정로역 4번 출구에서 5분 거리
가격 순대국밥 6,000원, 순대따로국밥 7,000원, 순대정식 8,000원

본점 남순남순댓국

강남의 동네 순댓국에서
대형 전문점으로

한 끼 식사의 행복 ◯◯◯◯ | 전화 02 574 3227 | Since 1995
한줄평 당면순대와 내장 고기가 듬뿍 들어간 누구나 즐길 수 있는 모범 순댓국

뱅뱅사거리 근처 도곡동 쪽에 자리 잡은 순댓국 명가. 1995년 필자가 살던 동네에서 개업한 집이다. 전에는 가게 이름이 '서초순대국'이었는데 대형 가게로 성장하면서 이름이 바뀌었고 2대로 이어 영업 중이다.

식사는 순댓국만 가능하다. 24시간 돼지 뼈를 가마솥에서 우려낸 국물이 곰탕 느낌으로 구수하다. 당면순대와 머리 고기, 오소리감투 등 다양한 내장이 골고루 들어간 뚝배기 순댓국에 다대기, 새우젓, 들깨, 후추 등으로 양념해 먹으면 제맛이 난다. 이 집은 순대를 비롯한 내장 고기를 듬뿍 넣어주는 것으로 유명하다. 냄새도 순해 순대 초보자들도 부담 없이 먹을 수 있다. 흰밥은 따로 준다. '순대 빼고'를 시키면 내장 고기를 더 넣어준다. 어르신부터 젊은 남녀까지 손님층이 다양하다. 이제는 제조 공장을 따로 두고 냉동 포장 제품을 온라인으로도 팔고 직영점도 내는 등 급성장했다.

주소 서울시 강남구 도곡로4길 12
찾아가기 지하철 3호선 양재역 3번 출구에서 9분 거리
가격 일반순댓국 9,000원, 토종순댓국 10,000원

한 끼 식사의 행복
㉓

피난처 끼니에서 별미 메뉴로 돼지국밥

밀양돼지국밥

광화문국밥

옥동식

돼지국밥은 돼지뼈로 육수를 내고 돼지고기 편육과 밥을 넣어 끓여 먹는 국밥 요리다. 원래 북한 서북지역에서 먹던 음식인데 6·25 때 이 지역민들이 월남하면서 피난지에 정착한 음식이다. 6·25 중에 많은 사람들이 피난 생활을 하면서 저렴하고 구하기 쉬운 돼지 부속물을 끓여 허기진 배를 채웠다. 그래서 대표적인 피난지인 부산, 대구, 밀양 지역에서 전쟁 후에 발전한 음식이다. 이 중 부산의 돼지국밥이 가장 널리 알려지면서 부산의 향토 음식으로 자리 잡았다.

〈부산일보〉 기사에 따르면 2019년 9월 기준으로 '돼지국밥'이라는 상호를 쓰는 식당은 전국에 2,703곳이 있는데 부산에만 전체의 26%인 692곳이 있고 부산을 포함한 영남 지역에는 88%가 있다고 한다. 또 2019년 부산 상품 소비자 인식 조사에서 돼지국밥은 부산 지역 이외 사람들이 뽑은 부산 대표 상품 1위에 올랐다(2019. 10. 31). 외지인들이 부산 하면 떠올리는 대표 상품이 돼지국밥이란 얘기다. 허영만 화백의 요리 만화 《식객》에도 부산 돼지국밥이 등장하는데 '부산 사람에게 향수 같은 음식', '비포장도로를 달리는 반항아 같은 맛'이라고 표현한다. 이후 2013년에 개봉한 영화 〈변호인〉에서 노무현 대통령역을 맡은 송강호 씨가 돼지국밥을 먹는 장면이 등장하면서 돼지국밥이 부산 음식으로 전국에 알려지는 촉매제가 되었다.

돼지국밥은 영남 지역에서도 지역별로 특색이 있는데 부산식은 돼지뼈와 목살, 앞다리살 등으로 육수를 내고, 밀양식은 돼지가 아닌 소뼈로 육수를 내어 설렁탕 국물 느낌의 탕국에 돼지고기가 담겨 나오며, 대구식은 머리 고기로 육수를 내어 내장과 부속 고기를 다양하게 넣는다.

돼지국밥에는 청양고추, 부추, 새우젓, 들깻가루 등을 더해서 먹으면 궁합이 잘 맞는다. 필자가 어릴 때 길목 식당에서 먹던 돼지국밥에서는 돼지고기 특유의 냄새가 났던 기억이 있는데 지금은 웬만한 식당에서는 잡내를 완전히 없애 구수한 국밥을 즐길 수 있다.

서울에서도 곳곳에서 돼지국밥 맛집을 찾을 수 있다. 서소문 충정로역 인근에 부산 출신 사장이 하는 '밀양돼지국밥'이 있다. 길에서는 잘 안 보이나 골목 안쪽으로 들어가면 색색으로 단장한 계단 위에 예쁜 노란색 집이 나타난다. 드라마와 영화 촬영 장소로도 유명한 집이다. 지나는 기차 소리도 들리고 테이블, 인테리어도 옛 멋이 나는 분위기다. 옛 모습의 주방 화덕 위 가마솥에서 국밥을 끓이고 있다. 큰 뚝배기에 돼지고기를 푸짐하게 넣고 부추와 다대기를 얹어 나오며 깔끔한 맛을 자랑한다.

광화문사거리 동화면세점 뒤쪽 골목 안에는 숨어 있듯이 자리 잡은 '광화문국밥'이 있다. 흑돼지 살코기로만 육수를 낸 맑고 깔끔한 탕에 고기를 듬뿍 넣고 파를 많이 띄워 나온다. 깍두기와 곁들여 먹으면 개운한 느낌의 맛이다. 유명한 셰프가 경영하는 집이며 여의도 등에도 가게가 있다.

서교동 합정역 인근 주택가 골목에 자리 잡은 '옥동식'은 신예 돼지국밥 명가다. 옥동식이란 상호는 한자는 다르지만 주인장의 이름이다. 이름을 내걸고 장사하는 만큼 자부심이 대단하다. 메뉴는 돼지곰탕 한 가지. 맑은 국물에 얇게 저민 돼지고기가 겹겹이 밥 위에 올려져 있다. 토렴해서 나오는데 돼지고기는 쌈장과 함께 먹으면 대박이다.

밀양돼지국밥

맛과 멋의 서소문 국밥집

한 끼 식사의 행복 ☺☺☺☺☺ | **전화** 02 362 0247 | **Since** 2009
한줄평 가마솥에서 끓고 있는 구수한 육수로 즉석 토렴한 푸짐한 돼지국밥 파티

서대문고가도로 아래 골목 안쪽에 자리 잡은 돼지국밥집. 골목 입구의 작은 봉고차에 걸려 있는 '밀양돼지국밥'이라는 큰(?) 야외 간판을 따라 좁은 골목길로 들어서면 색색으로 단장한 계단이 나타나고, 이어 노란색의 단아한 음식점이 나타난다. 입구에서부터는 반전이 일어난다. 오래된 옛날 가게 모습이 곳곳에서 엿보이는 가게 안에는 연탄 화덕 위에 큰 가마솥이 얹혀 있고 테이블과 의자는 주막집을 연상케 한다. 영화와 드라마의 촬영 장소로도 여러 번 제공되었던 터라 가게 안과 밖에 작품 제목들을 소개하고 있다.

식사 메뉴는 국밥 한 가지. 따뜻한 물에 넣고 데운 뚝배기에 큰 가마솥에서 팔팔 끓는 육수를 붓고 돼지고기, 밥을 함께 넣어 토렴해 나온다. 진하지 않은 스타일의 육수에 부추, 파, 다대기, 새우젓을 얹어 주어 깔끔한 맛을 선보인다. 국밥에 고기를 듬뿍 넣어 든든한 한 끼 식사로 손색이 없다. 부추, 파무침, 김치 등은 미리 세팅되어 있다.

주소 서울시 서대문구 서소문로 55-9
찾아가기 지하철 2, 5호선 충정로역 3번 출구에서 4분 거리
가격 국밥 8,000원, 수육(소) 15,000원, 석쇠불고기(2인) 18,000원

광화문국밥

광화문 셰프의 국밥집

한 끼 식사의 행복 🍜🍜🍜🍜 | **전화** 02 738 5688 | **Since** 2017

한줄평 맑고 깊은 맛의 국물과 얇게 저민 부드러운 고기 살의 명품 돼지국밥

광화문 동화면세점 뒤쪽 골목 안에 자리 잡은 '박찬일 셰프'의 돼지국밥집. 골목 안으로 돌아 들어가면 의외로 넓은 공간이 나타나는데 주차도 가능하다. 맛도 분위기도 깔끔한 식당이다.

돼지국밥이 대표 메뉴. 흑돼지 살코기로만 국물을 낸 맑은 탕이 깊은 맛을 자랑한다. 얇게 저민 부드러운 돼지고기가 듬뿍 들어가고 파를 잘게 썰어 얹어 나온다. 밥은 따로 나오는 스타일이다. 오징어젓갈, 깍두기, 고추, 마늘 등 기본 반찬이 나온다. 오징어젓갈은 참신한 궁합이다. 이 집 돼지국밥은 기존의 진하고 칼칼한 정통 돼지국밥과는 다르지만, 신세대의 입맛까지 사로잡을 새로운 맛이다. 메밀 90%짜리 평양냉면도 하며 수육, 순대를 비롯한 요리도 있어 저녁 모임 자리로도 손색이 없다. 1인석도 여러 자리 마련해 놓아 혼밥도 부담 없다. 입소문이 나고 여러 곳에 소개되어 줄이 길다. 여의도 신영증권 지하1층에 직영점을 열었다.

주소 서울시 중구 세종대로21길 53
찾아가기 지하철 5호선 광화문역 6번 출구에서 2분 거리
가격 돼지국밥 8,500원, 평양냉면 11,500원

옥동식

서교동 돼지국밥의 신예 명가

한 끼 식사의 행복 🍚🍚🍚🍚 | **전화** 010 5571 9915 | **Since** 2017
한줄평 토종 돼지고기로 끓여낸 맑은 국물과 얇게 저민 고기의 프리미엄 돼지곰탕

마포구 서교동 주택가에 자리 잡은 돼지곰탕집. 원래 입소문이 있어 마니아들이 찾는 식당이었는데 이제는 방송 등에 소개되면서 식사 시간 전후에는 긴 줄을 서야 한다. 입구에 '옥동식屋同食'이라는 나무 간판이 있는데 주인장 이름을 딴 것이라 한다.

메뉴는 돼지곰탕 한 가지로 '보통', '특'만 있다. 주방 식구들과 먹기 위해 돼지고기 자투리로 끓여서 해 먹어본 음식이 이 집 국밥의 탄생 계기라고 한다. 곰탕을 시키면 아담한 놋쇠 대접에 밥을 담고 얇게 저민 돼지고기를 듬뿍 올려 토렴한 후 파를 얹어 내놓는다. 고기만 사용해서 끓여내는 맑은 국이어서 메뉴 이름도 돼지곰탕이 되었다고 한다. 고기는 얇게 저며서 부드러운 맛인데 잡내도 없다. 매콤하고 독특한 양념장과 함께 먹으면 제맛이다. 김치도 곰탕과 잘 어울린다. 부드럽고 쫄깃한 식감을 내는 토종 돼지인 버크셔K 품종만 쓴다. 강남에 역삼점을 열었다.

주소 　　서울시 마포구 양화로7길 44-10
찾아가기 　지하철 2, 6호선 합정역 2번 출구에서 4분 거리
가격 　　돼지곰탕(보통) 9,000원, (특) 14,000원, 잔술 2,000원

한 끼 식사의 행복
㉔

한국인의
지혜와
생활이 담긴
비빔밥

[명동점 고궁]   [가진화랑 목련나무집]

[충무집]   [목멱산방]

[포이점 새벽집] [하모]

비빔밥은 대접에 밥과 갖은 나물무침을 담고 계절과 지역에 따라 다양한 식재료를 더해 고추장 등 양념장으로 비벼서 먹는 음식이다. 그 유래는 명확하지 않지만 옛날 제사 후 음식을 골고루 섞어 나누어 먹었고, 가정에서 남은 반찬을 밥에 비벼서 밤참으로 먹기도 했으며, 또 일터에서 여러 사람이 한꺼번에 식사를 해결하는 음식으로 활용되기도 했던 것이 비빔밥이어서 그 역사는 상당히 오래되었다. 만들기가 쉽고 영양을 고루 섭취할 수 있는 건강식일 뿐 아니라 여러 재료의 맛이 어우러져 오묘한 맛을 내는 맛깔난 음식이어서 한국인의 소울푸드로 일찌감치 자리 잡았다. 1990년대 초 항공사에서 기내식으로 제공하면서부터는 외국인들의 입맛도 사로잡았고 이제는 세계 음식으로 자리매김했다.

비빔밥은 재료나 요리 방법에 따라 헤아릴 수 없을 정도로 그 종류가 다양하다. 육회, 불고기, 산채, 콩나물, 부추, 멍게, 꼬막, 강된장 등 밥에 얹는 특이한 재료에다 '비빔밥'을 붙이면 그게 곧 이름이 된다. 지역명도 마찬가지다. 콩나물, 황포묵, 육회 등으로 무장한 전주비빔밥, 숙주 등 나물을 색감 있게 올리는 진주비빔밥, 기름에 볶은 해주비빔밥, 미역, 파래 등 해조류가 들어가는 통영비빔밥, 멍게젓갈을 넣는 거제비빔밥 등등 다양하다. 그중 재미있는 것이 경상도 지방의 '헛제삿밥'이다. 그 옛날 제사 때나 되어야 여러 가지 음식을 장만해 상을 차리던 시절에 제사가 아니지만 제사 핑계를 대고 만들어 먹던 음식이다. 제사 때처럼 흰 쌀밥에 삼색 나물을 더해 간장에 비벼 쇠고기, 돔배기(상어 고기), 고등어, 전이나 산적, 그리고 탕국과 함께 먹는다.

비빔밥은 밥솥과 냉장고만 열면 쉽게 만들 수 있는 간편한 메뉴다. 그렇다 보니 누구나 나름대로 독특한 레시피를 가지고 있다. 그래도 비빔밥으로 이름난 식당을 찾는 것은 또 다른 재미다.

서울 강북 지역부터 보면 명동에 전주 전통 비빔밥집 '고궁'이 있다. 전주에서 50년 이상 영업한 집의 서울 점포다. 커다란 놋그릇에 육회, 콩나물, 호박, 무채 등 각종 나물과 계란, 황포묵 등이 놓이고, 그 위에 양념고추장이 화려하게 얹어져 나온다. 밥을 약간 되게 하여 잘 비벼지게 한 것이 입맛을 더한다. 외국 손님도 많으며, 인사동에도 점포가 있다.

남산 입구에는 '목멱산방'이라는 대형 비빔밥 전문 식당이 있었다. 깔끔하게 단장한 대형 한옥풍 가게에서 셀프서비스로 다양한 비빔밥을 맛볼 수 있었는데 이제는 남산 리라초등학교 앞의 작은 가게로 이전해 영업하고 있다. 각종 전, 보쌈, 도토리묵 등 사이드 메뉴도 정갈하다.

을지로입구에는 멍게비빔밥을 하는 '충무집'이 있다. 큰 대접에 밥을 담고 멍게젓갈, 무순, 김만 얹어주는 간단한 비빔밥이다. 바다 냄새를 진하게 느낄 수 있는 음식으로 중독성이 있다. 따로 파는 멍게젓갈을 사서 집에서도 쉽게 해 먹을 수 있다.

강남 지역에는 신사동에 깔끔하게 단장한 진주 음식점 '하모'가 있다. 각종 나물과 육회를 얹어 정갈하게 나온다. 소고기무탕국과 함께 먹는다. 헛제삿밥도 하는데, 밥에 다진 소고기를 얹고 여섯 가지 나물이 따로 나온다. 간장으로 비비므로 정갈한 재료의 본맛을 즐길 수 있다.

청담동에 있는 '새벽집'은 고깃집으로 유명하지만, 실제로는 비빔밥 손님이 더 많다. 포이동, 군자동에도 점포가 있다. 푸짐하게 얹혀 나오는 육회와 각종 나물, 김 등에 고추장 양념을 입맛에 따라 더해 먹으면 된다. 함께 나오는 뚝배기 선짓국도 일품이며, 구운 김으로 비빔밥을 싸서 먹어도 별미다.

청운효자동 주민센터 인근에는 '목련나무집'이 있다. 가정집을 개조해 화랑 겸 음식점으로 예쁘게 단장했다. 비빔밥정식을 시키면 접시에 각종 나물을 담고 찌개, 전 등 반찬도 정갈하게 내온다. 깔끔한 맛이다.

비빔밥은 재료를 모두 섞지만, 각각의 재료 맛은 살아 있고 또 비벼진 새로운 맛도 같이 느낄 수 있는 오묘한 음식이다. 무엇보다 여럿이 나누어 먹기에 좋다. 한국인의 지혜와 생활이 담긴 음식이다.

[명동점] 고궁

서울에서 맛보는 전통 전주비빔밥

한 끼 식사의 행복 ◠◠◠◠◠ | **전화** 02 776 3211 | **Since** 1999
한줄평 신선한 재료 맛으로 다가오는 맛깔스럽고 건강한 한국인 식사

전주 전통 비빔밥집 '고궁'의 서울 명동 점포. 본점은 전주시 덕진동에 소재하는 가게로 60년 이상 전주비빔밥을 요리해온 박병학 조리명장이 맛을 지켜왔다.

대표 메뉴인 '전주전통비빔밥'은 커다란 놋쇠 그릇에 육회, 콩나물·호박·무채 등 각종 나물과 계란, 황포묵, 본점 제조 비빔고추장이 정갈하게 올려져 나온다. 노란색의 황포묵은 매일 전주에서 가져다가 쓴다. 녹두 전분에 치자 물을 섞어 쑨 묵으로 전북 지역의 전통 특산 재료이다. 밥은 사골 국물로 짓는데 잘 비벼지도록 약간 되직하게 하여 입맛을 더한다. 콩나물국이 국물로 나온다. 돌솥비빔밥, 육회비빔밥, 채식비빔밥 등 다양한 메뉴를 제공한다. 맛은 물론 건강식이라는 소문이 나면서 외국인들도 많이 찾고 있다. 대형 한국 전통 음식점이며 실내 장식도 깨끗해서 외국 손님을 접대하기에도 좋다. 포장도 가능하다. 비빔고추장도 따로 팔고 있다. 인사동길에 인사동점이 있다.

주소 서울시 중구 명동8가길 27
찾아가기 지하철 4호선 명동역 8번 출구에서 2분 거리
가격 전주전통비빔밥 10,000원, 전주(돌솥)육회비빔밥 14,000원

충무집

바다의 향기가 나는 멍게비빔밥의 집

한 끼 식사의 행복 ☻☻☻☻☻ | **전화** 02 776 4088 | **Since** 2000
한줄평 바다 내음이 물씬 나는 멍게젓갈이 들어간 심플한 비빔밥과 칼칼한 갈치조림

경남 통영에서 1964년 문을 연 '희락장'의 아들이 서울 다동에서 대를 이어 영업 중인 집. 한때 식당을 접고 사업을 하던 아들이 다시 돌아왔다. 통영 음식을 맛볼 수 있다. 희락장 개업 당시 찍은 사진의 꼬마가 지금 충무집 사장인데, 맛과 재료에 대한 자부심이 특별하다. 이 집 메뉴는 바다 냄새 일색이다. 멍게밥, 파랫국, 멸치회, 아나고회 등등이다. '갈치조림+멍게밥'을 시키면 우선 큰 그릇에 밥을 담아 멍게젓갈, 무순, 김만 얹어 나온다. 간단한 조리법으로 비빔밥의 새로운 맛을 선보인다. 중독성이 있다. 갈치조림이 같이 나오는데 칼칼한 맛이 멍게밥과 잘 어우러진다. 봄철에는 계절 음식인 도다리쑥국이 일품으로 '도다리쑥국+멍게밥'도 있다. 따로 포장해서 파는 멍게젓갈을 사서 집에서도 쉽게 만들어 먹을 수 있다. 통영 앞바다에서 매일 직송하는 도다리를 비롯한 잡어회, 아나고회 등도 이 집의 경쟁력이다.

주소 　　서울시 중구 을지로3길 30-14
찾아가기 지하철 2호선 을지로입구역 2번 출구에서 3분 거리
가격 　　갈치조림+멍게밥 15,000원, 도다리쑥국+멍게밥 25,000원

[포이점] **새벽집**   시그니처 메뉴인 육회비빔밥의 집

한 끼 식사의 행복 ☺☺☺☺☺ | **전화** 02 575 6395 | **Since** 2015(1984)
한줄평 한우 육회와 각종 채소가 듬뿍 들어간 비빔밥에 소고기선짓국은 덤

양재동 양재천변에 소재한 새벽집 2호점. 새벽집은 1984년 청담동 영동대교 입구 뒷골목에서 콩나물국밥집으로 시작했다. 이제는 장안의 유명한 고기구잇집으로 자리 잡았다. 24시간 영업으로 새벽에도 고기 손님이 몰린다. 연예인들이 즐겨 찾는 곳으로 알려져 더 유명해졌다. 2015년 문을 연 양재동의 2호점은 독특하고 예쁜 디자인의 식당으로 꾸며졌다. 군자동에 3호점이 있다.

새벽집은 원래 비싼 고깃집으로 알려졌으나 점심 메뉴로 나오는 육회비빔밥으로 더 유명하다. 큰 대접에 육회, 각종 나물류, 김 가루 등이 푸짐하게 나온다. 고추장 양념은 별도로 준비되어 있다. 비빔밥과 함께 1인당 한 그릇씩 주는 뚝배기 소고기선짓국이 일품이며 구운 김으로 비빔밥을 싸서 먹는 것도 입맛을 돋운다. 적당한 가격으로 이 집 최고 인기 메뉴. 선지해장국 스타일의 따로국밥도 찾는 사람이 많다.

주소   서울시 서초구 마방로 54
찾아가기 지하철 신분당선 양재시민의숲역 2번 출구에서 13분 거리
가격   육회비빔밥 12,000원, 따로국밥 8,000원, 갈비탕 15,000원

[가진화랑] **목련나무집** 맛과 멋을 자랑하는 서촌 맛집

한 끼 식사의 행복 🍚🍚🍚🍚 | **전화** 02 738 3581 | **Since** 2013
한줄평 목련나무가 있는 예쁜 가게에서 만나는 정갈하고 건강한 비빔밥

경복궁역에서 자하문 쪽으로 가는 길에 있는 효자동 맛집. 앞마당에 큰 목련나무가 있고 '가진화랑', '목련나무집'이라는 두 개의 간판이 얌전하게 걸려 있다.

점심때는 특별한 메뉴가 없이 주인이 직접 주방에서 요리해 알아서 비빔밥정식을 차려준다. 기다란 접시에 콩나물, 호박, 시금치, 우엉, 무, 당근, 오이 등 여덟 가지 나물이 가지런히 담겨 나오고 무생채, 멸치볶음, 어묵볶음에 김치찌개, 된장국이 따라 나온다. 나물들과 밑반찬을 덜고 된장국을 더해 비비면 최고의 맛이 연출된다. 여기에 그때그때 색다른 부침개도 서비스한다. 창밖으로 목련나무가 보이는 예쁜 집에서 정갈하고 깔끔한 비빔밥을 만날 수 있다. 저녁에는 여러 가지 사이드 메뉴도 있다. 분위기가 아늑하고 조용히 회식하기에도 좋은 곳. 명사들이 많이 찾는 집이다. 2층은 '가진화랑'이라는 갤러리가 있어 생활도자기 등을 구경하거나 살 수 있다.

주소   서울시 종로구 자하문로 74
찾아가기   지하철 3호선 경복궁역 3번 출구에서 11분 거리
가격   비빔밥 15,000원

목멱산방

남산의 비빔밥 맛집

한 끼 식사의 행복 ⌒⌒⌒⌒ | **전화** 02 318 4790 | **Since** 2009
한줄평 정갈하게 차려진 다양한 비빔밥을 맛보며 남산 풍경에 취하다

원래 남산 입구에 자리 잡은 대형 비빔밥 전문점. 남산의 옛 이름 목멱산에서 가게 이름을 따왔다. 2009년 개업해서 남산공원 내에서 2018년까지 영업했는데, 120만 명이 다녀갔으며 그중 30%가 외국인이었다고 한다. 2018년 말 지금 자리로 이전해 옛날의 운치 있는 한옥집은 아니지만 작고 깔끔하게 단장한 가게다.

대표 메뉴는 '산방비빔밥'인데 큰 놋쇠 대접에 밥과 주문한 종류의 고명이 담겨 나온다. 콩나물, 호박, 버섯, 고사리 등 일곱 가지 나물과 콩나물국, 김치 등은 기본으로 나온다. 쌀은 김제산을 쓰며, 매실청을 넣은 고추장과 직접 농사지은 콩으로 메주를 쑤어 만든 간장과 된장 등 친환경 식자재를 쓴다. 이 외에도 불고기, 곤드레, 육회, 강된장 등 다양한 비빔밥이 있고 해산물부추전, 치즈김치전, 도토리묵무침 등 사이드 메뉴도 있다. 셀프서비스다. 한식의 대표 메뉴인 비빔밥의 세계화를 추구하는 집이다.

주소 서울시 중구 퇴계로20길 71
찾아가기 지하철 4호선 명동역 3번 출구에서 7분 거리
가격 산방비빔밥 7,500원, 강된장비빔밥 8,500원, 육회비빔밥 13,000원

하모

진주비빔밥의 명성을 지키는 집

한 끼 식사의 행복 😀😀😀😀 | **전화** 02 515 4266 | **Since** 2012
한줄평 고기 국물로 지은 맛있는 밥에 나물, 육회를 비벼 먹는 건강한 음식

강남구 신사동 도산공원 인근에 있는 진주 지역의 전통 음식을 내놓는 집. 조선의 3대 비빔밥 중 하나라는 진주비빔밥을 비롯하여 여러 가지 서부 경남 지역의 향토색 짙은 음식을 자랑한다.

대표 메뉴인 진주비빔밥은 다섯 가지 나물에 해초의 일종인 '속데기'와 육회를 올려 고추장에 비벼 먹는다. 진주식은 양지머리를 고아서 밥을 짓는데 전주에서는 사골 육수를 쓴다. 또 전주와 달리 계란을 올리지 않는다. 비빔밥과 함께 보탕(탕국)이 나오는데 두세 숟가락 넣으면 잘 비벼지며 맛도 깊어진다. 진주식 헛제삿밥도 하는데 비빔밥과 달리 나물이 밥과 따로 나오고 고추장이 아닌 조선간장에 비벼 먹으며 육회도 올리지 않는다. 담백한 비빔밥을 맛볼 수 있다. 헛제삿밥은 우리 고유 음식으로 경북 안동에서 유래했다고 하는데 진주 헛제삿밥도 유명하다. 조선시대 몇몇 유학자들이 헛(진짜가 아닌)제사를 열어 제사 음식처럼 해 먹은 데서 유래했다.

주소　　서울시 강남구 언주로 819
찾아가기　지하철 3호선 압구정역 3번 출구에서 9분 거리
가격　　진주비빔밥 13,000원, 헛제사밥 11,000원, 육전 30,000원

한 끼 식사의 행복
㉕

우리 곁을
오래 지켜온
메뉴
생선구이

[대원식당]

[호남집]

[전주집]

[한일식당]

한국은 1인당 수산물 소비량이 가장 많은 나라로, 노르웨이와 일본을 넘어섰다. 우리 국민들이 생선을 워낙 좋아한다는 것인데, 생선 요리 중에서 가장 자주 접하는 것이 생선구이다. 생선구이는 말 그대로 생선에 소금을 뿌리거나 양념장을 발라서 숯불이나 연탄불에 구운 음식이다. 가정에서는 가스 불 혹은 오븐에 굽거나 프라이팬에 기름을 자작하게 두르고 굽기도 한다. 생선구이는 생선을 먹는 가장 오래된 방법으로 선사시대까지 그 역사가 거슬러 올라간다. 전통적 방법대로 소금에 절이거나 소금을 뿌려 구우면 담백한 생선 본연의 맛을 즐길 수 있고, 간장 양념을 쓰면 풍미를 더할 수 있으며, 고추장 양념을 하면 생선의 맛이 새롭게 변신한다.

생선구이는 청어, 고등어, 삼치, 전갱이, 도미, 대구, 가자미, 꽁치, 전어 등 한반도 해역에서 나는 대부분의 어종을 재료로 해서 우리 식탁에 오른다. 그래도 구이로 가장 많이 먹는 생선은 국민 생선이라 불리는 고등어가 아닐까. 고등어는 제주도 남부에서 많이 잡히는데, 지금은 가두리 양식도 하지만 북유럽의 노르웨이 등지에서 수입해 오는 물량도 많다.

고등어는 선도가 급속히 떨어지므로 안동 등지에서는 예부터 상하기 전에 소금으로 절여서 꾸덕꾸덕하게 말려 자반으로 먹거나 유통해왔으며, 제주도 등지에서는 배에서 잡는 즉시 염장해서 말려 뱃자반을 만들어 먹었다. 옛날에는 국내 자연산이 대세였으나 이제 횟감으로는 양식을 많이 쓰고, 식당에서는 노르웨이산 고등어를 구이용으로 많이 사용한다. 노르웨이산 냉동 고등어는 국내산에 비해 무늬가 짙고 몸통이 덜 통통해서 구별이 쉬운 편인데, 저렴하고 식감도 좋으며 품질이 균등해서 인기가 높다.

생선구이, 특히 고등어구이는 크게 비싸지 않아 집에서나 또는 식당에서 쉽게 즐길 수 있는 메뉴다. 그러다 보니 집에서도 맛깔나게 요리하는 주부들이 많고, 전문 음식점 또한 많다.

종로5가 동대문시장에는 연탄불 생선구이 가게가 모여 있는 골목이 있다. 원조로 알려진 1974년 개업한 '호남집', 1978년에 개업한 '전주집', '삼천포집'(구 대중식당), '나주식당' 등 30~40년 이상 된 생선구이 전문 가게가 10여 곳 모여 있다. 연탄불에 은은하게 생선 굽는 냄새가 그냥 지나치기 어렵게 한다. 각종 생선구이가 있으나 고등어와 삼치가 인기다. 생선을 푸짐하게 주고 반찬도 깔끔하다.

종로3가에도 생선구이 골목이 있다. 대로에서 안쪽 작은 골목으로 들어서면 입구에 '한일식당'이 보인다. 고등어, 꽁치, 삼치 등 구이 종류가 다양하다. 가게 바깥에서 초벌구이를 해두었다가 주문받으면 연탄불에 한 번 더 구워준다. 옷에 냄새도 배지 않고, 구이 냄새로 손님 끌기에도 좋다. 저렴하지만 생선구이가 푸짐하게 나오고 무쇠돌솥밥에 여러 반찬도 정갈하다. 인근 '전주식당'도 30년 된 집으로 밥은 돌솥밥으로 해준다. 예전에 많았던 가게들이 두 집만 남았다.

삼각지 대구탕 골목 뒤편에 '대원식당'이 있다. 작은 집이나 생선구이 정식 손님으로 줄이 길다. 가게 입구에서 할머니가 소금 간을 미리 해놓은 고등어를 연탄불에 굽는데, 35년 경력이라 하신다. 고등어는 간이 적당하고 촉촉하게 구워져 입맛을 돋운다. 10여 가지 반찬을 내오는데 어느 것 하나 허접한 것이 없다. 숭늉까지 준다. 저렴하지만 정성스레 차린 한 끼 밥상을 받는 기분이다.

주말 나들이를 겸해서 가족들과 함께 종로통이나 동대문시장을 둘러보고, 옛 멋이 살아 있는 생선구이 골목에서 한 끼 식사를 즐기는 시간을 갖기를 권한다.

대원식당

삼각지 고등어구이 명가

한 끼 식사의 행복 😋😋😋😋 | **전화** 02 795 1087 | **Since** 1984
한줄평 연탄 화덕에서 구워낸 명품 고등어와 푸짐한 백반 한 상

삼각지 국방부 옆 골목에 위치한 생선구이 전문점으로 세 자매가 운영한다. 주인 할머니가 가게 밖 연탄 화덕에서 생선을 굽는다. 한겨울에도 박스 등으로 바람을 막으며 35년간 같은 자리에서 생선을 구워왔다. 생선을 가게 밖에서 굽기 때문에 가게 안에서는 생선구이 냄새가 배지 않는다.

생선구이백반을 시키면 김칫국, 콩나물국, 어묵볶음, 콩나물무침, 떡볶이, 김, 콩장, 김치, 깍두기 등 반찬과 함께 푸짐한 한 상이 차려진다. 전날 염장해 연탄불에 정성스레 구워내는 고등어자반은 밥도둑이다. 1인당 한 토막만 나오는데 추가할 수 있다. 든든한 한 끼 식사 메뉴다. 인근 직장인들이 모여 들어 식사 시간에는 밖에서 줄을 서야 하는데 구수한 생선구이 냄새로 식사가 더 기다려진다. 집밥을 좋아하는 사람은 꼭 방문해야 할 식당이다.

주소 서울시 용산구 한강대로62나길 16-1
찾아가기 지하철 4, 6호선 삼각지역 13번 출구에서 4분 거리
가격 생선구이백반 9,000원, 두루치기 15,000원

호남집

냄새로 유혹하는 동대문 원조 생선구이

한 끼 식사의 행복 ◡◡◡◡◡ | **전화** 02 2279 0996 | **Since** 1974
한줄평 노릇하게 구워내는 다양한 연탄구이 생선을 맛볼 수 있는 한 끼

종로5가 동대문시장 길 건너 먹자골목 입구의 생선구이 노포. 간판에 '원조 생선구이 전문'이라 쓰여 있다. 가게 입구에서 연탄불에 다양한 생선을 굽고 있다. 연탄은 화력이 균일해서 생선을 골고루 노릇하게 구울 수 있으며 불맛을 낼 수 있다.

삼치, 고등어, 굴비, 꽁치, 갈치, 이면수 등 생선구이가 주메뉴. 주문하면 주방에서 재벌구이해서 내놓는다. 생선구이를 시키면 손질을 잘 한 생선이 기름지게 구워져 나오고 시래기된장국, 깻잎장아찌, 무채, 콩나물무침, 김치류도 곁들여 나온다. 와사비 간장에 생선을 찍어 먹도록 준비해주며 두 사람이 가면 꽁치구이도 서비스로 준다. 삼치 외에는 모두 수입산. 생선구이 외에도 찌개류, 볶음류 요리를 다양하게 주문할 수 있다. 모두 가성비가 뛰어나다. 작은 골목 안 식당이지만 내부는 1, 2층으로 생각보다 크다. 일요일에 영업하고 대신 월요일에 쉬니 주말에 동대문시장을 구경하고 찾아가 볼 만하다.

주소 　 서울시 종로구 종로40가길 5
찾아가기 지하철 1, 4호선 동대문역 9번 출구에서 4분 거리
가격 　 삼치·고등어·굴비·꽁치구이 8,000원, 갈치구이 10,000원

전주집

동대문 40년 전통 생선구이

한 끼 식사의 행복 🍚🍚🍚🍚 | **전화** 02 2267 6897 | **Since** 1978
한줄평 겉은 바삭하고 속은 촉촉하게 구운 생선과 밑반찬이 나오는 집밥 식당

종로5가 동대문시장 길 건너 먹자골목 입구에 자리 잡은 생선구이 맛집. 간판에 '40년 전통 명품 맛집'이라 씌어 있다. 예전 이름은 전주식당. 골목 입구에서부터 생선 굽는 냄새가 손님을 끈다. 호남집과 이웃하며 2층이 있다.

생선구이백반은 고등어, 삼치, 굴비, 꽁치, 갈치, 임연수가 있다. 이 집도 가게 앞 연탄불에 초벌구이한 후 손님이 오면 주방에서 재벌구이 하여 내놓는다. 연탄에 굽기 때문에 이제는 가정에서 맛볼 수 없는 옛날 맛을 즐길 수 있다. 겉은 불맛이 잘 나며 속은 촉촉하다. 꽁치구이는 덤으로 준다. 된장국, 콩나물무침, 깻잎절임, 열무김치 등으로 깔끔한 한 상이 차려져 나온다. 반찬이 간이 좀 세다. 이 골목의 식당들도 방송에 출연한 곳이 많아 집집이 홍보용 간판을 걸고 있다. 매스컴 등장 여부를 떠나 오래전부터 많은 사람들로부터 사랑받아온 식당이다.

주소	서울시 종로구 종로40가길 5
찾아가기	지하철 1, 4호선 동대문역 9번 출구에서 4분 거리
가격	고등어·삼치·굴비·꽁치백반 8,000원

한일식당

종로통 골목 안 생선구이 맛집

한 끼 식사의 행복 🍚🍚🍚🍚 | **전화** 02 2279 7343 | **Since** 1990
한줄평 촉촉하게 구운 생선구이와 갓 지은 솥밥의 든든한 한 끼

종로3가 관수동 골목 안에 위치한 생선구이 전문 식당. 예전에는 이 골목에 생선구잇집이 많았는데 지금은 이 집과 옆집 두 집만 남았다. 주인아주머니는 강원도 묵호(동해시) 분으로 이 가게를 30년간 운영했는데 그 전 주인들도 이 자리에서 찌개 식당, 생선구이 식당 등을 차례로 했다. 고등어, 꽁치, 삼치, 조기, 황태, 굴비 등 생선구이 메뉴만 있다. 가게 입구에서 연탄불에 여러 가지 생선을 초벌구이해두고 주문하면 한 번 더 구워서 내온다. 생선구이는 간이 잘 맞고 촉촉한 맛을 자랑한다. 이 집은 밥이 일품이다. 경기미 좋은 쌀로 무쇠솥에 즉석 솥밥으로 내놓는다. 솥밥에는 누룽지가 고소하게 눌려 있다. 밥을 먼저 덜어 먹은 다음 미리 솥에 물을 부어 숭늉까지 먹을 수 있다. 된장찌개와 멸치볶음, 어묵볶음, 오이소박이, 콩나물무침, 김치 등 깔끔한 반찬을 바꿔가며 곁들인다. 아침 식사도 가능하지만 솥밥 아닌 공깃밥이 나오고 대신 계란프라이가 나온다.

주소 서울시 종로구 수표로20길 16-17
찾아가기 지하철 1, 3, 5호선 종로3가역 15번 출구에서 1분 거리
가격 생선구이 9,000원

한 끼 식사의 행복

㉖

간편한
가정식 메뉴
수제비

영원식당   산월수제비

삼청동수제비   인사동 항아리수제비

수제비는 한국인에게 가장 친숙한 메뉴 중 하나다. 중국 기록에서는 6세기경 등장하지만 우리나라에서는 고려시대의 기록이 나온다. 조선시대 초에는 '운두병雲頭餠'이라 했고 조선 중기에는 손으로 반죽을 만든다는 뜻인 '수접手摺'이라 불렀는데 여기서 '수제비'라는 이름이 유래되었다. 이 당시에는 밀 수확량이 많지 않아 서민들이 먹기 어려운 귀한 음식이었을 터다. 그러나 6·25 이후 밀가루가 구호물자로 대거 공급되면서 수제비가 서민들에게 중요한 식단으로 등장했다. 지금은 주식이라 하기보다는 옛 추억을 떠오르게 하는 별미 음식이다.

수제비는 밀가루를 반죽해서 장국 등에 적당한 크기로 손으로 떼어 넣어 끓여 먹는 음식인데 지역마다 특색이 있다. 내륙 지방에서는 소고기, 닭 등 육류로 국물을 내고 해안 지방에서는 멸치, 조개류 등을 많이 쓴다.

수제비는 그리 복잡하지 않은 가정식 요리다. 먼저 장국은 멸치, 닭, 소고기 등으로 국물을 내고 감자, 양파, 당근, 파 등을 더해 끓여 장만한다. 조선시대의 요리법에 따르면 닭을 삶아 장국을 쓰고 닭고기 고명을 썼다 한다. 여기에 반죽한 밀가루를 손이나 숟가락으로 적당히 떼어 넣어 끓이면 완성되는 간편식 메뉴다. 반죽은 밀가루에 녹말을 섞기도 하고 계란을 첨가하기도 하는데 밀가루 대신 메밀 등 다른 곡식을 쓰기도 한다.

수제비는 가정집에서 별 준비 없이도 쉽게 해 먹던 음식으로 서울에서 수제비를 전문으로 하는 식당을 찾아보기는 쉽지 않다.

여의도 공작아파트 상가에 있는 '영원식당'은 수제비 한 가지만 식사 메뉴로 하는 전문 식당이다. 세월이 느껴지는 크지 않은 가게이지만 손님이 넘쳐난다. 원통형 사발에 나오는 따끈하고 시원한 한우 사골 국물과 쫄깃한 밀가루 수제비가 잘 어우러진다. 옛날 집에서 먹던 수제비를 맛볼 수 있다. 여의도 금융가 직장인들이 많이 다니는 곳으로 점심때는 줄이 꽤 길다.

　삼청동 한국금융연수원 건너편에는 30년을 훌쩍 넘은 수제비 전문점 '삼청동수제비'가 있다. 항아리 모양의 단지에 수제비를 가득 담아 나온다. 육수는 멸치, 바지락 등 해물로 내어 깔끔하고 담백하며 수제비는 얇고 부드러운 스타일이다. 수제비 외에 식사 메뉴로 찹쌀새알옹심이가 있는데 다른 데서 찾기 쉽지 않은 추억의 옛날 메뉴로 맛볼 만하다.

　강남에도 맛깔난 수제비 전문 가게가 있다. 대치동 은마아파트 지하상가에 있는 '산월수제비'다. 시장통 오픈 가게이지만 은마상가 지하시장을 들르는 사람들에게는 잘 알려져 있다. 인근 주민들과 시장 상인 등 오랜 단골 고객들이 줄을 잇는 집이다. 맛과 가격이 나무랄 데가 없다. 수제비가 주메뉴이며 칼국수도 맛있다. 수제비와 칼국수를 섞어 끓인 메뉴도 있다.

영원식당

직장인들의 여의도 원조 수제비

한 끼 식사의 행복 ◠◠◠◠◠ | **전화** 02 784 1866 | **Since** 1984
한줄평 진한 사골 국물이 잘 어우러지는 쫄깃하고 식감 좋은 수제비

여의도 LG 트윈타워 뒤쪽 공작아파트의 상가 2층에 숨어 있는, 30년 이상의 역사를 자랑하는 수제비 전문점. 여의도 직장인들이 많이 찾아 점심때는 줄도 길고 붐비지만 오랜 내공으로 손님들 주문을 잘 소화해내고 있다. 특이한 복층 구조로 손님을 많이 받을 수 있도록 재미있게 꾸몄다. 식사 메뉴는 수제비 한 가지만 한다. 수제비는 원통형으로 각진 독특한 그릇에 나온다. 국물은 한우 사골을 푹 고아 우려내어 감칠맛을 내고 있다. 숙성한 밀가루 반죽을 밀대로 밀고 손으로 떼어내어 쫄깃하지만 부드러운 훌륭한 식감을 자랑한다. 수제비 대접에는 푼 계란, 감자, 호박, 김 가루 등이 소박하게 들어가 있다. 예전에는 남자용, 여자용 수제비 그릇과 양이 달랐으나 이제는 구별이 없다. 요청하면 밥도 준다. 배추김치, 겉절이김치, 물김치가 제공된다. 사이드 메뉴로 감자전과 오징어와 부추를 넣고 노릇하게 부쳐내는 파전도 많이 시켜 먹는다.

주소 서울시 영등포구 여의나루로 117
찾아가기 지하철 5호선 여의나루역 1번 출구에서 3분 거리
가격 수제비 8,000원, 파전 15,000원

삼청동수제비

삼청동을 지키는 수제비 전문 식당

한 끼 식사의 행복 ◉◉◉◉◉ | **전화** 02 735 2965 | **Since** 1982
한줄평 시원한 해물 육수에 끓인 부드럽고 쫄깃한 정통 수제비

삼청동 한국금융연수원 건너편에 자리 잡은 수제비 전문 식당. 1982년 개업한 집으로 옛날 필자가 재무부 근무 시절부터 다녔다. 처음 이 자리에서 일곱 평 남짓한 작은 가게로 시작해 이제는 서울 수제비의 전설로 자리매김하게 되었다. 주방 입구에서 수제비 반죽을 떼어 넣는 아주머니들의 모습이 예술이다. 수제비 국물은 멸치를 우려낸 육수에 바지락을 넣고 끓여 시원하고 깔끔하다. 수제비는 얇고 넓게 떠서 쫄깃하면서도 부드러운 맛이다. 여느 식당의 수제비와 마찬가지로 감자, 호박, 양파, 김 가루 등이 담긴 소박한 모습이다. 반찬으로 나오는 배추김치, 열무김치가 수제비와 궁합이 잘 맞는다. 입맛에 따라 고추간장을 추가해 먹어도 좋다. 2~3인분 시키면 큰 항아리로 한 그릇에 나와 국자로 나눠 먹으면 된다. 역대 대통령들이 찾았던 식당이며 지금도 인근의 청와대, 감사원 등에서 근무하는 공직자들이 많이 찾고 있다. 맞은편에 전용 주차장도 있다.

주소 서울시 종로구 삼청로 101-1
찾아가기 지하철 3호선 경복궁역이나 안국역에서 삼청공원 쪽으로 1km 남짓
가격 수제비 9,000원, 찹쌀새알옹심이 13,000원, 파전 15,000원

산월수제비

시장통에서 맛보는 수제비

한 끼 식사의 행복 ☺☺☺☺☺ | **전화** 02 556 8229 | **Since** 1980년대
한줄평 쫄깃하고 부드러운, 평범하나 비범한 수제비와 시원한 멸치 국물

대치동 은마아파트 상가 지하 1층 전통시장에 자리 잡은 오픈 식당. 30년 넘은 수제빗집으로 식사 시간 즈음에는 무조건 긴 줄을 서야 한다. 그러나 회전이 빨라 기다릴 만하다. 주문도 줄 선 채로 미리 받고 북적이는 분위기에서 먹게 된다.

메뉴는 수제비, 칼국수, 그리고 두 가지를 섞은 칼제비가 있다. 큰 대접에 듬뿍 담아준다. 가격이 워낙 착하고 양도 주문하면 더 준다. 멸치 육수는 깔끔하고 시원하며 쫄깃한 수제비와 잘 어울린다. 센 불에 끓여내기 때문에 식감이 좋다. 수제비에 김, 파만 얹은 특별하지 않은 수제비이지만, 수제비가 먹고 싶은 날이면 제일 먼저 떠오르는 집이다. 칼국수는 기계면이다. 항아리에 담겨 있는 김치가 일품이다. 인근 상인들과 동네 주민들이 많이 찾는 집이며 필자 부부에게는 오래전부터 주말에 시간을 내어 은마지하상가에서 장을 보고 들러서 식사하던 추억의 식당이다.

주소 서울시 강남구 삼성로 212-2
찾아가기 지하철 3호선 대치역 3번 출구 바로 앞 은마아파트 상가 B동 6호
가격 수제비 6,000원, 칼국수 6,000원, 칼제비 6,000원

인사동 항아리수제비

인사동 골목의 숨은 수제비 맛집

한 끼 식사의 행복 ◉◉◉◉◉ | **전화** 02 735 5481 | **Since** 1993
한줄평 시원한 멸치 육수와 부드럽고 쫀득한 수제비, 그리고 최고의 가성비

인사동 꼬불꼬불한 골목길 안에 자리 잡은 수제비 전문집. 수도약국 골목으로 들어가면 그나마 쉽게 찾는다. 한옥을 개조한 집으로 가게 한편에 작은 항아리를 가득 쌓아 장식하는 등 인사동만의 예스러움이 느껴진다. 대표 메뉴 수제비를 시키면 항아리에 담아 나온다. 담백한 멸치 육수에 수제비, 굴, 감자가 들어간 단순한 구성인데 옛날 집에서 해 먹던 수제비 맛이다. 해물 육수의 시원한 맛과 얇게 뜬 수제비의 부드럽지만 쫀득한 식감, 훌륭한 가성비로 한 끼 식사를 즐길 수 있다. 청양고추 간장을 약간 넣어 먹으면 제격. 얼큰수제비는 매운 양념과 미역을 더해 매콤하게 끓여낸 고추장국 맛이며 들깨수제비는 고소한 맛을 자랑한다. 동치미와 김치를 덜어 먹도록 하는데 사각사각한 겉절이김치가 인기다. 식사 때는 줄을 서야 하며 외국 손님도 꽤 온다. 저녁때는 파전, 골뱅이, 김치 등을 곁들여 동동주를 한잔 할 수 있는 분위기 있는 가게다.

주소 서울시 종로구 인사동8길 14-1
찾아가기 지하철 3호선 안국역 5번 출구에서 5분 거리
가격 수제비 6,000원, 얼큰수제비 7,000원, 들깨수제비 7,000원

한 끼 식사의 행복
㉗

빈대떡이나
부쳐~
먹지~

[열차집]

[광화문점 종로빈대떡]

[순희네 빈대떡]

빈대떡은 물에 불린 녹두를 맷돌에 갈아 잘게 썬 김치, 돼지고기, 숙주나물, 고사리, 파 등을 섞어 반죽한 다음 팬에 기름을 넉넉히 두르고 노릇하게 부쳐 먹는 음식이다. 옛날에는 잔칫상, 제사상에 차리는 고기를 위한 밑받침용으로 썼다고 한다. 그 뒤 가난한 이들의 음식이라고 해서 빈자貧者떡이라 했으나, 이제는 귀한 손님을 대접하는 음식이 되어 빈대貧待떡이 되어버렸다. 이북에서는 평안도, 황해도 등에서 손님을 대접할 때 많이 하던 음식이었으나, 지금은 전국 어디서나 즐겨 먹는 국민음식이 됐다. 지역에 따라 녹두전 또는 녹두부침, 녹두지짐이라 불리기도 한다.

"양복 입은 신~사가 요릿집 문 앞에서 매를 맞는데…… 돈~없으면 집~에 가서 빈대떡이나 부쳐~ 먹지~"〈엽전 열닷냥〉 등 여러 히트곡을 만들고 불렀던 가수 한복남의 데뷔곡〈빈대떡 신사〉(1943년)의 가사다. 이렇듯 빈대떡은 어느 집에서나 쉽게 해 먹는 음식으로 명절이나 잔치 때면 빠지지 않는 기본 메뉴였다. 그러나 이제는 집에서 직접 해 먹는 경우가 흔치 않게 되면서 식당의 전문 메뉴로 자리 잡았고, 자연히 맛집들이 등장하게 됐다.

필자는 오래전부터 종로 피맛골의 빈대떡집인 '열차집'을 즐겨 찾았다. 1950년에 문을 열어 이제 환갑이 훌쩍 넘은 서민 맛집인 이 집을 1970년대 학창 시절부터 다녔다. 공직에 발을 들인 후에도 퇴근길에 동료들과 자주 찾던 아지트였다. 피맛골 재개발로 2007년 문을 닫게 되었는데, 우리 부부는 신문 기사를 보고 마지막 영업 날에 찾아가 오랜 친구와 헤어지는 기분으로 그 집과 주인장에게 이별을 고했다. 그런데 몇 년 전 종각역 옛 제일은행 뒤편 골목에서 '열차집'이란 낯익은 간판이 보여 달려가보니 바로 그 집이었다. 옛날 주인아저씨를 만나 오랜만에 회포를 풀었다. 장소만 바뀌었지 돼지기름으로 부치는 빈대떡 맛은 지금도 일품이다. 거기에 굴과 조개젓, 양파를 곁들이면 찰떡궁합이요, 금상첨화다. 게다가 전국의 유명한 막걸리를 두루 비치하고 있어 입맛대로 즐길 수 있다. 소주파라면 국물이 시원한 조개탕을 시키면 된다. 이제 아들이 맡은 이 집은 작은 방 한 개, 테이블 몇 개의 조그만 가게이지만, 필자에게는 옛 추억이 떠오르는 아주 특별한 곳이다. 주인아저씨에게 선물받은 오래되고 찌그러진 조개탕 냄비를 지금도 소중하게 보관하고 있다. 그 냄비 속에는 종로통에서 마음껏 발산했던 내 젊은 날의 호연지기가 아직도 그대로 담겨 있는 듯하다.

빈대떡 맛집은 시장통에서도 쉽게 찾을 수 있다. 1905년 종로4가와 5가 사이에 개설한 우리나라 최초의 상설 시장인 광장시장에는 맛집이 즐비하다. 시장 골목 어귀에 사람들이 길게 줄 선 곳이 '순희네 빈대떡'이다. 녹두를 맷돌로 직접 갈아 빈대떡을 구워내는데, 기름에 튀기듯이 구워 바삭하고 고소하다. 〈배트맨〉, 〈가위손〉, 〈비틀쥬스〉 등을 연출한 팀 버튼 감독이 직접 찾아 먹어보고 극찬하기도 했다.

세종문화회관 옆 골목에도 40년이 넘은 역사의 '종로빈대떡'이 있다. 가게 입구 창가에 맷돌과 큰 팬을 두고 빈대떡을 구워 지나가는 사람들의 눈길을 끌고 발길을 멈추게 한다. 고기, 해물, 굴 등 세 종류 빈대떡이 있는데 기본이 2인분이다.

빈대떡은 누구나 즐기는 음식이어서 전문 가게는 물론 냉면집, 막국숫집, 한식집 등에서도 메뉴로 내고 있어 주변에서 쉽게 찾아 옛 맛을 즐길 수 있다. 또 레시피를 참고하여 조금만 수고하면 집에서도 맛깔난 빈대떡을 맛볼 수 있다.

열차집

추억의 피맛골 빈대떡집

한 끼 식사의 행복 🍚🍚🍚🍚 | **전화** 02 734 2849 | **Since** 1950
한줄평 즉석에서 맷돌로 녹두를 갈아 돼지기름에 구워 어리굴젓과 함께 먹는 그 맛

SC제일은행 본점 뒷골목 공평동에 자리 잡은 빈대떡집. 작은 방 한 개, 테이블 몇 개의 소박한 피맛골 대표 서민 주점. 1950년 교보생명 인근에서 노점으로 개업해 근처에서 장사하던 2대 사장이 물려받았다. 2대 사장이 가게를 피맛골로 옮겨 영업하다가 재개발로 2007년 문을 닫았다. 다행히 2010년 지금 장소에서 다시 개업했다. 즉석에서 맷돌로 녹두를 갈아서 돼지기름으로 부치는 빈대떡 맛은 일품이다. 어리굴젓이 특별하며 양파와 같이 먹으면 최고의 궁합. 원조·김치·고기·모둠 등의 빈대떡이 있다. 국물이 시원한 조개탕도 인기다. 전국 유명 막걸리가 비치되어 있다. 식사 메뉴는 따로 없다. 필자가 금융위원장직을 떠날 때 간부들과 함께 환송회를 했던 집이다. 처음엔 다들 '왜 이런 곳에서?' 하는 표정이었으나 먹기 시작하면서 모든 의문이 풀렸던 에피소드가 있는 맛집이다.

주소   서울시 종로구 종로7길 47
찾아가기   지하철 1호선 종각역 2번 출구에서 2분 거리
가격   원조빈대떡 12,000원, 김치·고기빈대떡 13,000원

[광화문점] **종로빈대떡**   낯익은 이름의 빈대떡집

한 끼 식사의 행복 🥣🥣🥣🥣🥣 | **전화** 02 737 1857 | **Since** 1970년대
한줄평 고기, 해물을 듬뿍 넣고 즉석에서 노릇노릇하고 바삭하게 구운 빈대떡

세종문화회관 바로 옆 당주동에 있는 빈대떡집. 빈대떡을 국민 외식 메뉴로 자리 잡게 한 노포 식당이다. 간판에 'JBD 종로빈대떡'이라 씌어 있다. 맷돌에 직접 녹두를 갈아 가게 입구에 해산물과 김치 등 재료를 쌓아 놓고 넓은 철판에서 먹음직스럽게 굽는다. 남녀노소 다양한 세대가 찾고 있으며 40년이 넘은 가게로 옛날 추억을 같이 먹는 집이다. 확장 공사를 해서 넓어졌지만 여전히 손님이 많아 붐빈다.

고기·해물·굴 등 세 가지 빈대떡이 있고 기본이 2인분이다. 모둠빈대떡은 세 가지를 섞어준다. 간장에 양파를 썰어 넣은 소스에 찍어 먹으면 제맛이다. 빈대떡은 겉은 바삭하고 속은 부드럽게 잘 구워져 먹음직스럽게 나온다. 기름지다는 평도 있다. 식사로는 잔치국수가 싸면서 먹을 만하다. 세종문화회관으로 공연을 보러 가면 꼭 들르는 집이다. 이제는 전국에 가맹점이 다수 있어 종로빈대떡이 빈대떡의 대명사처럼 들린다.

주소   서울시 종로구 세종대로23길 21
찾아가기   지하철 5호선 광화문역 8번 출구에서 1분 거리
가격   고기·해물·굴빈대떡 20,000원, 모둠빈대떡 28,000원, 잔치국수 5,000원

순희네 빈대떡

팀 버튼 감독이 반한 빈대떡

한 끼 식사의 행복 ◐◐◐◐◐ | **전화** 02 2264 5057 | **Since** 1994
한줄평 특별한 맛, 정겨운 분위기, 놀라운 가성비를 다 갖춘 시장통 빈대떡

광장시장 안에 있는 녹두빈대떡 전문집(동부A 60). 20여 년간 시장통 빈대떡을 고집해오면서 이제는 광장시장의 대표 맛집이 됐다. 낮에는 줄이 길지만, 단순한 메뉴와 효율적 배식으로 조금 기다리면 먹을 수 있다. 저녁때는 좀 많이 기다려야 한다. 외국인들도 어떻게 알고 많이 찾아온다. 녹두빈대떡은 가게에서 직접 맷돌에 녹두를 갈아 만들어 굽는다. 고기완자도 있다. 초벌로 구워서 가게 앞에 가득 쌓아두었다가 주문받으면 차례로 기름에 튀겨내듯이 구워 바삭한 식감에 맛도 고소하다. 아주머니가 가게 입구에서 기계가 움직이듯이 구워낸다. 맛있고 기름진 특성 때문에 다이어트의 적이다. 고기완자도 강추한다. 맛이 특별하고 값도 워낙 싸서 식사 손님뿐 아니라 포장 손님도 끊이지 않는다. 시골 장터의 맛과 분위기가 물씬 풍긴다. 영화 〈배트맨〉, 〈가위손〉, 〈비틀쥬스〉 등을 연출한 팀 버튼 감독이 방문해 극찬했다는 액자가 걸려 있다.

주소 서울시 종로구 종로32길 5 광장시장 동부A 60호
찾아가기 지하철 1호선 종로5가역 8번 출구에서 2분 거리
가격 녹두빈대떡 4,000원, 고기완자 2,000원, 모둠 10,000원

한 끼 식사의 행복
㉘

한국인의
입맛에
맞춰진
돈가스

[명동돈가스]

[혼가츠]

[돈까스가 땡길 때]

돼지고기를 두툼하게 썰어 밀가루와 빵가루를 묻혀 기름에 지져내는 서양식 요리가 포크커틀릿pork cutlet이다. 이 음식이 일본에 들어오면서 포크는 '돈豚'이 되고 커틀릿은 일본식으로 '카츠레츠'에서 '카츠'가 되어 '돈카츠'라는 이름을 갖게 되었고, 한국에 건너오면서 '돈가스'가 됐다. 일본은 불교를 받아들이면서 675년 이래 1,200년간 육식금지령이 유지되었고 메이지유신 이후에 와서야 육식이 허용되면서 돈카츠를 만드는 것이 도입되었다. 1930년을 전후해서는 도쿄에서 두툼한 돼지고기에 소금, 후추 등으로 간을 하고 밀가루와 빵가루를 입혀 기름에 튀겨내는 본격적인 돈카츠가 등장했다. 육식을 하지 못하던 일본인들이 쉽게 고기에 접하도록 개발된 음식이라 할 수 있다.

이런 신개념 돈카츠가 우리나라에도 바로 소개되었다고 하나, 경양식집 메뉴로 본격 등장하면서 대중화한 것은 1960년대 이후라 할 수 있다. 처음 경양식집을 중심으로 외식 메뉴로 선보인 한국식 돈가스는 두툼한 일본식 돈카츠와 달리 고기를 넓적하고 얇게 썰어 기름에 튀긴 것으로, 잘려져 나오지 않아 포크와 나이프를 사용했다. 소스도 따로 나오지 않고 처음부터 튀긴 고기 위에 넓게 얹혀 나온다. 또 일본식 돈카츠에 나오는 된장국과 달리 수프가 제공되었다. 이렇게 경양식집 메뉴로 출발한 한국식 돈가스는 이제 각양각색으로 다양하게 발전해서 맛집도 곳곳에 생기고 한국인의 외식 메뉴로 당당하게 자리 잡았다. 서양 음식에서 일본식으로, 다시 한국식으로 변모한 돈가스는 음식이 사람의 입맛에 어떻게 맞추어지는지 잘 보여주는 음식이다.

돈가스는 만드는 방법이 크게 복잡하지 않아 가정에서도 별미식이나 영양식으로 만들어 먹는 메뉴다. 돼지고기 살코기를 7~8mm 두께로 크게 썰고 칼집을 넣고 두드려 육질을 부드럽게 한 후 소금, 후추 등으로 밑간을 하고 밀가루와 빵가루를 묻혀서 기름에 튀겨낸다. 여기에 소스를 얹거나 따로 내놓고 양배추 등 채소를 곁들여 내놓으면 완성이다.

인기 외식 메뉴인 돈가스를 잘하는 집은 곳곳에 있다. 한국식인 경양식집 스타일로 하는 가게부터 일본식 돈카츠 스타일까지 다양한 맛집들이 있어 입맛에 맞게 선택해 즐길 수 있다. 명동에는 1983년부터 영업해 온 '명동돈가스'가 있다. 돈가스 달인의 집으로 치열한 경쟁의 명동상가에서 돈가스로 살아남은 가게다. 오픈형 주방에서 돈가스 조리 과정을 보여준다. 두툼한 돼지고기에 바삭한 빵가루를 입혀 튀기고 미리 잘라 나오는 일본식 돈카츠에 가깝다. 홍대 앞에는 비교적 신예 가게(2010년 개업)인 '혼가츠'가 있는데 국내산 생돼지고기만 사용하는 수제 돈가스를 자랑한다. 약간의 돼지고기와 치즈를 듬뿍 넣은 치즈돈가스가 초인기메뉴다. 맛과 가성비에서 놀랍다.

서대문 경찰청 뒷골목에는 '돈까스가 땡길 때'라는 신예 돈가스 맛집이 있는데 손님들이 부르는 애칭은 '돈땡'이다. 도드람 한돈을 두툼하게 썰어 튀김옷을 풍부히 입혀 바삭하게 튀기는 실력파 가게다.

남산 입구에 있는 '원조남산왕돈까스'는 1977년에 개업해 2대에 걸쳐 한자리에서 영업해온 노포다. 이 가게의 돈가스는 한국식 경양식집 스타일로 접시 위에 자르지 않은 넓은 고기튀김에 소스를 얹고 밥, 양배추, 단무지와 함께 나온다. 일본식과 달리 수프, 깍두기, 풋고추를 함께 내온다.

명동돈가스

명동 돈가스 달인의 집

한 끼 식사의 행복 🍜🍜🍜🍜 | **전화** 02 775 5300 | **Since** 1983
한줄평 바삭하고 고소한 튀김옷 속에 감춰진 촉촉한 돼지고기를 즐기는 돈가스

명동파출소 길 건너 골목길 안에 있는 돈가스 명가. 개업 당시부터 완전 오픈형 조리대에서 손님들이 조리 과정을 보면서 둘러앉아 먹는 스타일로 명동 명물 가게가 되었다. 2016년에 리모델링했으나 지금도 1층은 오픈형 주방을 유지하고 있다. 옛날 한국식 경양식집의 돈가스와는 달리 두툼한 돼지고기에 바삭바삭한 빵가루를 입혀 튀겨 나오는데 미리 잘라 나와 젓가락을 사용해 먹는다.

기본 메뉴는 '로스가스'인데 두툼한 돼지고기 등심을 튀겨내어 미리 썰어서 야채, 단무지와 함께 내며 밥과 일본식 된장국이 곁들여진다. 바삭하고 고소한 튀김옷 속에서 촉촉한 느낌의 돼지고기를 맛볼 수 있다. 기름에 튀긴 요리이지만 담백한 느낌이 난다. 양도 푸짐하다. 돼지고기 안심을 재료로 하는 '히레가스', 돼지고기를 얇게 썰고 치즈와 버섯, 양파 등 야채를 속에 넣은 '코돈부루', 생선가스 등 다양한 메뉴를 선보인다.

주소 서울시 중구 명동3길 8
찾아가기 지하철 2호선 을지로입구역 6번 출구에서 3분 거리
가격 로스가스 14,000원, 히레가스 15,000원, 생선가스 13,000원

혼가츠

홍대 앞 치즈돈가스의 명가

한 끼 식사의 행복 🥣🥣🥣🥣 | **전화** 02 322 8850 | **Since** 2010
한줄평 바삭한 튀김옷과 얇은 돼지고기, 꽉 찬 치즈가 선사하는 치즈돈가스의 풍미

서교동 홍대입구 골목 안에 숨어 있는 돈가스 맛집. 10년간 홍대 앞에서 영업해온 가게로 학생, 직장인, 돈가스 마니아들 사이에 입소문이 나 있다. 벽면에 가득 채워져 있는 애교스러운 낙서가 이 집 분위기를 말해준다. 국내산 돼지 생고기만 사용한 수제 돈가스를 자랑한다. 바삭바삭한 튀김옷에 촉촉하고 부드러운 고기가 잘 어우러진다. 이 가게는 특히 치즈돈가스로 이름이 나 있다. 바삭바삭한 튀김옷 속에 약간의 돼지고기와 말랑한 치즈가 듬뿍 담겨 입맛을 돋운다. 고소하기 이를 데 없다. 왕돈가스는 9,000원 가격에 두툼한 돼지 생등심을 200g 이상 써서 맛과 가성비를 자랑한다. 테이블 위에 일반소스, 바나나 소스, 딸기 소스 등 직접 만든 소스를 비치해두고 있어 입맛대로 찍어 먹으면 된다. 놀라운 맛과 가성비로 식사 시간대에는 길게 줄을 서고 평시에도 손님들이 많다. 돈가스를 먹고 나서 홍대 쪽으로 오다 보면 길거리에 30년 된 명품 와플 가게가 있어 디저트로 좋다.

주소 서울시 마포구 와우산로21길 36-6
찾아가기 지하철 2호선 홍대입구역 9번 출구에서 7분 거리
가격 치즈돈가스 10,000원, 왕돈가스 9,000원

돈까스가 땡길 때
서대문의 돈가스가 당기는 집

한 끼 식사의 행복 😊😊😊😊 | **전화** 02 363 8253 | **Since** 2012
한줄평 튀김옷과 도톰한 돼지고기의 돈가스와 매콤한 라면의 앙상블

서대문구 미근동 경찰청 뒤 작은 골목에 자리 잡은 크지 않은 신예 돈가스 맛집. 손님들이 '돈땡'이라 약칭한다. 인근에서 더 작은 가게를 하다 2014년 지금 가게로 이사했다. 숨어 있는 집인데도 인근 직장인들로 점심때는 긴 줄을 서야 하며 아예 가게 밖에 천막을 설치해 둘 정도다. 돼지고기는 도드람 한돈을 두툼하게 썰어서 쓰며 튀김옷을 풍부하게 입혀 바삭하게 튀긴다. 돈가스는 썰어서 나오며 위에 파, 양파채가 얹어 나와 젓가락으로 먹는 게 편하다. 소스는 매운맛, 순한맛 등이 준비되어 있다. 반찬은 단무지와 깍두기로 단출하며 밥은 서비스로 준다. 돈가스라면은 돈가스와 라면이 함께 나오는데 면은 일반 라면 제품이나 육수는 가게에서 직접 끓여서 특별한 맛이며 얼큰해서 해장용으로도 인기다. 주인장의 프로 정신이 돋보이며 미래가 기대되는 식당. 금요일은 점심만 하며 주말, 공휴일은 휴무다.

주소 서울시 서대문구 충정로6안길 5
찾아가기 지하철 5호선 서대문역 7번 출구, 2, 5호선 충정로역 3번 출구에서 6~7분
가격 돈가스 7,500원, 돈가스탕 7,500원, 돈가스라면 8,500원

지하철
노선별
맛집

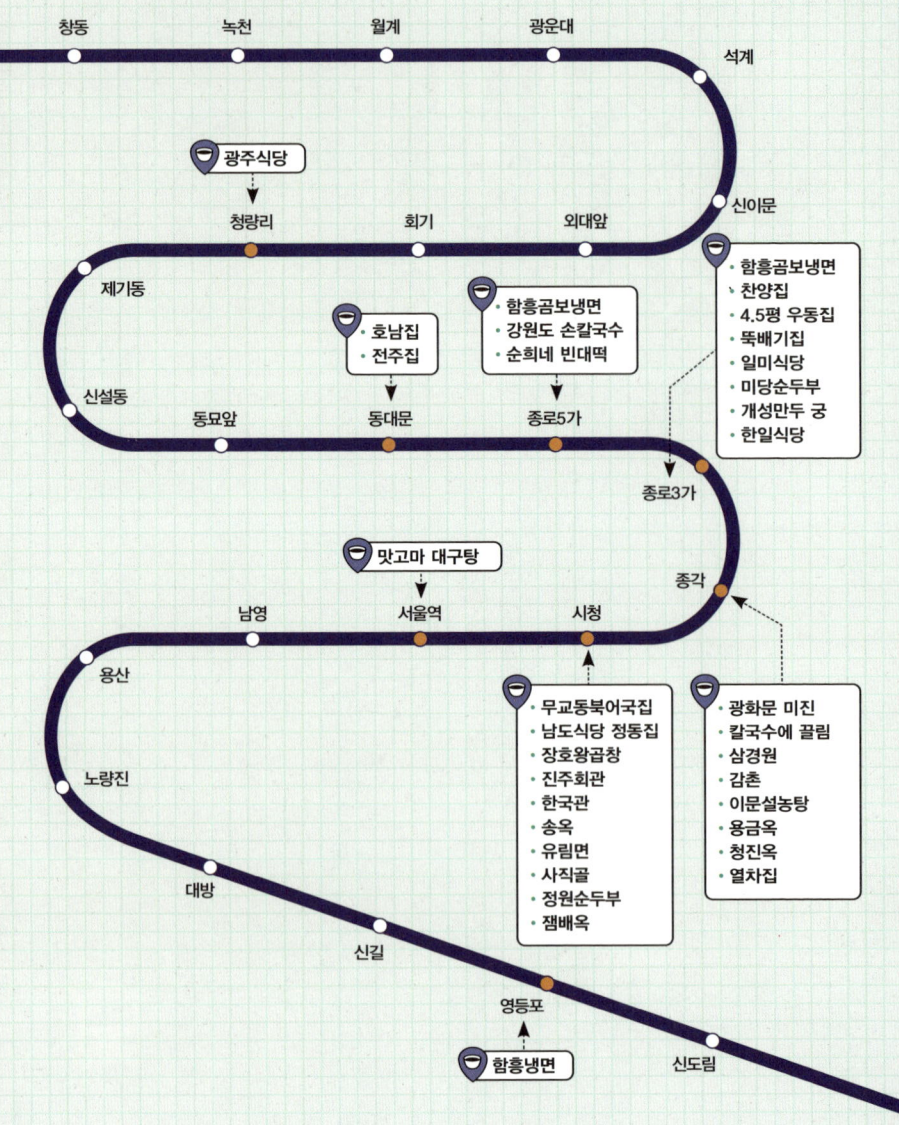

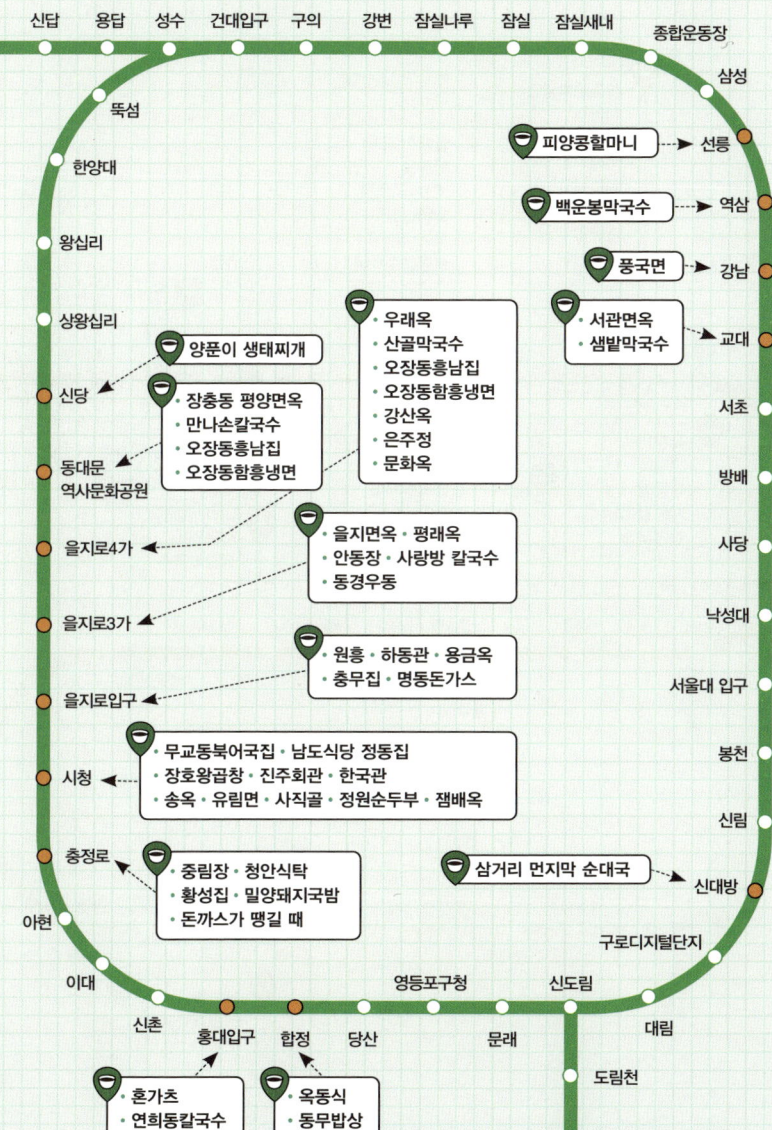

#3호선 맛집

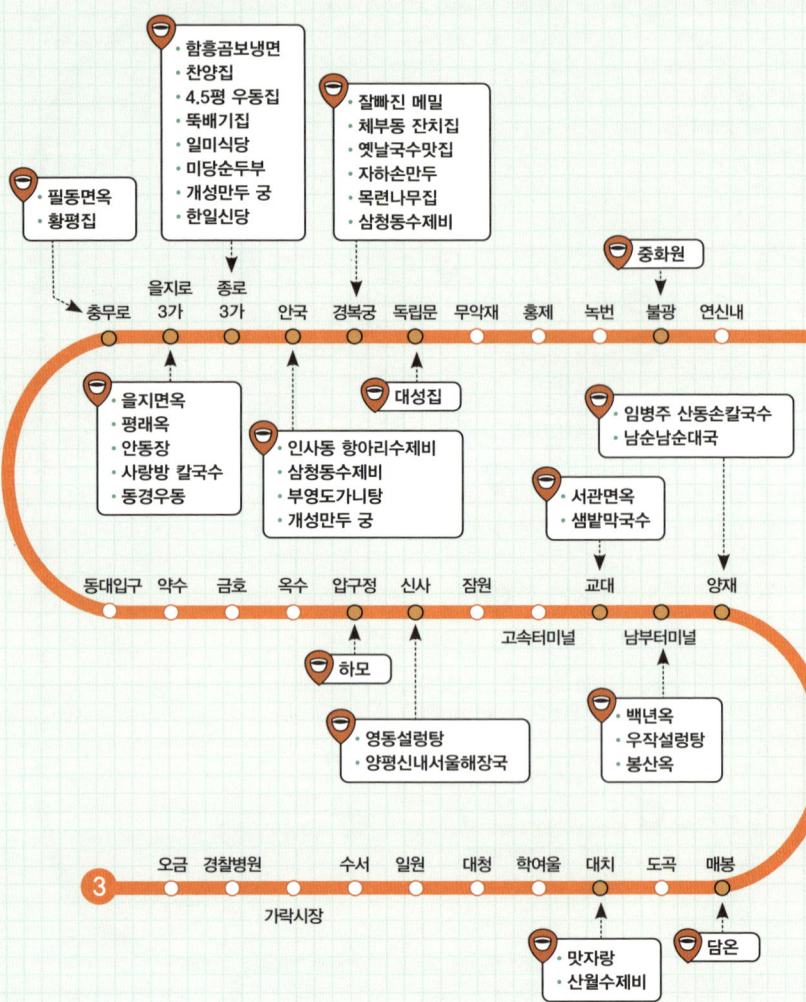

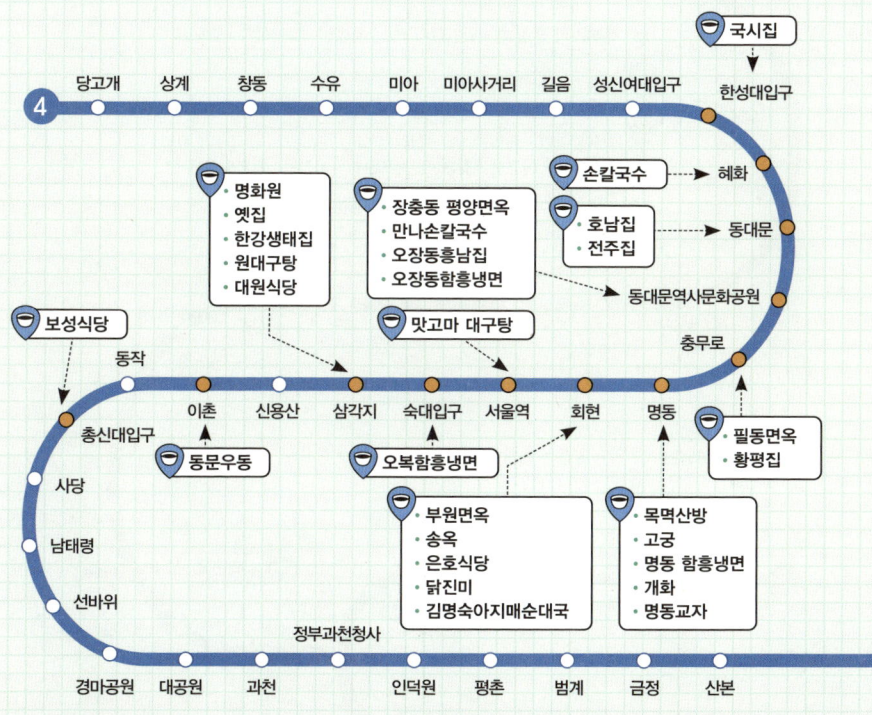

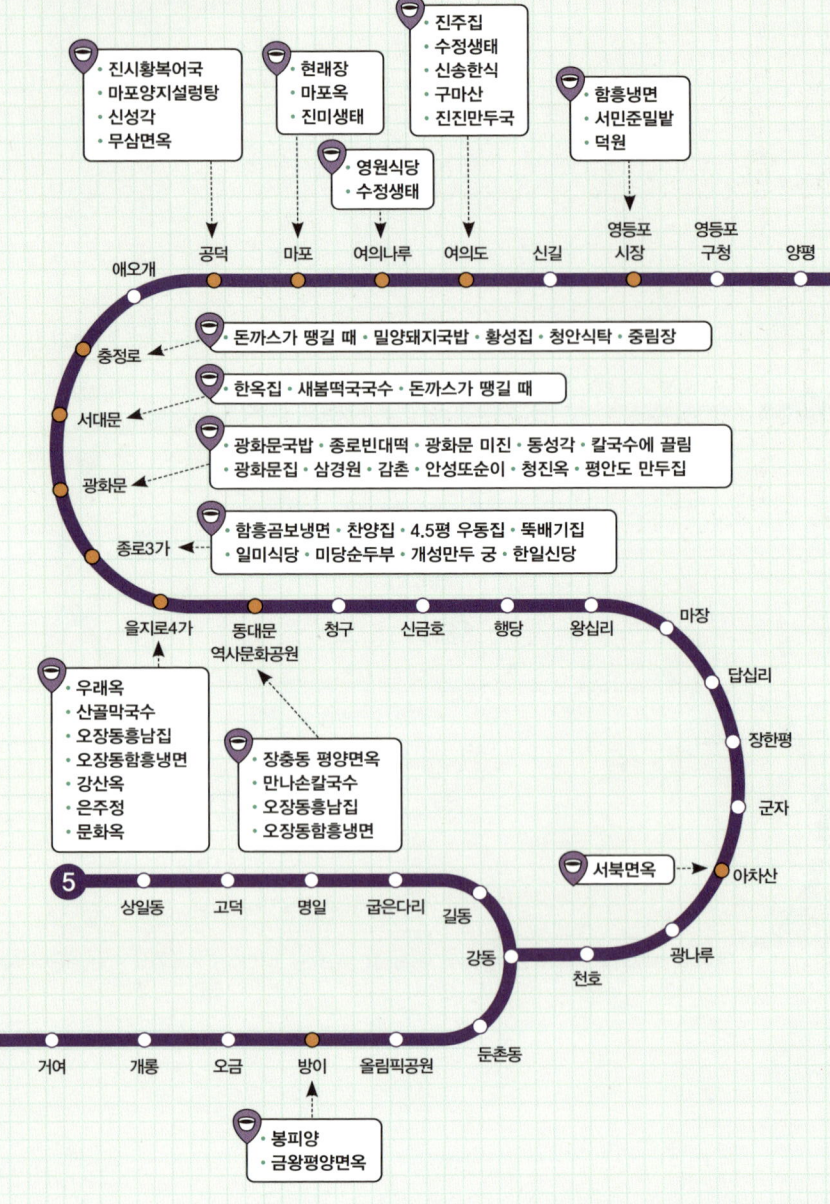

#6호선 맛집

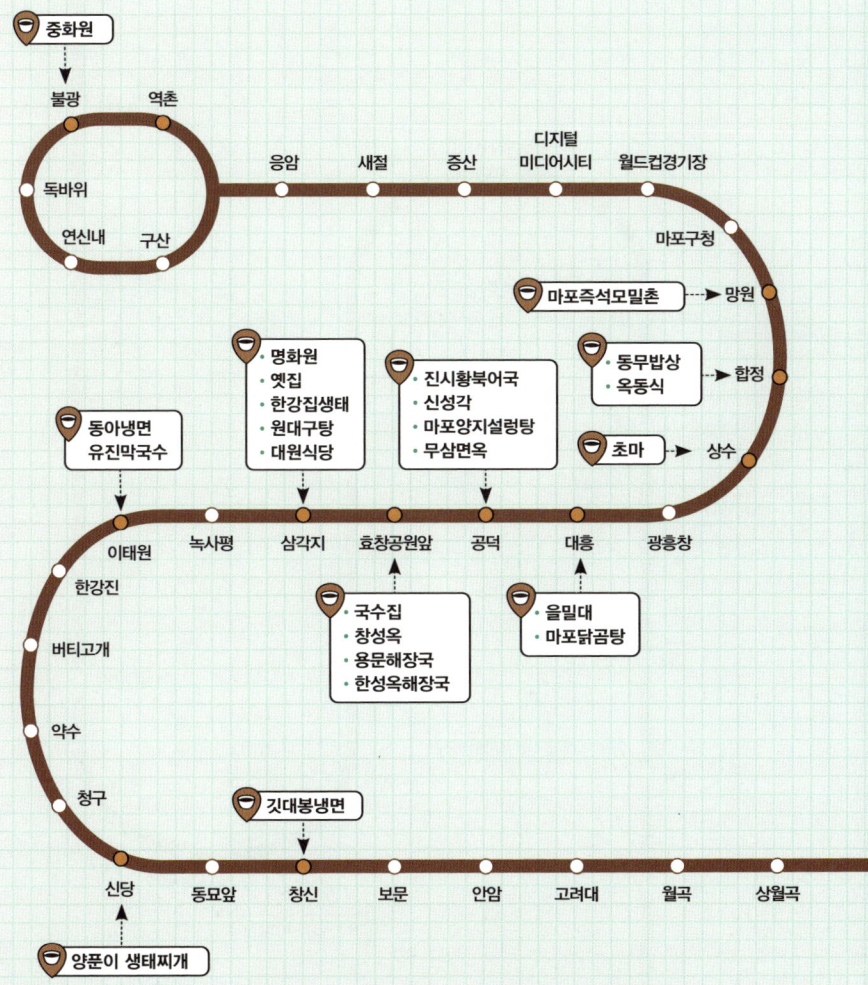

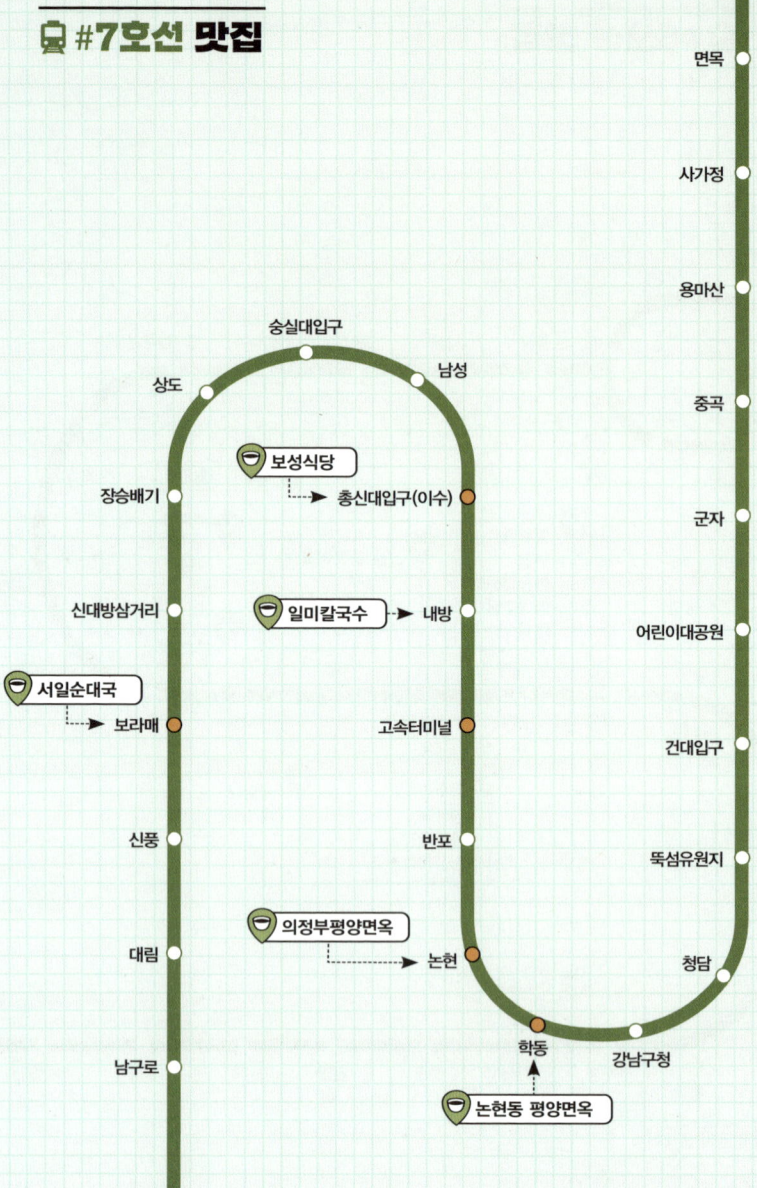

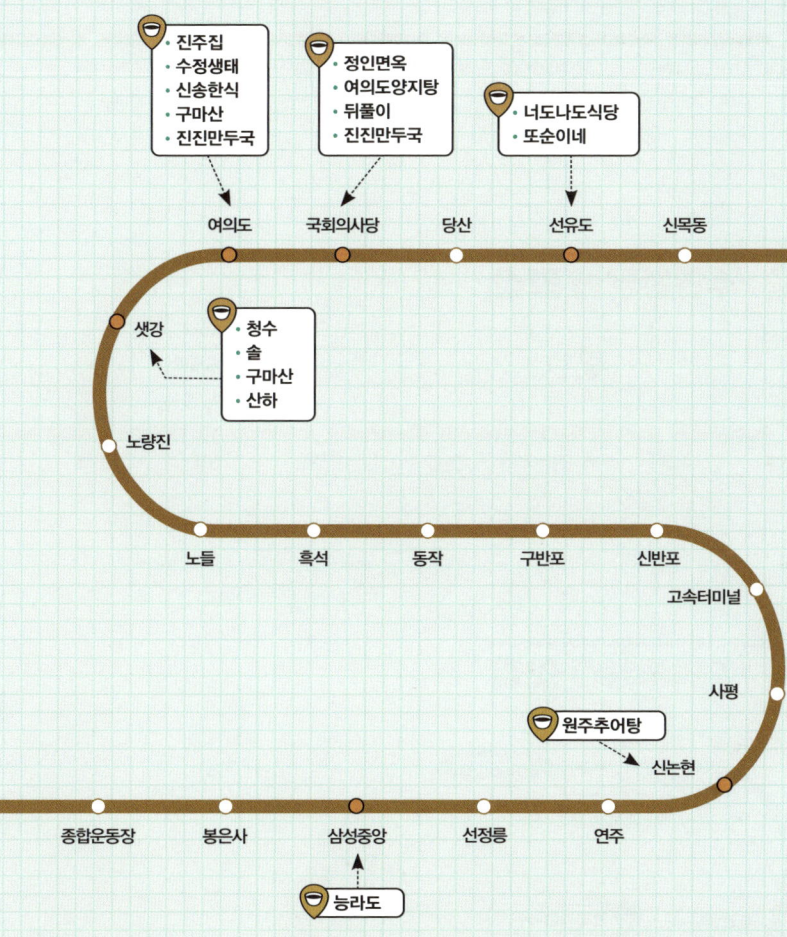

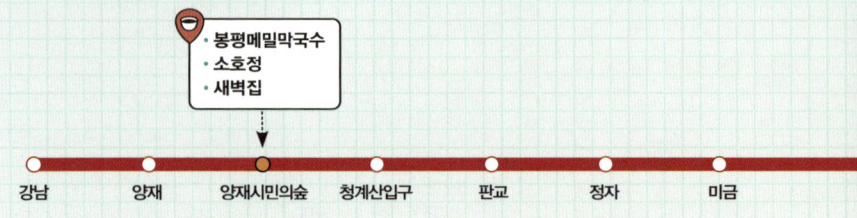

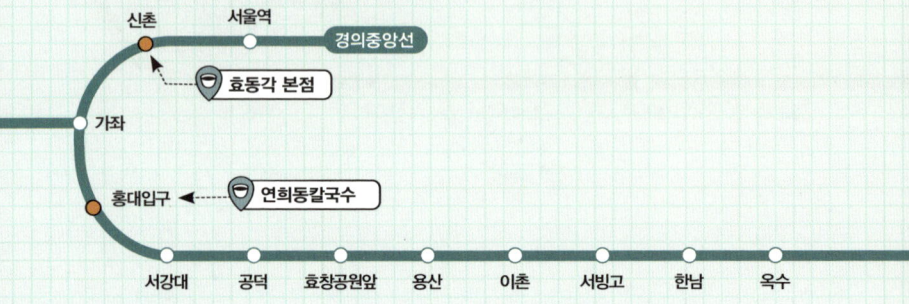